中国新能源产业发展模式研究

Research on
the **Development**
Model
of China's Renewable Energy Industry

陆宇海 邹艳芬 万小影 著

社会科学文献出版社
SOCIAL SCIENCES ACADEMIC PRESS (CHINA)

摘　要

　　当前，全球能源发展面临资源紧张、环境污染、气候变化三大难题，我国也不例外。2014 年 6 月 13 日，习近平总书记在主持召开中央财经领导小组第六次会议时指出，保障国家能源安全，必须推动能源生产和消费革命。2020 年 9 月 22 日，习近平主席在第七十五届联合国大会一般性辩论上发表讲话，提出中国的"双碳"目标。据 BP 和 IEA 报告及众多专家预测，新能源产业是第三次能源革命的标的，各主要发达国家和大部分发展中国家均已在或将要采取重要举措，这关系到国家未来的发展潜力和国际地位，是国家大战略。

　　实践中，国内各地存在弃风、弃光等现象，我国在国际市场上又遭遇"双反"调查，这导致中国新能源产业发展面临诸多困难和挑战。从理论上看，已有的相关研究成果侧重于对中国新能源产业的发展进行宏观政策解读、前景展望，以及对发展瓶颈和对策进行探讨，但对新能源产业发展模式的界定、选择及其条件约束等的论证和研究不够充分。因此，本书在总结国内外研究成果的基础上，采用计量经济学和统计模型，结合能源经济学、环境经济学和产业经济学等理论，系统分析在现有能源环境约束下，中国新能源产业发展模式的选择；同时，量化发展模式选择的条件约束，建立发展模式的理论计算模型，统计测度发展模式的多维效应，探索中国新能源产业消费侧内育发展模式的内涵、现实最优发展路径以及空间布局等，为提升我国新能源产业的竞争力、推动新能源产业发展提供一种思路。

　　本书研究发现，在新能源产业发展的外部推动力（自然资源禀赋约束、能源政策支持、制度供给体系因素）和内部驱动力（经济社会发展、生态环境需求）中，收入水平、失业率、环境规制是三个最主要的促发因素，单就长期效应而言，收入水平、失业率呈现明显的正"U"形曲线特征，而无论长短期效应，环境规制都有统计显著的促发效应；在东中西三个区域和新能源企业全要素生产率方面异质性效应明显。本书基于文献计量对新能源产业发展模式进行维度构建，对时间维度来说，可以从产业发展周期四个阶段（初创期、成长期、成熟期、衰退期）进行界定，对特征维度来说，可以从四个方面，即四种具体的发展模式（政府拉动模式、市场驱动模式、创新发展模式和资源禀赋模式）进行界定。从能源总量、能源安全、能源结构、能源环保和能源体制五个方面构建新能源产业发展效应的测度指标体系，具体包括 16 个指标；运用熵权法进行指标赋权，能源结构的权重（0.31）最高，其后依次是能源环保（0.23）、能源安全（0.19）和能源总量（0.15），权重最低的是能源体制（0.12）；对中国新能源产业发展模式效应进行统计测度，从时间维度来看，中国新能源产业的发展效应提升明显，从空间维度来看，各个省域之间差异较大。设定经济增长和能源消费两个目标，利用多目标规划法和动态投入产出法进行计算，并利用对数平均迪氏指数法估计能源消费总量优化方案，结果表明，在均可实现节能减排的条件下，经济型（A）、节能型（B）和折中型（C）三类偏好目标方案里，能源消费总量预期分别为 49.99 亿吨标准煤、44.93 亿吨标准煤和 47.93 亿吨标准煤，差异明显；但能源强度的差异较小，预期范围为 0.51～0.53 吨标准煤/万元。产业结构和能源结构的双重优化显著促进了节能减排指标的达成，主要是通过高耗能行业增长速度的下降和高碳能源的清洁化替代；在能源消费总量目标变化驱动因素中，经济增长的提升比例为 21.70%～22.36%，产业结构和能源强度的抑制作用均在 5% 以上，能源结构优化促降比例为 0.69%～2.76%。因此，从新能源产业发展角度来看，必须协同经济—能源—环境政策，着力促进清洁能源消费、加速提高能源效率。

　　在理论上，本书的研究更系统地完善了新能源产业发展模式和新能源产业理论体系；在实践中，为我国新能源产业发展的政策制定提供了理论依据。所以，本书关于中国新能源产业消费侧内育发展模式的研究，对突破新能源产业发展困境、推进新能源产业发展和动态监测国家新能源产业发展效应，有效制定和完善国家相关配套支持体系，发挥新能源产业对国家、社会的服务作用，提高环境友好和社会福利水平，具有一定的现实指导价值和意义。

目　录

1　绪论

我国作为最大的碳排放国，不仅应对气候变化的压力越来越大，而且对国内经济与环境共赢发展的需求也越来越迫切（林伯强，2018；魏一鸣等，2017）。为促进经济社会全面协调可持续发展，解决能源短缺和环境保护之间日益尖锐的矛盾，我国政府早在 2010 年就已经深刻认识到新能源产业发展的重要性和紧迫性，在《国务院关于加快培育和发展战略性新兴产业的决定》中提出加快培育和发展战略性新兴产业，并且将新能源产业作为七大战略性新兴产业之一，为其进一步明确发展的重点方向和主要任务。[①]

1.1　新能源产业发展的驱动因素

当前，全球能源发展面临资源紧张、环境污染、气候变化三大难题，我国也不例外。对中国而言，发展新能源产业既是立足国内现实需求的必然选择，又是承担大国责任的积极表现，更是面向未来的战略布局。

1.1.1　立足国内的现实需求

新能源产业发展事关国内能源供应安全和生态环境保护。在能源供

[①]　《国务院关于加快培育和发展战略性新兴产业的决定》，中华人民共和国中央人民政府网，2010 年 10 月 18 日，http://www.gov.cn/zhengce/content/2010-10/18/content_1274.htm。

应安全方面，我国化石能源的对外依存度居高不下，随时可能因地缘政治或出口国政策而面临供应中断的风险；在生态环境保护方面，大量使用化石能源带来的环境污染问题，既影响了经济发展的质量，又不符合人民对美好生活的期待。因此，发展新能源产业是立足国内现实需求的必然选择。

（1）能源供应安全问题

中国作为全球第一大油气进口国，石油、天然气自给能力不强。2018 年，石油对外依存度达 72%，为近 50 年来最高；天然气对外依存度为 43%。国内对能源安全风险的担忧持续上升。[①] 据中电传媒能源情报研究中心的《中国能源大数据报告（2020）——能源综合篇》，2019年，我国石油对外依存度为 70.8%，比 2018 年略高 1 个百分点；天然气对外依存度约 43%，比 2018 年降低 0.5 个百分点；原煤进口量接近3 亿吨，为十年内第二高（十年内的原煤进口量高点为 2013 年的 32702万吨）。[②] 2020 年，我国石油、天然气对外依存度分别为 73% 和 43%。但据中国石油集团经济技术研究院于 2020 年 12 月 17 日对外发布的《2050 年世界与中国能源展望（2020 版）》，2050 年前，世界非化石能源与天然气等清洁能源需求将增长 59 亿吨标油，高于 52 亿吨标油的一次能源需求总增量。在世界范围内，到 2060 年非化石能源占比将从15% 上升到 30%，天然气占比将从 23% 上升到 30%，超过石油成为第一大能源。[③] 随着中国将 2060 年实现碳中和确定为发展目标，中国的能源结构或将在未来 40 年内发生巨大变化。要实现碳中和目标，本土化特征的非化石能源占比须大幅提升，能源总体对外依存度在 2060 年须

---

① 《〈BP 世界能源统计年鉴〉2019 中文版：中国石油对外依存度 72%、天然气 43% 能源安全担忧持续上升》，北极星电力新闻网，2019 年 7 月 30 日，https://news.bjx. com. cn/html/20190730/996417. shtml。

② 能源情报研究中心：《中国能源大数据报告（2020）——能源综合篇》，煤炭人网，2020 年 5 月 22 日，http://coalren. org/bencandy. php？fid=214&id=32637。

③ 《中国石油发布 2020 版〈世界与中国能源展望〉：从能源角度看碳中和的中国路径》，"环球网"百家号，2020 年 12 月 17 日，https://baijiahao. baidu. com/s？id=1686314 611374759683&wfr=spider&for=pc。

降至67%左右。能源供应安全的内涵须从以保障资源供应为主转变为以保障系统稳定、技术安全为主。因此，要解决我国能源供应安全问题，目前所倡导的新能源产业的发展必须取得实效。

中国产业经济的管理模式是标准的自上而下的模式，政府规制，尤其是环境规制对产业发展绩效的影响重大（温宗国、李会芳，2018）；同时，环境规制的目标是环境友好。我们从著名的"波特假说"（Porter and Linde，1995）和"绿色悖论"（Sinn，2008）等的验证过程都可以发现，产业状况的变化是这些著名理论和假说成立与否的关键。随着全球工业部门持续深入的节能减碳工作的开展，行业内部潜力已经逐渐收窄，边际成本在不断攀升，产业经济进入了节能减排"高成本时代"。此时，取代"要素驱动"和"投资驱动"的"创新驱动"发展模式被大力倡导，并有希望逐渐成为主流，成为未来经济社会发展新的突破点。但技术创新和发展模式的转变，对一个拥有14亿人口的大国来说，是一个复杂而缓慢的过程。因此，我国推进新能源产业发展迫在眉睫，新能源产业发展可以为我国经济发展与生态环境双赢目标顺利达成提供保障。

（2）环境污染问题

中国经济40多年高速发展的背后，是极其沉重的资源与环境代价，据国家发改委和世界银行等机构的分析和预测，如不采取特殊措施，到2030年，我国生态环境赤字会远远超过所能承受的范围（Minelgaite and Liobikiene，2019）。近年来，尽管中国经济增速放缓，进入新常态阶段，但据2019年版《BP世界能源统计年鉴》，2018年，中国的一次能源消费增长达2012年来最高增速（4.3%），中国仍是世界上最大的能源消费国，能源消费量占全球的24%，能源消费增长占全球的34%。2009~2018年，中国能源消费平均增速达到3.9%，其中化石能源消费增长主要由天然气（18%）和石油（5.0%）引领；煤炭消费连续两年增长（0.9%）。2018年，在国内巨大能源需求的驱动下，中国连续两年扩大煤炭进口规模。2019年，中国煤炭消费量占能源消费总量的

57.7%，比上年下降了 1.5 个百分点；清洁能源（天然气、水电、核电、风电等）消费量占能源消费总量的 23.4%，上升了 1.3 个百分点。至 2020 年，中国煤炭消费占比仍达 56.7%，石油、天然气消费占比分别为 19.1% 和 8.5%，非化石能源消费占比为 15.7%。[①]

1.1.2 积极承担大国责任

2015 年 11 月 30 日，国家主席习近平在气候变化巴黎大会开幕式发表讲话时指出，中国在"国家自主贡献"中提出将于 2030 年左右使二氧化碳排放达到峰值并争取尽早实现，2030 年单位国内生产总值二氧化碳排放比 2005 年下降 60% ~ 65%。[②] 2020 年 9 月，习近平主席在第七十五届联合国大会一般性辩论上讲话时提出，中国将提高国家自主贡献力度，采取更加有力的政策和措施，二氧化碳排放力争于 2030 年前达到峰值，努力争取 2060 年前实现碳中和。[③] 2020 年 10 月，党的十九届五中全会首次将"双碳"目标纳入"十四五"规划建议。[④] 2020 年 12 月，习近平主席在气候雄心峰会上进一步指出，到 2030 年，中国单位国内生产总值二氧化碳排放将比 2005 年下降 65% 以上，非化石能源占一次能源消费比重将达到 25% 左右，森林蓄积量将比 2005 年增加 60 亿立方米，风电、太阳能发电总装机容量将达到 12 亿千瓦以上。[⑤] 2020 年 12 月，中央经济工作会议将"做好碳达峰、碳中和工作"列为 2021 年度的重点任务之一。2021 年 3 月 15 日，在中央财经委员会第九次会

---

① 《BP Statistical Review of World Energy 2019：An Unsustainable Path》，WEBWIRE，2019 年 6 月 13 日，https：//www. webwire. com/ViewPressRel. asp？aId = 242217。
② 《习近平出席气候变化巴黎大会开幕式并发表重要讲话》，中华人民共和国中央人民政府网，2015 年 12 月 1 日，http：//www. gov. cn/xinwen/2015 - 12/01/content_5018477. htm。
③ 《习近平在第七十五届联合国大会一般性辩论上的讲话》，光明网，2020 年 9 月 22 日，https：//politics. gmw. cn/2020 - 09/22/content_34212381. htm。
④ 赵建军、徐敬博：《实现碳达峰碳中和，为什么中国能举起这面旗帜？》，光明网，2021 年 7 月 20 日，https：//m. gmw. cn/baijia/2021 - 07/20/35007298. html。
⑤ 《习近平在气候雄心峰会上发表重要讲话》，央广网，2020 年 12 月 13 日，http：//m. cnr. cn/news/djnews/20201213/t2020 1213_525361117. html。

议上，习近平总书记再次强调实现碳达峰、碳中和是一场广泛而深刻的经济社会系统性变革。[①] 气候变化和碳达峰是各国政界和学界共同关注的热点问题。随着"双碳"目标的提出，在"十四五"开局之年（2021 年），国家能源局已锚定："十四五"期间，我国新能源产业将实施多项建设工程，涉及水电、风电、核电、电网建设等；同时，2030 年全国非化石能源消费比重达 25% 和风电光伏装机在 12 亿千瓦以上的目标的实现，意味着 2021～2030 年，我国风电光伏新增装机将在 6.66 亿千瓦以上；在大型清洁能源基地的建设方面，"十四五"期间，我国将建设九个大型清洁能源基地，分别分布在金沙江上下游、雅砻江流域、黄河上游和几字湾、河西走廊、新疆、冀北、松辽地区。[②] 在此背景下，要实现我国经济发展与环境保护的共赢，新能源产业发展是最关键的一环。

1.1.3　面向未来的战略布局

随着环保压力的增大，由传统能源统治的碳时代日渐式微，新能源互联网作为一种高效、安全并且可持续发展的能源利用模式被大力推广，其战略重要性可见一斑。

（1）第三次工业革命

关于第三次工业革命，目前主要有两种代表性观点：第一种是以 Rifkin（2011）为代表，主张第三次工业革命就是由互联网与可再生能源结合带来的人类生产生活、社会经济的重大变革；第二种是以 Markillie（2011）为代表，主张第三次工业革命是以数字化、人工智能化制造与新型材料的应用为标志的工业革命。两个概念虽然不同，但都将新能源产业置于核心地位。正如著名经济学家成思危（2013）所讲，

---

① 陈德荣：《坚定不移走绿色发展道路，率先实现碳达峰、碳中和目标》，《人民日报》2021 年 4 月 2 日，第 10 版。

② 《"十四五"中国新能源产业发展前瞻》，腾讯网，2021 年 4 月 3 日，https：∥xw. qq. com/cmsid/20210403A0ANY000？ivk_ sa = 1024320u。

工业革命中，最为显著的就是能源系统和通信技术的发展与变革。所以说，新能源产业是第三次工业革命中的一条重要"赛道"。

（2）发展潜力巨大

新能源产业具有巨大的经济潜力。全球管理咨询公司埃森哲最新报告预测，到2020年中国能源互联网的总市场规模将超过9400亿美元，约占当年GDP的7%，[①] 经济潜力巨大。在生产、储能、消费的高科技"即插即用"智能化装置方面，2015年，国家能源局会同有关部门预计未来5年，电动汽车产业的市场规模超过2万亿元、充电基础设施超过1500亿元、电池产业超过2200亿元；[②] 在多能源、多层次、跨区域的多种控制方式建设方面，2016年，东北集团发布报告称，至2026年，全球50个新兴市场国家智能电表覆盖率将达到61%，智能电网投资累计将达到2260亿美元，其中智能电表和配电自动化约占490亿美元。[③] 2022年，前瞻产业研究院称，中国传感器市场规模2020年达2494亿元，同比增长13.9%，2021年达2968.0亿元，2022年将进一步增至3150亿元，预计未来几年，传感器市场规模年均增速可达30%左右，行业增长空间巨大。[④]

（3）可持续发展

新能源产业具有很强的可持续发展能力。随着新能源的广泛使用以及新供能方式的出现，现有能源基础设施将被解构，新能源终将占据能源供应的主导地位。可以说，发展新能源产业是我国实现"双

---

① 《2020年中国能源互联网的总市场规模将超过9400亿美元》，"全国能源信息平台"百家号，2020年8月18日，https：//baijiahao.baidu.com/s？id＝1675319997685902077&wfr＝spider&for＝pc。

② 《国务院政策例行吹风会介绍〈新能源汽车产业发展规划（2021—2035年）〉有关情况》，国家统计局网站，2020年11月3日，http：//www.stats.gov.cn/wzgl/ywsd/202011/t20201104_1798574.html。

③ 《2026年50个新兴国家智能电表覆盖率将达61%》，国际电力网，2016年6月16日，https：//power.in-en.com/html/power-2260322.shtml。

④ 《2022年中国传感器行业发展现状及市场规模分析 2021年市场规模接近3000亿元》，"前瞻经济学人"百家号，2022年6月27日，https：//baijiahao.baidu.com/s？id＝1736758150795558068&wfr＝spider&for＝pc。

碳"目标的必然选择，也是我国实现工业 4.0 的能源产业变革的必由之路。无论从经济、社会和环境哪个方面进行衡量，碳中和的主体和核心一定是新能源产业。

综上所述，在新发展格局下，新能源产业同时被赋予了能源、生态、经济（金融）、政治等多重属性。在承认新能源产业是未来发展方向的前提下，我国要从大趋势、大格局中，从战略的高度正确看待和认识新能源产业发展的技术和规律，进一步做好发展模式的设计。

1.2 新能源产业发展的困境与消费侧发展模式创新

在目前和未来可预见的国际环境下，中国必须抓住机遇窗口期，利用好政策工具和经济基础，从原来的粗放型经济增长模式转换到创新、协调、绿色、开放、共享的高质量发展模式。联合国政府间气候变化专门委员会（IPCC）在报告中指出，快速的工业化发展导致了温室气体排放量和固体废弃物及资源消耗的增加（Debone et al.，2021），对环境和人类健康也会造成不利影响（Guan et al.，2018；赖力等，2022）。然而，工业化对长期经济增长的重要作用已得到认可（Wang et al.，2022）。因此，必须找到能够在不损害经济增长的情况下减少这些负面影响的解决办法，而发展新能源产业已被证明是最有效的途径之一，其既不会对经济增长造成损害，又可以达到保护生态环境的目标（袁见、安玉兴，2020；Chang et al.，2022）。这一事实也得到了欧盟委员会（European Commission）的承认，它已发布多项政策指令，支持新能源产业的发展。

但是，随着全球持续深入开展碳减排工作，行业内部的节能减排潜力已经在逐步收窄，边际成本也处于不断攀升的态势，"高边际成本"的节能减排时代已经到来。近年来的实践显示，我国新能源产业发展投入大，但收效微，不但国内市场占比上升缓慢，而且在国际市场上又遭遇"双反"调查，陷入技术低端锁定、市场低迷、产能过剩的多重困境。

因此，在不可能通过产业发展经典的"第一窗口"和"第二窗口"进行突破的境遇下，要从根本上扭转"两头在外"的尴尬局面，中国新能源产业就必须从消费侧入手，内育市场，抓住第三次能源革命的时机，创新发展模式，进一步拓宽行业生态空间。

鉴于学术界将新能源产业和消费侧联系在一起的内育发展模式的研究成果还很少，既有研究对新能源产业发展模式的界定、影响效应及其形成路径和促发机理等核心问题又尚未触及，本书主要从以下三个方面进行突破。第一，本书突破区域（省域，包括省、自治区、直辖市）这一地理边界，构建"中央—地方—产业—企业"四层次模型，对新能源产业消费侧内育发展模式进行研究，分析国家新能源产业政策的直接作用单元，并结合中国以省域推动产业发展规划的实际，解决产业发展研究的"纵向非一致性"问题，这将有效地丰富"协同机制"的能源产业管理理论。第二，本书从消费侧的视角研究新能源产业的政策切入点，并对其进行优化。消费侧发展模式是中国新能源产业发展的重点，非常契合现在加快建设全国统一大市场的要求，碳达峰和碳中和目标的进一步实现也基本不可避免地要借助发展新能源产业这一路径。因此，本书研究新能源产业消费侧发展模式的影响效应，能够更好地剖析新能源产业的发展机理，优化相关产业发展政策。第三，本书通过对新能源产业发展效应与发展模式的动态耦合研究，揭示新能源产业发展效应与发展模式的耦合机理。运用空间统计分析和动态空间面板计量模型，从政府拉动、市场驱动、创新发展和资源禀赋四个因素，并从时间维度，按照初创期、成长期、成熟期和衰退期四个阶段，揭示新能源产业消费侧发展模式，同时，从五个方面的指标对新能源产业发展的效应进行测度，剖析消费侧发展模式对新能源产业发展的影响效应，弥补这一理论研究目前较为单一和系统性不足的缺憾。

本书主要的研究目标有三个。第一，在理论上，整合已有的产业发展模式研究成果，多维度探索产业发展模式，更系统地界定产业发展模式；第二，在方法上，构建一套反映新能源产业发展效应的统计指标体系和测度方法，以便进行静态和动态的对比研究；第三，在实际应用上，力求准确剖析消费侧内育发展模式的内涵和特征，为新能源产业发展提出有针对性的政策建议，力求突破我国新能源产业的发展瓶颈，促进新能源产业健康成长，达成"双碳"目标。

总而言之，面对国内经济发展与生态环境之间的尖锐矛盾、"双碳"目标实现与未来发展战略布局的迫切要求、省域执行的基础单元性和自上而下的产业管理模式以及全球气候变化的巨大压力，我们有必要深入分析"中央—地方—产业—企业"四层次模式下新能源产业消费侧内育发展模式。本书以我国新能源产业的发展模式构建为思维主线，按照"分析—测度—建议"的系统研究思路展开分析。首先，本书利用文献研究法，建立新能源产业发展模式的理论体系，并构建效应测度（评价及诊断）指标体系、方法和模型；其次，借鉴国际经验，根据所建立的理论体系和模型，利用时间序列分析等统计分析方法界定及测度（评价及诊断）消费侧内育发展模式的调整效应、发展趋势和演化规律；最后，利用多目标规划法和动态投入产出法研究我国新能源产业消费侧内育发展模式调整的策略选择和实施效果动态模拟。

2 国内外文献综述

随着节能减排工作的不断深入和战略性新兴产业的崛起，新能源产业的发展及其存在的问题已成为一些学者深入分析的对象、政府与学术界关注的焦点。在国际上，《联合国气候变化框架公约》对我国以煤炭为主的能源结构提出挑战，考虑到分别在哥本哈根、坎昆、德班、多哈和巴黎召开的 5 次气候变化相关大会上我国承诺的减排目标，我国下一阶段必须以更加积极的方式发展新能源产业；在国内，经济社会发展的要求、民生福祉提高的愿景与能源环境安全的矛盾日益尖锐，这使我国以煤炭为主的能源结构压力重重。在这种内外交困的状况下，我们将采取行动解决现实问题。而据英国石油公司（BP）和国际能源署（IEA）报告及众多专家预测，新能源是第三次能源革命的标的，又关系到国家未来的战略问题，在新能源产业发展上，全球各主要国家均已采取重要举措，因此，我国新能源产业的健康有序发展及对其展开的深入研究均具有重要的现实意义。另外，在新能源产业发展方面，现有文献已经有诸多研究成果，这为本书的研究奠定了坚实的理论基础。

2.1 新能源产业的相关研究

许多国际组织和国家都对新能源（国外标准术语称可再生能源，Renewable Energy）进行过界定，比较经典的三个分别是联合国、日本和中国进行的界定（李晓乐，2020）。1978 年 12 月 20 日，联合国第 33 届大会第 148 号决议提出将常规能源以外的所有能源定义为新能源与可再生能源（孟浩、陈颖健，2010）。1981 年 8 月，在内罗毕召开的联合国新能源和可再生能源会议又正式提出新能源的定义，该定义主要涉及新能源和可再生能源的新技术和新材料性、现代化的开发利用行为，以及取之不尽、用之不竭的可再生性和对化石能源的取代性。1997 年，日本制定的《促进新能源利用的特别措施法》从供给侧和需求侧两个角度对新能源进行界定，供给侧包括太阳能、风能、废弃物和生物质能的发电及各类热利用、温度差能；需求侧包括新能源车、燃料电池和天然气热电联产等（井志忠，2007）。在国际上，新能源强调可再生性（刘秀莲，2011）、可持续性（吴淑凤，2013）、不成熟性（彭影，2016）和低排放性（王竺等，2015）等，而国内学者更加强调新能源的先进性和替代性、高效利用性（韩城，2011）及"新"的内涵（吴耀圻，2010）。按照《中华人民共和国可再生能源法》（2005 年 2 月 28 日第十届全国人民代表大会常务委员会第十四次会议通过，根据 2009 年 12 月 26 日第十一届全国人民代表大会常务委员会第十二次会议《关于修改〈中华人民共和国可再生能源法〉的决定》修正)[1] 和《中国 21 世纪议程》，可再生能源是指风能、太阳能、水能、生物质能、地热能、海洋能等非化石能源。[2] 因此，本书将新能源等同于可再生能源，并将围绕新能源的开发利用、生产服务等一系列过程称为新能源产业（牛学杰、李常洪，2014）。

2.1.1　新能源产业的界定和转型

新能源产业作为战略性新兴产业，既是基于技术创新、新需求、新产品或新服务等形成的新产业（Porter，1980），又是包含新战略、新产

---

[1]《中华人民共和国可再生能源法》，国家机关事务管理局，2022 年 1 月 26 日，ht-tp:∥www. ggj. gov. cn/zcfg/flfg/202201/t20220126_34477. htm。

[2] 石万鹏：《贯彻实施〈中国 21 世纪议程〉 促进经济与环境协调发展》，中国环境与发展国际合作委员会，1995 年 9 月 18 日，http:∥www. cciced. net/dxhd/nh/1995 nh/nhxw/201210/t20121 019_84443. html。

业和新技术三个层面，满足战略层（宏观）、产业层（中观）和创新层（微观关键核心技术）要求的新兴产业（涂文明，2011）。根据国家统计局发布的《战略性新兴行业分类（2018）》，新能源产业主要包括核能、风能、太阳能、生物质能、智能电网五大类，具体涉及25个细分行业。新能源产业是实现清洁低碳经济的关键（Liu et al.，2021）。在全球气候变暖和资源稀缺的趋势下，新能源产业开发项目不断增加，利用可再生能源和智能电网等技术改变能源供需结构成为各国发展的重要任务之一，大力发展新能源产业成为多个国家的共识（Engels，2018）。

综观国内外文献，其对新能源产业基本上是从三个方面进行界定的，即产业特征、产业链和产业发展阶段三个角度。从产业特征角度来看，新能源产业的科技含量高，是自然垄断性产业，但新能源产业目前还是弱小的、绿色的战略性极强的产业（辜胜阻、王晓杰，2006）。从产业链角度来看，新能源产业是为开发利用非传统能源（如核能、风能、太阳能、地热能和生物质能等）衍生的包括产业链全过程（如装备制造、开发应用、产品生产、技术研发、能源服务）的产业（陈文俊等，2013），是包括新能源技术研发、产品实验、应用推广、生产经营等一系列活动，将非传统能源（如太阳能、地热能、风能、海洋能等）实现产业化的高新技术产业（韩城，2011）。从产业发展阶段角度来看，借鉴产业生命周期理论，新能源产业是在新能源技术的生产力转化和商业化过程中形成的产业，主要分为四个时期，即研究开发期、技术示范期、商业化初期和商业化成熟期（史锦华，2010）。按照业务内容进行界定，新能源产业是一切与新能源开发利用相关的产业，主要包括新能源发电、设备和零部件制造、相关辅助服务等业务（郭立伟，2014；赵振宇、马旭，2022）。

新能源产业发展事关能源革命与能源转型升级。数字技术的发展以及生态环境的恶化促使全球掀起了新能源产业革命，能源格局发生改变，并推动能源结构转型升级（Dmitrii et al.，2021）。能源转型要求能源生产者追求节能减排，控制温室气体排放，生产和供应清洁低碳的新能源（Yu et al.，2021）。Liu 等（2021）认为海上风电是中国最具发展潜力的可再生能源之一，是推动中国实现能源转型与碳中和目标的有力措施。Adedoyin 等（2020）和 Awaworyi 等（2021）提出增加技术研发投入能够提高能源使用和生产效率，促进全球能源向可再生能源转型。陈劲（2022）和黄和平等（2021）指出，"双碳"目标会推动新能源革命的进程，降低化石能源消耗，提升光伏、电力、氢能及其他清洁能源的地位，促进绿色能源产业发展。能源革命可以被认为是一个社会技术转型的过程，需要社会、经济、政治和技术因素的共同支撑（Yusak et al.，2021）。Ariane 和 Nadia（2021）结合碳中和目标，指明能源转型不会自发产生，需要各国之间的积极协调与配合。Li 等（2020）开发了中国省域能源系统 TIMES－30P 模型，并应用于低碳情景分析，以此探索在碳排放约束下中国省域能源产业系统转型模式。Fuentes 等（2020）回顾了以电力部门为重点的四项国家安全战略，评估战略在能源安全方面的有效性，讨论电力产业系统在能源转型中的重要性，认为电力行业模式创新能够推动低碳能源革命。Mark 和 Michael（2020）建议能源行业调整其商业模式，在能源系统协调和运行领域进行全面的示范试验，以获取价值。刘卫东等（2019）从能源消费总量及结构两个方面对"双碳"目标下中国能源转型升级的框架路线进行分析，提出要积极有序地推进能源结构调整。范英和衣博文（2021）剖析了各国能源转型的规律和机制，深入探究碳中和目标下中国能源转型的趋势，提出要加快能源体制改革，打破寡头垄断格局，形成合理的能源价格，促进新能源产业的发展。

2.1.2 新能源产业发展困境

自 20 世纪 90 年代以来，新能源产业技术已大量扩散，但自我维持性很差（Heracles and Dias，2007）。这主要是因为新能源产业的市场渗透存在外部环境（体制机制、经济政治、社会生活和制度监管）和内部条件（技术壁垒、市场壁垒、成本效益）等诸多方面的障碍，而且具有明显的技术、国家、地区和品类及环节等方面的异质性特征（Painuly，2001）。例如，缺乏产品标准是太阳能技术大规模扩散的瓶颈；缺乏与传统设计的融合以及规模有限是太阳能集热器推广的瓶颈；成本高和采购需求渠道单一是光伏电池扩散的阻碍（Andersson and Jacobsson，1997）。

在我国新能源产业的发展过程中，市场失灵和制度失灵是其发展困境的根本原因，表观原因则体现在缺乏明确的价格机制、新能源市场培育步伐较慢、新能源产品定价机制不完善、新能源价格激励机制不健全等方面（魏艳茹，2022）。相比其他国家而言，中国在新能源产业发展上主要面临产业核心技术薄弱、产业体系建设不完善、新能源产地与消费地区需求不匹配、贸易保护主义制约新能源海外市场的拓展以及产业专业人才供需不协调等问题。从全球范围来看，高成本是规模经济和新能源市场形成的最大障碍，但各国成本结构差异较大，如日本的新能源技术（生物发电、太阳能、风能等领域）先进，技术专利费低，但人工成本高，而中国则恰恰相反。但总的来说，成本高、性价比低、市场份额降低是新能源产业发展的重要限制因素（桂黄宝，2012；郭立伟，2014）。

就新能源发电而言，新能源虽然属于可再生能源，但间歇性强、发电不稳定，不是可靠的优质电力源，与传统电网无法匹配。目前，我国新能源产业相关法规与制度体系仍不完善，并网等难题尚未突破，技术研发投入存在不足（袁见、安玉兴，2019），大量企业引进非核心生产技术，并进行重复投资，造成新能源产业链的低端产能过剩（蒙丹，2010），这在很大程度上制约了中国新能源产业的发展。另外，何继善等（2021）提出在中国中部地区依旧存在新能源发展潜力不足、能源生产量不足、供需不平衡等问题，建议重点推进优化资源配置、节能减排、多能融合等方面的工作。

2.1.3　新能源产业发展的驱动因素

近年来，随着新能源产业的发展壮大和战略性地位的不断强化，对新能源产业发展驱动因素的研究引起了不同国家和地区研究人员的关注，形成了大量研究成果。尤其是以中国为样本的研究产生了很多有代表性的成果，如齐绍洲等（2017）提出六个方面的影响因素，分别是自然因素、价格因素、体制因素、社会因素、技术因素以及政策因素；朱向东等（2018）、周燕和潘遥（2019）、林伯强（2018）等分别从定性和定量两方面强调了政府政策、资金支持等因素的关键作用；王班班和齐绍洲（2016）实证考察了技术创新、市场化程度、对外开放、财政补贴等一系列因素的影响；崔守军等（2020）验证了新能源自然资源禀赋（地区风力、年平均气温、年日照小时数等）的影响。

2.1.3.1　新能源产业发展与经济要素的关系

从研究方法上看，采用柯布－道格拉斯（Cobb-Douglas）生产函数进行研究的文献较多，如 Liao 等（2010）使用新古典柯布－道格拉斯生产函数的分析框架，认为资本、劳动力、技术进步和经济增长是新能源产业发展的基本要素，Arbex 和 Perobelli（2010）通过对比进行了验证。Fang（2011）利用柯布－道格拉斯生产函数研究了可再生能源消费及其份额与 GDP、资本、劳动和人均研发支出之间的关系，发现可再生能源消费对实际 GDP 和人均 GDP 有显著的积极影响。Salim 等（2014）采用生产函数估计工业总产值与可再生和不可再生能源等要素之间的关系，结果表明，工业产出与可再生能源和不可再生能源消费之间存在双向因果关系。Inglesi-Lotz（2016）还采用柯布－道格拉斯生产函数和面板数据描述可再生能源消费、就业、研发支出对经济福利的影响，结果表明，可再生能源消费与经济福利之间存在正向的、显著的影响效应。

也有学者采用自回归分布滞后（ARDL）方法来确定变量之间的协整关系。Lin 和 Moubarak（2014）使用 ARDL 边界检验方法和 Johansen 协整技术分析了经济增长、劳动力、二氧化碳排放和新能源消费之间的关系。结果表明，新能源消费与经济增长之间存在双向因果关系，劳动力在短期内影响新能源消费，而二氧化碳排放与新能源消费之间没有因果关系。Sebri 和 Ben-Salha（2014）使用 ARDL 边界检验方法和向量误差修正模型，以金砖国家为样本，研究了二氧化碳排放与经济增长、新能源消费以及贸易开放之间的因果关系，发现竞争变量之间存在双向格兰杰因果关系。Jebli 和 Youssef（2015）使用 ARDL 边界检验方法、矢量误差修正模型（VECM）和格兰杰因果关系方法研究了突尼斯人均二氧化碳排放量、GDP、可再生和不可再生能源消费与国际贸易之间的关系。研究发现，GDP、国际贸易、二氧化碳排放量与能源可再生性之间存在单向因果关系，可再生能源对二氧化碳排放量的影响较小且不显著。

环境库兹涅茨曲线（EKC）的倒"U"形假说在部分地区的实践中没有得到支持。环境库兹涅茨曲线常常用于描述环境污染物与经济增长之间的拐点关系。许多学者实证检验了环境库兹涅茨假说的有效性，大多数研究集中在化石能源上。Apergis 和 Payne（2009）发现能源消费与排放之间存在双向因果关系，实际产出 EKC 呈倒"U"形。Jalil 和 Mahmud（2009）以中国为研究对象，对能源消费、收入水平、对外贸易与碳排放之间存在的长期关系进行研究，发现以上三个因素都对碳排放有一定程度的影响，碳排放与收入水平之间的关系证实了 EKC 假说，碳排放与能源消费之间存在单向的长期因果关系，但对外贸易对碳排放的影响并不显著。Ozturk 和 Acaravci（2010）检验了土耳其经济增长、碳排放、能源消费和就业率之间的长期因果关系，发现只有就业率在短期内影响实际人均 GDP，EKC 假说在土耳其不成立。Pao 和 Tsai（2010）研究了污染物排放、能源消费和产出之间的动态因果关系，发现实际产出表现出与 EKC 假说相关的倒"U"形，能源消费与污染物排放、产出之间存在双向因果关系。

部分研究表明，新能源是创造绿色就业机会的引擎。Kammen 等（2004）用可再生技术取代传统技术的一个发电单元，对就业的影响进行分析，发现新能源消费和新能源产业发展可以创造更多的就业机会。另据美国国家环境保护局和 21 世纪可再生能源政策网络（REN21）统计，随着新能源产业规模的扩大，就业乘数效应明显。但 Fang（2011）以中国为例进行研究，发现新能源产业发展对就业人数的影响为正但不显著。Salim 等（2014）和 Inglesi-Lotz（2016）以经合组织成员为样本进行研究，发现新能源产业发展与劳动力就业和 GDP 显著正相关。

在经济增长与可再生能源消费的关系方面，Strazzabosco 等（2020）采用面板协整模型检验实际人均收入对可再生能源消费的影响，发现实际人均收入是人均可再生能源消费的主要驱动因素，此外，二氧化碳排放与可再生能源消费之间也存在正向关系，而石油价格对可再生能源消费有一定的负面影响。李旭和熊勇清（2021）、吕涛等（2021）以新能源汽车为例，研究可再生能源消费等引致的经济效应、环境效益和空间溢出效应。

2.1.3.2　新能源产业发展与政府政策

从一系列相关政策来看，新能源产业发展最主要的驱动因素是政府的扶持。综观中外，新能源产业发展的政府拉动特征明显，但在研究中，国内外学者关于政府扶持作用的观点并不一致。有的认为政府应通过减免税收和提供政府补助等途径，降低生产成本，促进新能源产业发展（Andreea et al.，2016）；有的认为应该加强政策针对性，从市场、技术等方面制定政策性解决方案（Painuly，2001）；有的认为政策要具有动态性和广泛性（Carley，2011）；同时，实证分析发现，政府补助显著作用于企业的固定资产投资，对国有企业影响更大（许罡等，2014）。但运用价差法对终端能源价格补贴进行研究发现，实际上政府对化石能源的补贴远远高于对清洁能源的补贴（姚昕等，2011）。Johnstone 等（2010）通过专利数据研究了环境政策对可再生能源技术创新的影响。Yin 等（2015）用区域工业消除污染的投资占 GDP 的比重来表示环境规制，检验了环境规制对新能源产业发展和 CO_2 排放的影响。结果表明，环境规制对污染物排放的曲线具有显著的调节作用，且越严格的规制，拐点越早出现，证实了环境库兹涅茨曲线的存在，而新能源产业是一个显著的中介路径。

新能源产业发展与政府政策密切相关。Bongsuk（2019）综合分析了韩国可再生能源产业，指出政府扶持政策、技术创新和成本竞争优势是影响新能源产业发展的主导因素。各国新能源产业政策将快速推动全球新能源产业发展，以中国、日本、印度为代表的亚洲国家有望赶超欧洲，跨国企业的投入将是重要推动力。陈伟（2010）在对比中日新能源产业发展的基础上，着重强调了政府作用，尤其是政府在保持政策连续性、推进市场化改革和促进行业优化重组方面的积极行动。Qi等（2014）采用 China-in-Global Energy Model（中国 – 全球能源模型，C-GEM）评估了在某些政策情景下诸多因素对中国可再生能源发展和二氧化碳排放的影响。研究发现，如果可再生电力成本因政策或其他原因下降，可再生电力的份额也将随之显著增加。

Chien 和 Hu（2007）通过数据包络分析方法（DEA）分析了 45 个经济体技术效率对可再生能源发展的影响，发现 OECD 经济体的技术效率较高，地热能、太阳能、潮汐和风能在可再生能源中所占的比重也较高。在全球新能源产业供应链分工格局中，我国新能源产业与传统产业较为类似，处于价值链的底端，新能源技术不够成熟，还没有跻身相对核心的高端位置，需要更加积极的技术研发支持（彭影，2016）。新能源产业发展的主要目标之一就是优化能源结构，提高能源效率。杨宇等（2020）的研究结果表明，能源效率提高、能源结构优化以及技术创新是影响能源安全的重要因素。

2.2 新能源产业发展模式的相关研究

由于产业发展模式内涵的丰富性，其概念界定并不统一，新能源产业发展模式的界定也是如此。有关新能源产业发展模式的研究主要包括以下几个方面。

2.2.1 新能源产业发展模式界定

国内外学者对新能源产业发展模式方面相关研究的侧重点存在一定的差异。史丹（2015）利用国际能源署新能源产业的相关数据进行分析，认为新能源产业巨大的市场空间是市场驱动模式的基础。莫建雷等（2018）在对新能源产业发展的主要国家进行系统分析的基础上，提出可再生能源产业发展要走产业规模化和地区专业化的道路。Brouwer 等（2016）认为，由于路径依赖、新能源产业发展的不确定性等因素，能源转型将耗费巨额资金，并且在转型过程中，政府和市场是动态均衡关系。Rifkin（2011）从工业革命发展进程视角提出能源转型是第三次工业革命的支柱，需要催生与经济、环境发展相适应的新型能源发展模式。

（1）以国家或区域进行界定

不同国家的新能源产业发展模式各有侧重。例如，"中国模式"不仅具有发展速度快的特点，同时产业发展重点突出，涉及深度全球化、抢占产业制高点、打造技术平台、培育产业集群和产业链等；"德国模式"强调市场应用和技术创新并重（陈伟，2010）；"美国模式"以技术开发与产业化发展为主导；"日本模式"则强化市场培育和示范性项目的应用（陈伟，2010）；"韩国模式"是产业规模化与海外市场结合的模式；此外，丹麦模式、荷兰模式等也各具特色。齐绍洲等（2017）提出，风险投资是现今中国新能源产业的重要激励模式，其主要通过"资金增加效应"、"创新倾向提高效应"以及"股东积极主义效应"推动新能源产业发展；张玉臣和彭建平（2011）提出"欧盟模式"的四个阶段以及战略规划—发展体系—实施保障的完整支持链条；史一凡和于洁琼（2018）深入分析了具有代表性的德国鲁尔区新能源产业培育与发展模式，提出在可持续发展的要求下，新能源产业对传统产业具有有序替代性。

在国内层面上，闫世刚（2017）通过定量分析总结提出了"北京模式"，主要包括集成创新模式、龙头带动模式（太阳能和风能）、中小企业集群模式（地热能）和产学研联盟模式（生物质能）。赵振宇和侯丽颖（2014）提出了风电发展的资源开发、电网建设、技术创新和政策支持等要素柔性优化配置模式。冶红英（2014）基于SWOT提出了"甘肃模式"，即依托政府、新能源企业、大学和科研院所构建产业集群创新模式。黄王麗等（2017）提出了"硅谷模式"，即"龙头＋龙头"的企业创新战略联盟，在该模式下，巨头企业共同行动，汇聚为绿色能源经济发展的主力军。

关于区域新能源产业发展模式的研究主要有以对应地区为研究对象的德国鲁尔模式、美国加州模式、美国西部模式和中国苏南模式等（Watanabe et al.，2002；Corrado et al.，2005；Baas，2008）。Chang等（2011）在对内蒙古调查研究的基础上，提出了基于沼气资源的沼气能市场产业化模式。Hayashi等（2016）发现日本是通过严格的环境保护法推动了新能源产业的发展，并使用信息技术降低了新能源产业的成本。Zhang等（2015）针对中国能源市场，提出了"基础—市场—服务"的新能源终端应用产业发展模式。Wang和Wang（2020）提出，近十年来，我国可再生能源技术得到了前所未有的发展，西南、西北地区尤为突出，整体呈现"双核"的空间发展模式。由以上分析可知，新能源产业的发展模式并没有一个统一的标准，因此，本书在产业发展模式界定的基础上，对新能源产业发展模式的考量维度进行了深入界定。

（2）以发展特征进行界定

以新能源产业发展驱动要素及表现特质进行界定的发展模式，在国内研究成果方面，主要包括以下几种：蒙丹（2010）和吴悦旗（2020）提出的技术和市场双重发展模式；黄蕾等（2013）、蔡跃洲和李平（2014）总结的激进式技术创新模式；狄乾斌和周乐萍（2011）提出的柔性组织及园区发展模式；罗思平和于永达（2012）提出的三阶段有序技术转移模式；王发明（2010）、张路阳和石正方（2013）提出的全球及产业价值链发展模式；郭立伟和沈满洪（2013）、李文博和龙如银

（2015）提出的产业集群发展模式；周亚虹等（2015）提出的政府主导型发展模式；辜胜阻和王晓杰（2006）提出的多元化多维发展模式；等等。在国外研究成果方面，主要包括市场主导模式（Salim et al.，2014；Chang et al.，2020）、技术创新模式（Raza et al.，1994）、技术引进模式（Richter，2013；Ghaffour et al.，2014）和自组织模式（Al-Badi et al.，2014）等。依据产业布局理论，各发展要素的空间流动形成产业的最佳布局，依次延伸出三种经典模式：增长极布局模式、点轴布局模式和网络布局模式。

2.2.2 发展模式效应的对比研究

国内外关于新能源产业发展模式效应的研究主要从经济贡献、产业发展、市场竞争、就业和环境等一个或多个维度进行考量。在国外，如Jebli 等（2016）关于 OECD 和我国的新能源产业发展对经济增长、能源结构、环境优化等影响效应的实证研究表明，新能源产业发展有利于环境优化；Vázquez-Bustelo 和 Avella（2006）、Victor 等（2017）、Tracey 等（2018）、Victor 等（2021）分别对美国、欧盟、德国和日本进行对比研究，强调新能源发展效应与政策支持体系的耦合协同，提出政府主要通过价格、法律、规制、财税等多种手段影响产业发展最为关注的产品成本和技术及市场培育等，从而促进能源替代，达成产业扩张的目的。在国内，路正南等（2013）、李小芬等（2013）建立多指标体系进行效应评价；韩超（2013）对美国、日本和韩国新能源产业发展的技术进步、贸易水平和产业结构等效应进行了评价；李杨（2019）和李凡等（2021）对欧盟及其他典型的 32 个国家的技术创新、政策扶持等模式进行了对比分析。

2.2.3 产业消费侧内育发展模式研究

产业消费侧内育发展模式的国外研究成果较多，但在国内，新能源产业的相关探讨研究较少，贾根良（2013）基于我国光伏产业和机器人产业进行案例研究，提出迎接第三次工业革命的关键在于发展模式的革命，即从消费侧入手，培育母国市场；Park 等（2014）、Polzin 等（2015）分别从全球不同国家或区域新能源产业的内需、市场拓展途径和配套政策等角度进行总体研究；Corrado 等（2005）、李凡等（2017）、李国栋等（2019）、李少林（2016）等指出中国新能源产业发展的瓶颈在于国内市场的疲软，应该分别从市场细分、产业投融资、产业整合和技术选择等中观和微观角度进行消费侧市场内育；在市场内育政策方面，主要集中于政府主导或引导的政治政策、经济政策和技术政策等的设计。

2.3　文献计量研究

为对诸多新能源产业的前期研究文献进行总体的概括和梳理，本书采用共词分析法，对文献进行统计和更深入的剖析。共词分析法（Co-word Analysis）是一种文献内容分析法，针对研究目标领域文献的主题（摘要、关键词或篇名）中专业术语共同出现的现象，通过分析判断主题间的关系，展现研究内容、结构、热点、趋势等。一般认为，文章具有共同关键词的数量越多，"距离"就越近，利用多元统计方法，可以通过关键词分类来分析目标领域的研究内容。整体而言，共词分析法是基于词频的分析方法，主要是提取研究主题或者方向的高频词，并按同时出现频次构建共词矩阵，描述研究领域的内部联系和相互影响。

2.3.1　国内新能源产业研究

本书以中国知网（CNKI）中的中国学术期刊网络出版总库的"CSS-CI"和"CSCD"为检索数据库，以新能源产业为主题词，检索发表时间在 2021 年 6 月 30 日之前的中文文献，分析国内新能源产业的研究状况。

2.3.1.1　论文发表数量的时间分析

本书对检索出的新能源产业领域的期刊论文进行发文数量的年度分布情况分析（见图 2－1）。

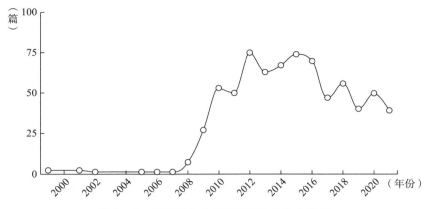

图 2 - 1　新能源产业领域期刊论文发文数量

由图 2 - 1 可知，在 2007 年之前，新能源产业领域期刊论文的发文数量很少，总共不超过 5 篇，自 2008 年（6 篇）开始，发文数量迅速攀升，在 2012 年达到顶点（75 篇）；然后开始波动下滑，2020 年发文数量为 51 篇，但关于新能源产业与"双碳"目标联系的论文数量在不断增加，平均每年发表约 10 篇研究性核心及以上级别的期刊论文。

2.3.1.2　文献作者与研究机构分析

（1）文献作者分析

本书对新能源产业领域的文献作者进行共现图谱分析，得出相关文献作者的共现知识图谱（见图 2 - 2）。

由图 2 - 2 可知，在文献作者中，形成最大节点的是蒋先玲、郭宗林、徐君三位作者。图谱展示了更详细的作者子网络结构，作者子网络体现了作者间的交流与合作。以蒋先玲为核心的子网络较为显著，但五位贡献文献较多的作者之间，并没有形成链接，表明他们之间的合作比较少。图中较多的是单独节点作者，如贾军、史丹、吴淑凤、高新伟等，这表明在新能源产业研究领域，作者间合作发表的行动力还不足，亟待加强。

（2）研究机构分析

对新能源产业领域的研究机构进行共线图谱分析，得出相关研究机构的共现知识图谱。

图 2 - 2　新能源产业领域文献作者共现知识图谱

节点越大代表研究机构发文的数量越多，据分析，节点较大的有上海社会科学院生态经济与可持续发展研究中心、中国社会科学院财经战略研究院、同济大学经济与管理学院等研究院，这些研究机构历史发文数量较多，体现了其在新能源产业领域的学术能力较强。但各个节点所代表的研究机构之间基本没有连线（连线表示节点之间具有联系，连线数量表示节点之间联系的密切程度），由此表明，贡献较大的研究机构之间合作较少。

2.3.1.3　新能源产业领域研究热点分析

（1）关键词分析

关键词是对论文研究主题的高度概括和抽象表达，代表了一篇文献的核心研究对象、研究方法和研究范围等。因此，对文献关键词进行知识图谱分析，有助于挖掘研究热点。利用 CiteSpace 软件进行分析运算，结果见图 2 - 3。

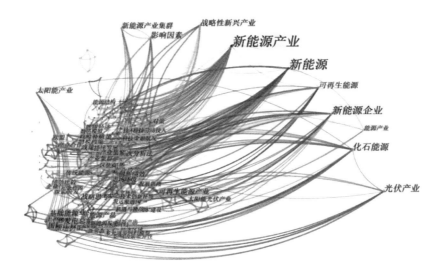

图 2 - 3   新能源产业领域研究文献关键词共现知识图谱

由图 2 - 3 可知，新能源产业的研究文献中，关键词共现知识图谱共生成了 290 个节点、657 条连线。关键词出现的频次由图谱中的节点大小表示，在一定程度上代表了研究热度。在新能源产业领域，高频关键词主要有新能源产业（62）、新能源（52）、新能源企业（31）、化石能源（24）、可再生能源（21）、影响因素（20）。因此，本书可以初步确定，新能源产业领域的研究基本归结为上述 6 个主题。在新能源产业中，最受关注的是光伏产业，这也是我国新能源产业在对外贸易中表现最为突出、波动最大的产业。

（2）关键词聚类分析

在以上关键词研究的基础上，为进一步深入考察新能源产业领域相关研究热点的知识结构，本书采用对数似然法（LLR）探寻高频关键词之间的组合聚类，在多次调整阈值后，得到高频关键词的聚类知识图谱（见图 2 -4）。

新能源产业领域研究的聚类知识图谱的模块化度量值 Q（Modularity）是 0.7221，表明聚类结构显著，聚类平均轮廓值（Mean Silhouette）是 0.9352（S > 0.7），说明聚类结果具有统计信度；得到了六大聚类群

图 2 - 4　新能源产业领域关键词聚类知识图谱

组，分别是新能源产业、新能源、新能源企业、化石能源、可再生能源、影响因素，说明对新能源产业的研究主要是围绕这 6 个方面进行的。

（3）研究热点分析

为识别新能源产业领域研究热点的演变趋势，通过 CiteSpace 软件中的"Time Zone View"模块，将新能源产业领域研究的高频关键词筛选出来，再投射到以时间为横轴的知识图谱上，用以展示 2006 ~ 2020 年新能源产业领域研究热点的变化（见图 2 - 5）。

新能源产业领域研究热点趋势图谱的模块化度量值 Q 是 0.7221，表明聚类结构显著，聚类平均轮廓值是 0.9435（S > 0.7），说明聚类结果具有统计信度；得到了逐年研究主题的变化，依次是新能源产业、新能源、新能源企业、战略新兴产业、化石能源、影响因素、光伏（太阳能）产业、新能源产业集群（产业集群、产业集聚），且自 2016 年开始，主要关注技术创新（科技劳动/资本投入、技术结构）相关方面的

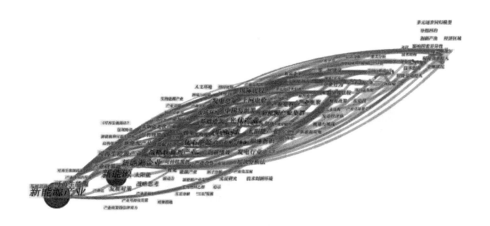

2006　2007　2008　2009　2010　2011　2012　2013　2014　2015　2016　2017　2018　2019　2020

图 2 - 5　2006～2020 年新能源产业领域研究热点的趋势图谱

研究。这反映出新能源产业领域研究的动态演变规律，即每一个大的主题研究的时间跨度大约为 10 年。

2.3.2　国外新能源产业研究

本书基于 Web of Science 数据平台，利用 CiteSpace 可视化工具，对外文文献进行知识图谱分析。将 new energy industry（新能源产业）作为主题词进行检索，收集文献研究数据。通过筛选和组配，共得到 12008 篇文献，通过 CiteSpace 的对比降重，合并后共得到 10501 篇文献。

2.3.2.1　发文数量的时间分析

本书以 new energy industry 为主题词，对 Web of Science 数据平台上的研究论文进行检索，因 2002 年之前的外文文献数量较少，在此只对 2002 年至 2021 年 6 月 30 日之间发文数量的年度分布情况进行分析（见图 2 - 6）。

由图 2 - 6 可知，2002～2020 年，新能源产业领域的外文文献发文数量不断攀升，只有 2014 年数量出现了不明显的下滑（505 篇），从

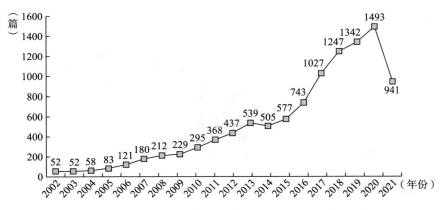

图 2-6　2002~2021 年新能源产业领域外文文献发文数量

2002 年的 52 篇到 2020 年达到顶点（1493 篇）；2021 年上半年的发文数量已经达到 941 篇。可见，新能源产业的外文相关研究一直处于上升的态势，2002~2020 年发文数量年均增加 80 篇，年均增长 20.5%。

2.3.2.2　文献作者和研究机构分析

（1）文献作者分析

本书进一步对新能源产业领域的文献作者进行共现知识图谱分析，得出相关文献作者的共现知识图谱（见图 2-7）。

由图 2-7 可知，在文献作者中，形成最大节点的是 BenJamin K So-vacool 和 Yiming Wei 两位作者，然后是 Muhammad Shahbaz 和 Malin Song 两位作者，图中节点最大的两位作者不仅子网络内部链接密集，而且形成了明显的类团之间的链接，这表明不仅各个子网络内部的作者合作较多，子网络之间的作者合作也较多。同时，图中单独节点作者较少，这表明在新能源产业领域，外文文献的研究作者间合作发表情况较多。

（2）研究机构分析

本书对新能源产业领域的研究机构进行共线图谱分析，得出相关研究机构的共现知识图谱（见图 2-8）。

由图 2-8 可知，节点较大的研究机构主要是高等院校，国外的著名大学，如牛津大学、剑桥大学、麻省理工学院、加利福尼亚大学伯克

图 2 - 7　新能源产业领域文献作者共现知识图谱（外文）

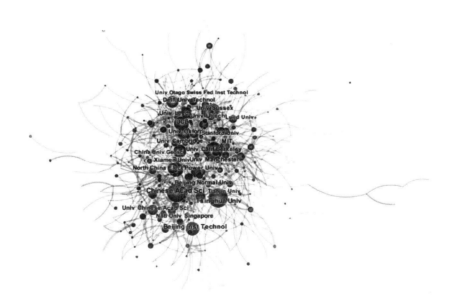

图 2 - 8　新能源产业领域研究机构共现知识图谱（外文）

利分校、斯坦福大学等；中国的著名大学，如厦门大学、中国科学技术大学、清华大学等。历史发文数量较大，体现出新能源产业领域的学术发表能力较强。图谱中 630 个研究节点之间有 1271 条连线，形成了密切的合作网络。

2.3.2.3　新能源产业的研究热点分析

（1）关键词分析

为进一步对外文文献进行研究热点挖掘，本书对新能源产业领域的外文文献关键词进行知识图谱分析，利用 CiteSpace 软件进行分析运算，结果见图 2 - 9。

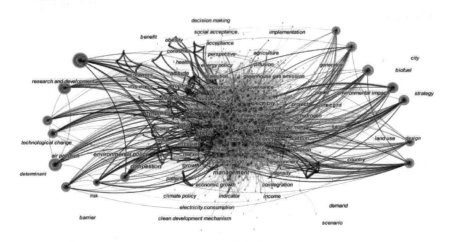

图 2 - 9　新能源产业领域研究关键词共现知识图谱（外文）

由图 2 - 9 可知，新能源产业领域的研究关键词共现知识图谱共生成了 920 个节点、4483 条连线。高频关键词较多，显著性的节点大小差异不大。在新能源产业领域，高频关键词主要有研究与发展、技术变化、空气污染、环境政策、战略、气候变化和清洁发展机制等，可以归结的研究主题很多。

（2）关键词聚类分析

在以上的关键词研究基础上，本书使用对数似然法（LLR）探寻高频关键词之间的组合聚类，得到关键词的聚类知识图谱（见图 2 - 10）。

由图 2 - 10 可知，模块化度量值 Q 是 0.4163，聚类平均轮廓值是 0.7096（S > 0.7），说明聚类结果具有统计信度；得到了明显的 10 个聚类群组，主要是支付意愿、创新、经济增长、生命周期评估、中国、能

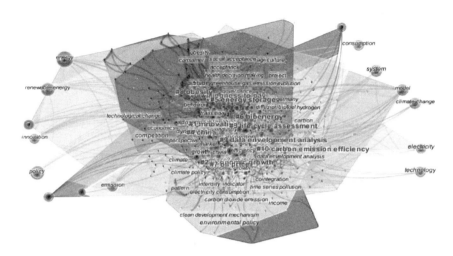

图 2 - 10　新能源产业领域研究关键词聚类知识图谱（外文）

源储存、生物质能源、石油价格、数据包络分析和碳排放效率等子领域。这表明在新能源产业领域，主要关注的区域是中国，因为中国是全球最大的能源消费国和碳排放国，中国新能源的使用和发展对全球的影响较大；主要的影响因素是创新和石油价格，因为新能源与传统能源存在竞争关系，最直接的就是价格的竞争；研究方法上最主要的是生命周期评估，因为新能源产业的投入大、时间长，优势是环境友好和较好的经济潜力，发展最需要突破的是能源储存。

（3）研究热点演变趋势分析

为识别外文文献中新能源产业领域研究热点的演变趋势，本书通过 CiteSpace 软件的 "Time Zone View" 模块，将新能源产业领域研究的高频关键词投射到以时间为横轴的知识图谱上，展示 2000 ~ 2021 年外文文献中新能源产业领域研究热点的变化（见图 2 - 11）。

由图 2 - 11 可知，外文文献中新能源产业的相关高频关键词比较分散，2005 年，中国是一个关键群组，按时间顺序，后面依次出现了创新、经济增长、支付意愿、数据包络分析、生物质能源和碳排放效率的群组关键词，文献分布圈层密集，没有出现断层。这充分说明新能源产业领域的研究关注点交叉密集。研究关注点从初期的能源、政策、障

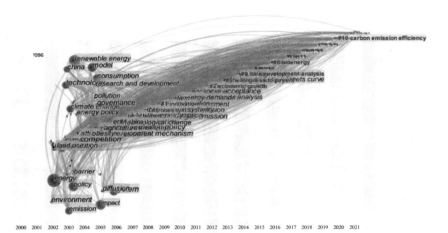

图 2 – 11　2000 ~ 2021 年新能源产业领域研究热点的趋势图谱（外文）

碍、影响等方面转变为碳排放效率。

2.3.3　研究领域的划分

本书以 1990 年 1 月 1 日至 2020 年 12 月 31 日为样本期间，以"产业"和"新能源/可再生能源/清洁能源"（industry + new energy）为检索主题词检索中英文文献。中文文献以中国知网 CNKI 的中国学术期刊网络出版总库中的"CSSCI"和"CSCD"的期刊作为检索数据库，检索到相关文献 687 篇。进一步对每一篇进行判断，去除以"企业""汽车""报道""会议""项目"等并非以"新能源产业"为研究主题的论文，得到新能源产业直接相关文献共 179 篇及关键词 290 个。再次合并相同意义的关键词，如将新能源产业与可再生能源产业、清洁能源产业等合并为新能源产业；能源效率和能源强度合并为能源效率；经济增长和经济发展合并为经济发展；能源消费结构和能源结构合并为能源结构等，列示出现频次较高的 21 个关键词。英文文献以 Web of Science 数据平台为检索数据库，检索到相关文献 12008 篇，对每一篇进行判断，去除以"enterprises""vehicle""report""conference""project"等并非以"new energy"为研究主题的论文，得到相关文献 10461 篇、关键词 908

个，再将相同意义的关键词合并，如将 new energy industry 与 green energy industry、clean energy industry、renewable energy industry 合并为 new energy industry，Life Cycle Assessment 与 LCA 合并为 LCA，emissions 与 carbon emission合并为 carbon emission 等，列示出现频次较高的 21 个关键词（见表 2 - 1）。中英文序号分别以 VC 和 VE 列出，以示区分。

表 2 - 1　中英文文献高频关键词统计

序号	中文		序号	英文	
	关键词	词频		关键词	词频
VC1	新能源产业	79	VE1	energy	1494
VC2	新能源	50	VE2	renewable energy	1177
VC3	新能源企业	9	VE3	policy	1022
VC4	影响因素	8	VE4	impact	1010
VC5	战略性新兴产业	7	VE5	system	880
VC6	新能源产业集群	7	VE6	model	870
VC7	可再生能源	5	VE7	china	824
VC8	太阳能	5	VE8	consumption	748
VC9	创新	4	VE9	CO_2 emission	650
VC10	产业政策	4	VE10	technology	620
VC11	可持续发展	4	VE11	sustainability	574
VC12	发展对策	4	VE12	energy consumption	561
VC13	金融支持	4	VE13	performance	560
VC14	光伏产业	4	VE14	energy efficiency	557
VC15	低碳经济	4	VE15	climate change	542
VC16	能源结构	3	VE16	emission	539
VC17	能源产业	3	VE17	power	534
VC18	财政政策	3	VE18	innovation	519
VC19	可再生能源产业	3	VE19	electricity	502
VC20	对策	3	VE20	efficiency	476
VC21	产业发展	3	VE21	management	457

由表 2 - 1 可知，中英文文献高频关键词在新能源产业方面的研究热点集中于新能源产业/energy（VC1/VE1）、新能源和可再生能源/renewable energy（VC2 和 VC7/VE2）、影响因素 /impact（VC4/VE4），两者的差异在于国内研究更加关注新能源的发展、能源结构和新能源产业集聚等，而国外研究则侧重于深入分析能源效益、能源系统和可再生能源等。

2.4 国内外文献述评

我国新能源产业发展模式的研究基本与我国新能源产业的发展历程和实践密切相关，以 2010 年新能源产业被确立为战略性新兴产业为时间点，2010 年之前的文献成果相对较少，而且基本集中于新能源产业和新能源的战略思考、产业政策和发展对策等宏观方面的总体概论；2010 年之后，围绕战略性新兴产业，先是以发展路径、技术突破和可持续发展为主，随之以总结中国的成功经验、挖掘影响因素和对比化石能源为主（2010～2012 年）；在 2012 年，中国光伏产业相继遭遇美、欧、印"双反"后，则以对中国新能源产业发展模式的反思和创新对策为主，尤其是光伏产业、上网电价、国际比较、新能源产业集群（产业集群、产业集聚），消费侧和技术创新的研究不断增多（2013 年至今），但研究方法基本以定性研究为主。自 2016 年开始，尤其是近三年，关注点主要是科技创新（科技劳动/资本投入、技术结构）和区域优化等相关方面的研究。这反映出新能源产业领域研究与实践的动态耦合演变关系。

本章首先在对新能源及新能源产业界定的基础上，展开新能源产业发展研究（包括发展困境、驱动因素两个方面）和发展模式研究（以国家或区域进行界定、以发展特征进行界定，以及发展模式效应的对比研究、产业消费侧内育发展模式研究四个方面）。其次，展开文献计量研究，对国内外新能源产业领域研究的发文数量、发文作者和研究机构，关键词聚类分析等采用共词分析方法，基于中国知网 CNKI 的中国学术期刊网络出版总库中的 "CSSCI" 和 "CSCD" 的期刊和外文的 Web of Science 数据平台，对研究热点和研究趋势进行总结。两者的差异是国内研究更加关注新能源的发展、能源结构和新能源产业集聚等，而国外研究侧重于深入分析能源效益、能源系统和可再生能源等。

综上所述，在理论上，已有的相关研究成果侧重于对中国新能源产业发展的宏观政策解读、前景展望、发展瓶颈和对策探讨，有关新能源产业发展模式的界定、选择及其条件约束等的论证和研究还不够充分；在实践中，我国国内市场各地弃风、弃光等现象虽然有所缓解，但还是比较严重，国际市场遭遇 "双反"，面临诸多困难和挑战。因此，本书在总结国内外相关研究的基础上，采用计量经济学和统计模型，结合能源经济学、环境经济学和产业经济学等理论，系统分析在中国现有能源环境约束下新能源产业发展模式的选择，量化发展模式选择的条件约束，建立发展模式的理论计算模型，统计测度发展模式的多维效应，探索中国新能源产业消费侧内育发展模式的内涵、空间布局，以及现实最优发展路径等，为提升我国新能源产业的竞争力，改变矛盾尖锐的现状，推动新能源产业发展提供一种思路。在理论上，上述研究进一步系统地完善了产业发展模式和新能源产业理论体系；在实践中，为我国新能源产业发展的政策制定提供了理论依据。所以，本书所进行的研究具有重要的理论意义和现实价值。

本书对新能源产业消费侧内育发展模式的界定如下：从消费侧入手，关注国内市场培育，鼓励竞争，完善机制，推动产业技术创新和优化资源配置，实现新能源产业市场的供应链、价值链和产业链的国内大循环。研究中国新能源产业消费侧内育发展模式，以突破新能源产业发展困境，推进新能源产业发展和动态监测国家新能源产业发展效应，有效制定和完善国家相关配套支持体系，发挥新能源产业对国家、社会的服务作用，提高环境友好和社会福利水平，这完全符合学术研究的科学发展逻辑和现实指导价值。

3 中国新能源产业发展的时空布局

中国作为一个能源发达的国家，蕴含着丰富的化石能源和可再生能源。国内战略性新兴产业规模不断扩大，新能源产业作为七大新兴产业之一，发展势头强劲，风电、光伏、生物质能等多个产业呈现规模化、高质量发展的趋势。同时，全球正掀起一场能源革命，新能源产业发展水平已成为国家和地区高新技术发展水平的重要证明之一。作为世界上最大的能源消费国，中国使用清洁能源代替化石能源、对可再生能源进行高效利用是实现高质量发展的关键驱动力量。

对比全球能源发展，2021版《BP世界能源统计年鉴》显示，2020年，中国的可再生能源消费增长15%，分别占全球可再生能源消费的25%和全球增长的36%，同时，碳排放量连续四年保持增长，煤炭需求增加0.3%，在能源消费中，煤炭占比57%。由此可见，中国仍然存在能源结构偏重、能源效率偏低、能源供需矛盾突出、利益结构固化等问题。因此，系统地描述和研究中国新能源产业发展的资源禀赋、时间动态演化规律和空间布局，对维护国家的整体能源安全、支撑我国经济社会可持续高质量健康发展，具有重要的意义。

3.1 中国新能源产业发展的资源禀赋

我国风能、太阳能、生物质能、地热能等多种可再生能源资源蕴藏丰富，开发潜力很大。在未来的能源结构中，煤炭、石油等一次能源的占比将进一步降低，而有利于社会和生态环境可持续发展的新能源将为生产发展提供更多动力。

3.1.1　风能资源

我国幅员辽阔，陆疆总长 2 万多公里，还有 18000 多公里的海岸线，边缘海中有岛屿 5000 多个，风能资源丰富。中国气象局风能太阳能资源中心发布的《2020 年中国风能太阳能资源年景公报》[①] 显示，2020 年，全国陆地 10 米高度层年平均风速较常年（2010～2019 年）偏小 1.55%，比 2019 年稍有减小，为正常略偏小年景，但分布不均，地区差异性较大；全国陆地 70 米高度层年平均风速为 5.4 米/秒，各省（区、市）平均风速在 4.0 米/秒~6.5 米/秒，有 15 个省（区、市）年平均风速超过 5 米/秒，其中黑龙江、吉林、内蒙古年平均风速超过 6 米/秒，年平均风功率密度为 184.5 瓦/米^2；100 米高度层年平均风速为 5.7 米/秒，年平均风功率密度为 221.2 瓦/米^2。青海、山东、浙江、江苏、甘肃、上海、宁夏、河南、新疆、河北、安徽、湖北、陕西、北京 70 米高度层年平均风速较常年偏小，福建、吉林、黑龙江、云南、广西偏大，其他地区接近常年水平。在风能资源方面，2021 年我国东北地区西部和东北部、华北北部、内蒙古中东部、新疆北部和东部、西北地区西北部、西藏大部、华东东南部沿海等地高空 70 米风力发电机常用安装高度的风能资源较好，有利于风力发电。一般情况下，近海海区风能较为丰富，我国近海主要海区（16 个海区）70 米高度层年平均风速为 8.1 米/秒，年平均风功率密度为 572.6 瓦/米^2；100 米高度层年平均风速为 8.3 米/秒，年平均风功率密度为 832.2 瓦/米^2。台湾以东、渤海、黄海南部、南海中东部风能资源偏小，南海西北部、南海中西部风能资源偏大，北部湾明显偏大，其他海区接近常年水平。2020 年影响我国的冷空气频次偏少、登陆的热带气旋偏少是全国平均风速正常略偏小的主要原因。我国风能资源丰富的省份见表 3－1。

[①]　光伏情报局官微：《2020 年中国风能太阳能资源年景公报》，腾讯网，2022 年 4 月 20 日，https：//new.qq.com/rain/a/20220420A00X8X00.html。

表 3 - 1　中国风能资源丰富的省份

省份	风能资源 （万兆瓦）	省份	风能资源 （万兆瓦）	省份	风能资源 （万兆瓦）
内蒙古	6534	河北	623	广东	196
新疆	3523	辽宁	605	浙江	168
黑龙江	1695	山东	395	福建	145
甘肃	1203	山西	295	广西	128
吉林	658	江苏	240	海南	66

2021 年，全国风能资源为正常略偏大年景。10 米高度层年平均风速较近 10 年（2011～2020 年）偏高 0.18%，较 2020 年偏高 1.31%；70 米高度层年平均风速为 5.5 米/秒，年平均风功率密度为 196.7 瓦/米^2。其中，山西、四川、河南、内蒙古、宁夏较近 10 年平均值偏高，上海、贵州、海南、广东、青海、湖南、北京、甘肃偏低，其他地区与近 10 年平均值接近。

3.1.2　太阳能资源

太阳能是太阳内部连续不断的核聚变反应过程产生的能量，太阳能是地球上最主要的能量来源，地球上绝大部分能源于太阳能。中国地处北半球欧亚大陆的东部，主要处于温带和亚热带，约 2/3 的面积年日照时数在 2200 小时以上，因此，太阳能开发利用潜力巨大，同时，地区性资源禀赋差异较大，太阳能资源的分布具有地区差异性。按照太阳辐射率，我国可大致分为三类太阳能丰裕度地区：丰富区（年总辐射量在 150 千卡/厘米^2 以上，内蒙古中西部和青藏高原等地）、较丰富区（年总辐射量为 130～150 千卡/厘米^2，北疆及内蒙古东部等地）、可利用区（年总辐射量为 110～130 千卡/厘米^2，长江下游、两广、贵州南部、云南及松辽平原）。中国气象局公布的数据显示，2020 年，全国陆地表面平均年水平面总辐照量为 1490.8 千瓦时/米^2，比常年平均值

（1475.5 千瓦时/米²）偏高 1.04%，比 2019 年（1470.5 千瓦时/米²）偏高 1.38%；全国平均年最佳斜面总辐照量为 1743.7 千瓦时/米²，比常年平均值（1736.1 千瓦时/米²）偏高 0.44%，比 2019 年（1718.5 千瓦时/米²）偏高 1.47%。其中，河北、内蒙古、天津、西藏、北京、新疆、云南、山西、四川、福建、吉林、陕西、广东等地最佳斜面总辐照量接近常年，辽宁、黑龙江偏大，其他地区偏小。2020 年全国平均降水日数和降水量偏多可能是到达地表的太阳总辐射量略有减少的主要原因。根据《2021 年中国风能太阳能资源年景公报》，在太阳能资源方面，2021 年全国太阳能资源地区性差异较大，就总体水平面总辐照量而言，西部地区大于中东部地区，北方较常年偏低，南方偏高。中国太阳能资源的空间分布情况见表 3 - 2。

表 3 - 2　中国太阳能资源的空间分布情况

区域分类	年日照时间（小时）	太阳能年辐射总量（10^4 千焦/米²）	地区
A	2900 ~ 3400	680 ~ 840	甘肃和宁夏北部、新疆东南部、西藏和青海西部
B	3000 ~ 3100	590 ~ 670	青海东部、甘肃中部、西藏东南部、新疆南部、河北和山西北部、内蒙古和宁夏南部
C	2300 ~ 2900	510 ~ 590	吉林、辽宁、新疆北部、山西南部、山东、河南、河北东南部
D	1400 ~ 2300	430 ~ 510	安徽和江苏北部、广西和广东北部、湖北、湖南、江西、浙江、黑龙江、江苏、陕西
E	1100 ~ 1400	350 ~ 410	贵州、四川

资料来源：国家统计局。

2021 年全国太阳能资源为偏小年景。平均年水平面总辐照量为 1493.4 千瓦时/米²，较近 30 年（1991 ~ 2020 年）偏低 25.6 千瓦时/米²，较近 10 年偏低 19.3 千瓦时/米²，较 2020 年偏低 40 千瓦时/米²。光伏发电年最佳斜面总辐照量约 1748.7 千瓦时/米²，较近 30 年偏低 19.6 千瓦时/米²，较近 10 年偏低 13.1 千瓦时/米²，较 2020 年偏低

52.3 千瓦时/米^2；其中，上海、安徽、天津、云南、海南太阳能资源与近 30 年平均值接近，湖南、贵州、江西、四川、广西、福建、广东偏高，其他地区偏低。

3.1.3　生物质能资源

生物质能是植物和微生物将太阳能转化为化学能并以生物质为储存载体的能量形式，在各种可再生能源中，生物质能是唯一能够取代化石能源转化为液态与气态以及其他化工原料或者产品的碳资源，包括生物质燃烧能、生物燃气、生物柴油等。我国是农业大国，生物质能资源丰富，能源化利用潜力大，具备显著的环境效益。中国生物质能资源分布十分广泛，产量极为丰富，从全国范围来看，各省区市分布不均匀，有接近一半的生物质能资源分布在安徽、河南、四川、河北、湖南、湖北、江苏、浙江 8 个省份，而其他省份相对较少。

3.2　中国新能源产业发展的阶段性特征

在全球能源革命的背景下，作为世界上最大的能源消费国，中国当今能源产业发展的主要方向是新能源产业。早在 20 世纪 50 年代，为了解决能源供应问题，我国就开始倡导发展新能源（小水电、小型风电机、小型潮汐电站和沼气池、风力提水机、太阳灶、中低温地热利用）。但由于当时技术的不成熟，只是"就地取材"，未形成规模化。改革开放以来，中国国内生产总值（GDP）年均增长率为 9.8%，基本是世界平均增长率（3.3%）的三倍，中国于 2010 年成为世界第二大经济体。在这一阶段，中国以大量的化石能源为投入要素。仅就中国煤炭消费占一次能源消费比例而言，1978 年占比为 70.7%，到 2000 年，占比依然保持在 70% 以上，2018 年降至 60%，2020 年降至 57%。化石能源消费比例降低与能源消费总量上升之间的空间是新能源的替代空间。因此，新能源发电比例从 1980 年至今增长超过 10%，特别是风力涡轮机和光伏（太阳能）装机容量发生了巨大变化，增长超过 100 倍。新能源的消费比例在 2021 年达到了 29.2% （2016 年和 2020 年分别为 19.1% 和 24.3%）。

　　新中国成立 70 余年，中国电力不断向清洁化方向发展，发电装机结构日趋优化。清洁能源发电装机容量增长 4700 倍。从电力装机结构看，1949 年新中国成立时，清洁能源装机极少，仅有 16 万千瓦水电，清洁能源装机占总发电装机容量的比重为 8.8%；到 1978 年，清洁能源装机 1726 万千瓦，是 1949 年的 107.9 倍，占总发电装机容量的比重约为 30.3%；到 2018 年，清洁能源发电装机容量为 7.6 亿千瓦，是 1949 年的 4750 倍、1978 年的 44 倍，占总发电装机容量的比重为 39.8%；新增清洁能源发电装机 8191 万千瓦，是 1949 年存量的 512 倍。可再生能源发展成就更为突出，装机规模总量位居世界第一。到 2018 年底，可再生能源发电装机达到 7.28 亿千瓦，占全部电力装机的 38.3%。其中，水电装机 3.52 亿千瓦、风电装机 1.84 亿千瓦、光伏发电装机 1.74 亿千瓦、生物质发电装机 1781 万千瓦。清洁能源发电量增长 2910 倍。从发电量结构看，新中国成立之时，清洁能源发电量仅为 6.8 亿千瓦时，约占总发电量的 16.5%；到 1978 年，清洁能源发电量为 446 亿千瓦时，是 1949 年的 66 倍，占总发电量的比重为 17.4%；到 2018 年，清洁能源发电量为 20709 亿千瓦时，是 1949 年的 3045 倍、1978 年的 46 倍，占总发电量的比重为 29.6%。可再生能源上网发电增长迅速，可再生能源发电量位居世界第一。到 2018 年，可再生能源发电量达 1.87 万亿千瓦时，占全部发电量的比重为 26.7%。其中，水电 1.2 万亿千瓦时，风电 3660 亿千瓦时，光伏发电 1775 亿千瓦时，生物质发电 906 亿千瓦时。电源投资结构清洁化。从电源投资去向看，结构不断优化。电源投资发生了巨大变化，1978 年集中投资“水电火电”领域，2018 年向“低碳能源发电倾斜”。2018 年，水电、核电、风电等清洁能源完成投资占电源完成投资的 71.3%；水电、火电、核电和风电分别投资 674 亿元、777 亿元、437 亿元、643.14 亿元。

综上所述，直至 20 世纪 90 年代，我国新能源才初步实现产业化，开发建设规模一直不断壮大，相关的关键核心技术显著进步，国际竞争力持续增强，为减轻环境污染做出巨大贡献。我国已成为全球最大的新能源装备制造国。回顾我国新能源产业的历史进程，本书将其分为四个阶段，分别为早期发展阶段、快速启动阶段、高速发展阶段和提质升级阶段。

3.2.1 1990～2005 年：新能源产业早期发展阶段

20 世纪 90 年代以前，我国开发利用新能源的主要目的并不是环境保护等，而是对农业燃料短缺的补充。相关政策主要为农村能源建设，新能源开发利用的方向分散，水平也较低，大多数新能源技术还处于初级研发阶段，尚未发展到商业化阶段，未能形成产业，相关数据也未被统计，新能源的开发利用量占终端能源消费的比重显示为零。1991 年，我国新能源的开发利用量统计为 60 万吨标准煤，占终端能源消费的比重仅为 0.01%，新能源产业开始进入规模化阶段。

进入 21 世纪，在过去几十年的技术积累和产业化发展基础上，我国新能源产业已初具规模，新能源产业发展和开发利用的经济产出明显提升。在可持续发展、加入世界贸易组织（WTO）和西部大开发的战略机遇下，我国新能源开启了关键的产业化发展时期。党和国家领导人将新能源产业发展上升到国家经济社会发展的战略层面进行重要考量。政府开始不断完善相关的政策制度，包括一系列新能源产业法律、法规、制度。2000 年，《2000—2015 年新能源和可再生能源产业发展规划要点》（国家经济贸易委员会）提出发展新能源和可再生能源产业，推动开发应用新能源和可再生能源技术;[①] 2001 年，《新能源和可再生能源产业发展"十五"规划》（国家经济贸易委员会）明确了新能源和可

---

① 《高油价刺激国内新兴能源产业快速发展》，中国新能源网，2008 年 9 月 27 日，http：∥www.newenergy.org.cn/xsdt/200809/t20080927_194807.html。

再生能源的"十五"时期发展目标；[①] 2005 年，第十届全国人民代表大会常务委员会第十四次会议通过了《中华人民共和国可再生能源法》[②]、《中华人民共和国节约能源法》，国家发展改革委也颁布了《可再生能源产业发展指导目录》[③] 等多项政策与规定；同年 11 月，在 2005 北京国际可再生能源大会上，国家主席胡锦涛再次强调，加强可再生能源开发利用，是应对日益严重的能源和环境问题的必由之路，也是人类社会实现可持续发展的必由之路。[④]

　　但在这一阶段，与我国新能源产业发展相关的法律法规、产业政策、经济激励手段等尚不完善，明显落后于世界先进水平，达到商业化阶段的只有少数技术，同时，民营资本难以介入新能源产业领域，整个社会良好的投资与开发环境尚未形成。风电市场和产业处于起步阶段，同时，光伏产业以电池加工生产为主，"两头在外"（上游核心材料、下游市场依赖国外进口）的局面仍然十分严重。

3.2.2　2006～2010 年：新能源产业快速启动阶段

　　这一阶段处于"十一五"规划时期，为应对全球气候变化需要，在国家产业政策作用下，新能源产业发展进入快速启动阶段，我国新能源产业呈跳跃式发展趋势。到 2010 年底，新能源（计入沼气、太阳能热利用等非商品可再生能源）年利用量总计 3 亿吨标准煤，占当年能源消费总量的 9.6%。各种可再生能源开发利用规模明显增长，体现了我国新能源加速发展的趋势。我国不断加大能源结构调整力度，实现了新

[①]　《关于印发〈新能源和可再生能源产业发展"十五"规划〉的通知》，中华人民共和国中央人民政府网，2001 年 10 月 10 日，http://www.gov.cn/gongbao/content/2002/content_61602.htm。

[②]　《中华人民共和国可再生能源法》，中国人大网，2005 年 2 月 28 日，http://www.npc.gov.cn/npc/c198/200502/7373903a4ab94842b198b299a84b611a.shtml。

[③]　《国家发展改革委关于印发〈可再生能源产业发展指导目录〉的通知》，国家能源局，2011 年 11 月 21 日，http://www.nea.gov.cn/2011-11/21/c_131260306.htm。

[④]　《胡锦涛：加强可再生能源开发利用实现可持续发展》，中国新闻网，2005 年 11 月 7 日，https://www.chinanews.com.cn/news/2005/2005-11-07/8/648270.shtml。

能源从农村的初级利用推广到城镇的集约化开发，新能源产业设备逐步大中型化，研究开发技术从实验室走向市场并不断进行商业化和产业化，从仅仅着眼于保障能源供应安全转向提高能源使用安全，即将生态环境保护作为战略发展目标。

《国民经济和社会发展第十一个五年规划纲要》明确提出："实行优惠的财税、投资政策和强制性市场份额政策，鼓励生产与消费可再生能源，提高在一次能源消费中的比重。"[①] 此时，政府将新能源产业作为重点发展对象，对新能源产业的发展目标和路线做出了明确规划。"十一五"时期，我国每一年均对新能源产业发展制定相关的政策。2006 年，国家发展改革委发布了《可再生能源发电有关管理规定》[②]、《促进风电产业发展实施意见》[③] 等；2007 年，国家发展改革委又发布了《可再生能源中长期发展规划》[④]；2008 年，其再次颁布了《可再生能源发展"十一五"规划》[⑤]；同时，省级政府以及财政部、住房和城乡建设部等相关部门也提出了与可再生能源相关的多个系列的管理办法与规定；2009 年，第十一届全国人大常委会第十二次会议表决通过了《〈中华人民共和国可再生能源法〉（修正案）》，决定对可再生能源发电进行全面政府补贴，不断推动扩大可再生能源装机容量，拉动国内光伏市场重启，光伏产业步入结构调整期。[⑥] 2009 年 9 月，在联合国气候变化峰会开幕式上，时任国家主席胡锦涛发表了题为《携手应对气候变化

① 《〈国民经济和社会发展第十一个五年规划纲要〉全文》，国家发改委网站，https：∥www. ndrc. gov. cn/xwdt/gdzt/ghjd/quanwen/。

② 《国家发展改革委关于印发〈可再生能源发电有关管理规定〉的通知》，国家能源局，2011 年 11 月 21 日，http：∥www. nea. gov. cn/2011 – 11/21/c_131260302. htm。

③ 《国家发展改革委 财政部关于印发促进风电产业发展实施意见的通知》，国家能源局，2012 年 1 月 4 日，http：∥www. nea. gov. cn/2012 – 01/04/c_131260285. htm。

④ 《国家发展改革委关于印发可再生能源中长期发展规划的通知》，国家能源局，2007 年 9 月 5 日，http：∥www. nea. gov. cn/2007 – 09/05/c_131215784. htm。

⑤ 《可再生能源发展"十一五"规划》，国家能源局，2018 年 3 月 8 日，http：∥www. nea. gov. cn/131053865_15211821706231n. pdf。

⑥ 《全国人民代表大会常务委员会关于修改〈中华人民共和国可再生能源法〉的决定》，中国人大网，2009 年 12 月 26 日，http：∥www. npc. gov. cn/zgrdw/npc/xinwen/lfgz/zxfl/2009 – 12/26/content_1533263. htm。

挑战》的重要讲话，提出争取到 2020 年单位国内生产总值二氧化碳排放比 2005 年有显著下降。争取到 2020 年非化石能源占一次能源消费比重达到 15% 左右。大力发展绿色经济，积极发展低碳经济和循环经济，研发和推广气候友好技术。① 在政府的高度重视与政策刺激下，2010 年我国新能源开发利用量增加到 3260 万吨标准煤，占终端能源消费的比重增加至 1.62%。

在这一阶段，我国新能源产业（核能、风能、太阳能和生物质能等产业）迅猛发展，多项指标步入世界前列。新能源产业投资总额居全球首位，2009 年达到 319 亿美元，2010 年达到 544 亿美元。截至 2010 年底，水电装机容量居世界第一位，累计达 2.13 亿千瓦；风电装机容量快速增长，并网运行超过 3100 万千瓦，形成了完整的产业链（从风电设备制造到风电场运营），风能产业成为最具成本优势的新能源产业；太阳能热水器累计使用面积超过 1.68 亿平方米，占全球总使用量的 60% 以上；太阳能光伏电池产量 800 万千瓦，占全球产量的 40% 以上；其他可再生能源领域（生物质能、地热能等）也取得了不同程度的长足进展。

3.2.3 2011～2015 年：新能源产业高速发展阶段

这一阶段是"十二五"期间，在国际气候环境、国内政策环境和市场环境的驱动下，我国可再生能源产业进入了五年高速发展阶段。新能源产业发展成就明显，主要包括：支持新能源产业快速发展的政策体系已经形成；新能源产业装备制造能力进入世界前列，在产业的关键技术上取得了突破。我国一度因产业发展过快，忽略了消费侧的新能源消纳能力，出现严重的装备制造业产能过剩和弃风、弃光现象，但在随后的产业政策推动下，情况逐步改善。

自 2010 年以来，我国经济呈现高速增长的趋势，与上一阶段相比，进一步实现了能源结构调整，使新能源产业迎来了重要的机遇期，进入

---

① 《胡锦涛在联合国气候变化峰会开幕式上讲话（全文）》，中华人民共和国中央人民政府网，2009 年 9 月 23 日，http://www.gov.cn/ldhd/2009-09/23/content_1423825.htm。

优化转型的高速发展阶段。2011 年底，主要清洁能源（包括核电、水电、太阳能、风电和生物质能）的发电装机容量占总电力装机容量的比重达 27.5%，与上年相比增长了 0.9 个百分点。① 但新能源产业体系不健全、政策体系不完善、自主创新能力较弱和市场成熟度低等问题凸显，消费侧未能同频建设，产能过剩问题严重。在这一阶段，尽管国家大力倡导以提高新能源等可再生能源在能源消费总量中的比重为战略发展方向，但是市场主体期望通过产能的迅速扩张而不是技术创新来引领并提高市场份额，这造成了我国新能源产业出现过剩的情况（陆宇海、邹艳芬，2021）。因此，我国新能源产业发展要量质同行，速度与质量理性动态均衡。《"十二五"国家战略性新兴产业发展规划》明确指出，加快发展技术成熟、市场竞争力强的核电、风电、太阳能光伏和热利用、页岩气、生物质发电、地热和地温能、沼气等新能源，积极推进技术基本成熟、开发潜力大的新型太阳能光伏和热发电、生物质气化、生物燃料、海洋能等可再生能源技术的产业化。② 《可再生能源发展"十二五"规划》（国家能源局）也明确提出具体指标值的约束：到 2015年，累计并网风电装机达到 1 亿千瓦，年发电量超过 1900 亿千瓦时，其中，海上风电装机达到 500 万千瓦；太阳能发电装机达到 2100 万千瓦，非化石能源开发总量达 4.8 亿吨标准煤（包括核电、太阳能热利用和生物质能等）。③

　　在这期间，为促进新能源产业的健康发展，我国出台了一系列关于政策补贴、价格调节和市场培育的政策措施。《国务院关于促进光伏产业健康发展的若干意见》明确提出"实行对分布式光伏发电按电量的补贴政策"；④

---

① 《11 年清洁能源发电比重升至 27.5%》，北极星风力发电网，2012 年 2 月 24 日，https：//news. bjx. com. cn/html/20120224/343904. shtml。
② 《国务院关于印发"十二五"国家战略性新兴产业发展规划的通知》，国家能源局，2012 年 7 月 25 日，http：//www. nea. gov. cn/2012 − 07/25/c_131736831. htm。
③ 《〈可再生能源发展"十二五"规划〉全文》，北极星风力发电网，2012 年 8 月 10日，https：//news. bjx. com. cn/html/20120810/379617. shtml。
④ 《国务院关于促进光伏产业健康发展的若干意见》，中华人民共和国中央人民政府网，2013 年 7 月 15 日，http：//www. gov. cn/zhengce/content/2013 − 07/15/content_2632. htm。

国家发展改革委颁布了《分布式发电管理暂行办法》①和《关于发挥价格杠杆作用 促进光伏产业健康发展的通知》②，提出释放国内市场的需求潜力，鼓励各类市场主体进入、建设并经营分布式发电项目。但是，2011年，全国风电弃风限电总量超过100亿千瓦时，平均利用小时数大幅减少，个别省区市的利用小时数已经下降到1600小时左右，严重影响了风电场运行的经济性，风电并网运行和消纳问题成为制约我国风电持续健康发展的重要因素。在风能产业方面，国家能源局为进一步规范国内风电市场，不断提高风电建设和运行管理水平，发布了两项针对性通知：《国家能源局关于加强风电并网和消纳工作有关要求的通知》③、《国家能源局关于规范风电开发建设管理有关要求的通知》④。

在这一阶段，我国可再生能源在推动能源结构调整方面的作用不断增强，技术装备水平显著提高。国家发展改革委在《可再生能源发展"十三五"规划》中指出，截止到2015年底，全国水电装机为3.2亿千瓦，风电、光伏并网装机分别为1.29亿千瓦、4318万千瓦，太阳能热利用面积超过4.0亿平方米，应用规模都位居全球首位。全部可再生能源发电量为1.38万亿千瓦时，约占全社会用电量的25%，其中非水可再生能源发电量占5%。生物质能继续向多元化发展，各类生物质能年利用量约3500万吨标准煤。地热能、海洋能和可再生能源配套储能技术也有了长足进步。⑤

---

① 《国家发展改革委关于印发〈分布式发电管理暂行办法〉的通知》，中华人民共和国中央人民政府网，2013年7月18日，http://www.gov.cn/zwgk/2013-08/14/content_2466462.htm。
② 《国家发展改革委关于发挥价格杠杆作用 促进光伏产业健康发展的通知》，中华人民共和国国家发展和改革委员会网，2013年8月26日，https://www.ndrc.gov.cn/xxgk/zcfb/tz/201308/t20130830_963934.html? code=&state=123。
③ 《国家能源局关于加强风电并网和消纳工作有关要求的通知》，国家能源局网，2012年6月1日，http://www.nea.gov.cn/2012-06/01/c_131624884.htm。
④ 《国家能源局关于规范风电开发建设管理有关要求的通知》，国家能源局网，2012年3月28日，http://www.eastwp.net/news/show.php? itemid=12385。
⑤ 《国家发展改革委关于印发〈可再生能源发展"十三五"规划〉的通知》，中华人民共和国国家发展和改革委员会网，2016年12月16日，https://www.ndrc.gov.cn/xxgk/zcfb/ghwb/201612/t201612 16_962211_ext.Html。

3.2.4 2016 年至今：新能源产业提质升级阶段

随着世界能源格局深刻调整，新一轮能源革命蓬勃兴起，我国经济发展步入新常态，能源消费增速趋缓，发展质量和效率问题突出，供给侧结构性改革刻不容缓，能源转型变革任重道远。在这一时期，我国着力推动能源生产利用方式变革，以建设清洁低碳、安全高效的现代能源体系为使命。这一时期是我国深入推进能源革命的加速期，也是新能源产业提质升级的新阶段。

近年来，能源消费与资源环境矛盾日益突出，新能源产业发展已经是优化能源结构、实现节能减排、达到可持续发展的必然路径。2015 年，在气候变化巴黎大会开幕式上，习近平主席宣布，中国在"国家自主贡献"中提出将于 2030 年左右使二氧化碳排放达到峰值并争取尽早实现。[①] 2016 年 3 月，在"十三五"规划中，我国又进一步提出，要通过调整发展模式、完善扶持政策、优化发展布局等一系列措施，促进我国新能源产业的技术进步、应用规模、能源消费占比和产业结构转型升级。[②] 2016 年 4 月 22 日，签署《巴黎协定》的当天，国务院发布了《关于印发"十三五"控制温室气体排放工作方案的通知》，该通知指出，到 2020 年，单位国内生产总值二氧化碳排放比 2015 年下降 18%，实现率先达峰；加快发展可再生能源，风电装机力争累计达 2 亿千瓦。[③] 同年，《能源生产和消费革命战略（2016—2030）》（国家发改委和国家能源局联合印发）对能源结构转型和新能源发展做出了长期规划，把推进能源革命作为能源发展的国策，积极主动应对全球气候变化，筑牢能源安全基石，推动

① 《习近平在气候变化巴黎大会开幕式上的讲话（全文）》新华网，2015 年 12 月 1 日，http://www. xinhua-net. com/politics/2015 – 12/01/c_1117309642. htm。

② 《中华人民共和国国民经济和社会发展第十三个五年规划纲要》，新华网，2016 年 3 月 17 日，http://www. xinhuanet. com/politics/2016lh/2016 – 03/17/c_1118366322. htm。

③ 《国务院关于印发"十三五"控制温室气体排放工作方案的通知》，中华人民共和国中央人民政府网，2016 年 10 月 27 日，http://www. gov. cn/gongbao/content/2016/content_5139816. htm。

能源文明消费、多元供给、科技创新、深化改革、加强合作，实现能源生产和消费方式根本性转变。① 2018 年，国家能源局又出台了《关于 2018 年度风电建设管理有关要求的通知》[《附件：风电项目竞争配置指导方案（试行）》]，严格落实规划和预警要求，将消纳工作作为首要条件，严格落实电力送出和消纳条件，推行竞争方式配置风电项目，优化风电建设投资环境，积极推进就近全额消纳风电项目。② 该通知为未来风电市场以及企业发展指明了方向。2020 年，中国正式提出 2030 年前碳达峰、2060 年前碳中和的战略目标，2021 年，国务院《政府工作报告》和"十四五"规划中均提出要制定 2030 年前碳达峰行动方案，努力争取在 2060 年前实现碳中和。持续改善环境质量，落实 2030 年应对气候变化国家自主贡献目标。加快发展方式绿色转型，协同推进经济高质量发展和生态环境高水平保护，单位国内生产总值能耗和二氧化碳排放分别降低 13.5%、18%。③

自 2016 年以来，我国新能源发电装机容量不断增长。截至 2020 年底，可再生能源发电装机容量累计达 9.34 亿千瓦，核电装机容量累计达 5102.7 万千瓦，合计 9.85 亿千瓦，占全国发电总装机容量的 44.6%。2021 年两会期间，国家能源局提出将制定更积极的新能源发展目标，加快推动碳达峰、碳中和举措，重点建设实施风电、光伏、核能、生物质能、智能电网等新能源产业工程。

3.3　中国新能源产业发展的动态变化规律

中国新能源产业发展阶段明晰，成长迅猛。本书进一步细化各个品

---

① 《两部门印发〈能源生产和消费革命战略（2016—2030）〉》，中华人民共和国中央人民政府网，2017 年 4 月 25 日，http：//www. gov. cn/xinwen/2017 – 04/25/content_5230568. htm。

② 北极星：《重磅！能源局发布〈关于 2018 年度风电建设管理有关要求的通知〉》，北极星风力发电网，2018 年 5 月 24 日，https：//news. bjx. com. cn/html/20180524/900329. shtml。

③ 《2021 年政府工作报告》，中华人民共和国中央人民政府网，2021 年 3 月 5 日，http：//www. gov. cn/zhuanti/2021lhzfgzbg/index. htm。

类新能源，对太阳能产业、风电产业、核电产业、生物质能产业的具体动态变化进行规律总结，这能够为今后新能源产业的可持续高质量健康发展提供明确的方向。

3.3.1 太阳能产业发展的动态变化

目前，太阳能产业在新能源产业建设中规模最大。通过对太阳能产业各阶段的发展情况进行分析，本书发现自太阳能光伏建设以来，我国颁布了一系列鼓励性政策，如《关于实施金太阳示范工程的通知》和《关于加快推进太阳能光电建筑应用的实施意见》等，各地纷纷开始发展光伏产业以带动本地区 GDP 的增长，促使光伏产业迅速崛起，发展迅猛。2009 年全国太阳能发电装机容量仅为 3 万千瓦，随后逐年递增，到 2013 年，太阳能发电装机容量已增长至 1589 万千瓦。

但是，我国太阳能光伏产业也随之出现了十分严重的产能过剩危机。2013 年，《国务院关于促进光伏产业健康发展的若干意见》正式对太阳能光伏产业开始调控。在解决产能过剩问题的过程中，政府陆续颁布了约 130 项政策，对太阳能光伏产业进行调控与疏解，再加之市场本身的自我调节能力，太阳能光伏产业开始逐渐走向理性生产的道路。到 2017 年，我国光伏发电总量同比增长了 72%，首次超过 1000 亿千瓦时，占比增加 0.7 个百分点；新增分布式光伏装机容量达 1723 万千瓦，是 2016 年同期新增的 3.7 倍，增速同比增加 3 倍。2020 年，我国光伏累计装机容量和新增装机规模（48.2 吉瓦）继续保持全球首位，光伏发电总量达 2605 亿千瓦时（占比 3.5%），同比增长 16.2%。

根据国际能源署发布的《2021 年全球光伏报告》，2021 年全球光伏市场再次强势增长。全球新增光伏装机 175 吉瓦，同比增加 20.7%，装机前 10 的国家分别为中国（54.9 吉瓦，同比增加 40%）、美国（26.9吉瓦，同比增加 40%）、印度（13 吉瓦，同比增加 195.5%）、日本（6.5吉瓦，同比减少 21%）、巴西（5.5 吉瓦，同比增加 77.4%）、德国（5.3 吉瓦，同比增加 8.2%）、西班牙（4.9 吉瓦，同比增加 75%）、澳大利亚（4.6 吉瓦，同比增加 12.2%）、韩国（4.2 吉瓦，同比增加 2.4%）、法国（3.3 吉瓦，同比增加 266.7%）。2021 年进入全球前 10 国家的装机水平约为 3 吉瓦，与 2020 年基本持平，是 2019 年所需水平的两倍；前 10 国家的光伏装机总量约占全球年度光伏装机的 74%，较 2020 年（78%）略有下降。全球光伏累计装机 942 吉瓦，同比增加 22.8%，至少 20 个国家光伏累计装机超 1 吉瓦，15 个国家光伏累计装机超 10 吉瓦，5 个国家光伏累计装机超 40 吉瓦。其中，中国光伏累计装机 308.5 吉瓦，同比增加 21.7%，居第一位；其后依次为欧盟（欧盟 27 国 178.7 吉瓦，同比增加 18.1%）、美国（123 吉瓦，同比增加 12%）、日本（78.2 吉瓦，同比增加 9.5%）、印度（60.4 吉瓦，同比增加 27.4%）。从分大洲光伏装机情况来看，2021 年新增光伏装机占比从高到低依次为亚洲（52%）、美洲（21%）、欧洲（略高于 17%）、其他地区（7%）、中东和非洲（3%）；光伏累计装机占比从高到低依次为亚洲（57%）、欧洲（21%）、美洲（16%）、中东、非洲和世界其他地区（6%）。[①]

另据国家能源局 2022 年初统计，2021 年，我国新增光伏发电并网装机容量约 5300 万千瓦，连续 9 年稳居世界首位。光伏发电并网装机容量达到 3.06 亿千瓦，突破 3 亿千瓦大关，连续 7 年稳居全球首位。我国光伏发电建设实现新突破，呈现新特点。分布式光伏达到 1.075 亿千瓦，突破 1 亿千瓦，约占全部光伏发电并网装机容量的 1/3；新增光伏发电并网装机中，分布式光伏新增约 2900 万千瓦，约占全部新增光伏发电装机的 55%，历史上首次突破 50%，光伏发电集中式与分布式并举的发展趋势明显；新增分布式光伏中，户用光伏继 2020 年首次超过 1000 万千瓦后，2021 年超过 2000 万千瓦，达到约 2150 万千瓦。户用光伏已经成为我国如期实现碳达峰、碳中和目标和落实乡村振兴战略

---

① 《2021 年全球光伏装机量超 175GW！》，中国电力网，2022 年 7 月 21 日，http：//www.chinapower.com.cn/tynfd/hyyw/20220722/159615.html。

的重要力量。①

截至 2006 年底，全国光伏产业累计装机容量仅 87 兆瓦，且近一半项目为政府性和政策支持性项目，商业化应用尚未正式启动，处于初期示范阶段。2007 年，我国开始逐渐进入光伏产业化发展阶段。为鼓励有条件的单位和个人提高使用清洁能源的比重，推动分布式电站发展，我国于 2008 年启动"金太阳工程"与"光电建筑应用示范工程"项目，分别针对屋顶分布式光伏电站和光电一体化建筑，按照光伏电站设备投资金额进行补贴。在随后的 4 年（2009～2012 年）内，我国又组织了 4 期，极大地推动了分布式电站的发展，也为国内后期光伏行业整体装机提升给予了充分的铺垫。截至 2012 年底，我国光伏发电累计装机达到 4.2 吉瓦，其中分布式装机达到 2.3 吉瓦，占比超过 50%。2021 年，中国光伏发电累计装机容量为 30656 万千瓦，同比增长21%；中国光伏发电新增装机容量为 5493 万千瓦，同比增长 14%，具体情况见图 3－1。

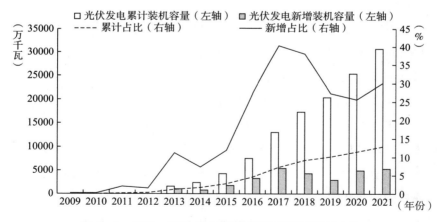

图 3－1　2009～2021 年中国光伏发电装机容量及占比

资料来源：国家能源局。

由图 3－1 可知，我国 2009～2021 年的光伏发电累计装机容量及占

---

① 《我国光伏发电并网装机容量突破 3 亿千瓦 分布式发展成为新亮点》，国家能源局，2022 年 1 月 20 日，http://www.nea.gov.cn/2022－01/20/c_1310432517.htm。

比、新增装机容量及占比整体上处于上升的趋势，年均新增光伏发电装机容量为2554.46万千瓦，占年均新增发电装机容量的18.57%，光伏发电每年的新增装机容量及占比也是不断攀升的，从2009年的2.5万千瓦、0.25%提升到2021年的5300万千瓦、30.16%，光伏发电累计装机容量及占比也从2009年的2.5万千瓦、0.0029%提升到2021年的30656万千瓦、12.89%。2021年分布式光伏发电成为新亮点，累计装机容量为10750.8万千瓦，主要是因为分布式光伏发电遵循因地制宜、清洁高效、分散布局、就近利用的原则，能够充分利用当地太阳能资源，在配电系统平衡调节下，邻近用户场地建设，运行方式为用户侧自发自用、多余电量上网，替代了化石能源消费。

2021年，我国光伏产业制造端、应用端、进出口都取得了快速增长。光伏发电量为3259亿千瓦时，较上年增加648亿千瓦时，同比增长24.82%，约占全国全年总发电量的4.02%。2010~2021年中国光伏发电量及增长率见图3-2。

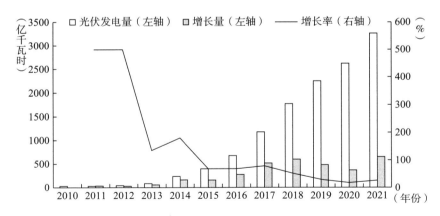

图3-2　2010~2021年中国光伏发电量及增长率
资料来源：国家能源局。

由图3-2可知，我国2010~2021年的光伏发电量一直处于上升的态势，但是增长率是逐年降低的，年均光伏发电量为1039.60亿千瓦时，年均新增光伏发电量为296.18亿千瓦时，年均增长率为108.63%。每年的光伏发电量是不断攀升的，从2010年的1亿千瓦时，提升到

2011 年的 6 亿千瓦时（同比增长率为 500%），再提升到 2021 年的 3259 亿千瓦时（同比增长率为 24.82%），光伏发电量占全国总发电量的比例也从 2010 年的 0.0024% 提升到 2021 年的 4.02%。

3.3.2 风电产业发展的动态变化

风能基本是一种清洁无公害的可再生能源，利用风力发电，绿色环保。近年来，随着能源短缺以及环境污染问题的加剧，政府对风力发电的重视程度不断提升。在产业政策引导和市场需求驱动的双重作用下，我国风电产业实现了快速发展，已经成为全国为数不多可参与国际竞争并取得领先优势的产业。2021 年，在明确的碳中和目标之下，我国累计并网风电装机容量为 3.28 亿千瓦，同比增长 17.3%。海上风电累计并网装机容量达到 2639 万千瓦，同比增长 193.6%。

全球风能理事会（GWEC）发布的《全球风能报告 2022》指出，得益于技术进步和商业模式创新，风能行业正在快速发展，2021 年全球新增风电装机容量 93.6 吉瓦，较 2020 年下降 1.8%。其中，陆上风电新增装机容量 72.5 吉瓦，海上风电新增装机容量 21.1 吉瓦，与往年相比，海上风电新增装机容量大幅上升。在全球风电增速放缓的背景下，中国风电装机容量有所回落。但 2021 年中国风电新增装机容量仍居全球第一，实现新增装机容量 47.57 吉瓦，占全球新增装机容量的51%，其中，陆上风电新增装机容量 30.67 吉瓦，海上风电新增装机容量 16.90 吉瓦；其次为美国，新增装机容量 12.75 吉瓦，占比 14%，全为陆上风电新增装机容量；巴西（3.83 吉瓦）和越南（2.72 吉瓦）紧随其后，分别占全球风电新增装机容量的 4% 和 3%；英国新增装机容量 2.32 吉瓦，占比也达到 2%。五大国共计新增装机容量 69.19 吉瓦，占全球新增装机容量的比重为 74%。[①]

---

① 《2022 年全球风电行业市场现状及区域竞争格局分析》，"前瞻经济学人"百家号，2022 年 6 月 2 日，https://baijiahao.baidu.com/s? id = 1734493351724449978&wfr = spider&for = pc。

2008 年至今，中国风电并网装机容量已连续 14 年稳居全球第一。2011 年，我国累计并网装机容量达 4784 万千瓦，年发电量达 715 亿千瓦时。2011～2020 年，我国风力发电量呈逐渐上升趋势，占全社会用电量的比例也在不断攀升。2020 年，风力发电量为 4665 亿千瓦时，同比增长 15%，占全社会用电量（75110 亿千瓦时）的 6.2%。作为"十四五"开局之年，2021 年 1～7 月，风电装机容量为 2.9 亿千瓦，同比增长 34.4%，全国并网风电设备平均利用小时数为 1371 小时，比上年同期增加 98 小时，"十四五"期间我国风电产业仍然存在大幅度的增长空间。2001～2021 年中国风力发电装机容量具体情况见图 3－3。

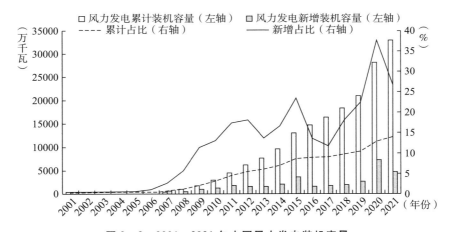

图 3－3　2001～2021 年中国风力发电装机容量
资料来源：国家能源局。

由图 3－3 可知，我国 2001～2021 年的风力发电累计装机容量及占比、新增装机容量及占比整体上处于上升态势。风力发电累计装机容量及占比从 2001 年的 38 万千瓦、0.11% 提升到 2021 年的 32848 万千瓦、13.81%；年均新增风力发电装机容量为 1562.57 万千瓦，占年均新增发电装机容量的 12.10%，风力发电每年的新增装机容量及占比从 2001 年的 4 万千瓦、0.21% 提升到 2021 年的 4683 万千瓦、26.65%。中国海洋风能资源丰富，近年来，海上风电开发规模不断扩大。根据国家能源局数据，中国海上风电新增装机容量从 2016 年的 0.59 吉瓦增长到

2021 年的 16.9 吉瓦，年均增长率 95.6%；累计装机容量从 2016 年的 1.63 吉瓦增长到 2021 年的 26.39 吉瓦，年均增长率 74.5%。中国已成为世界海上风电累计装机规模最大的国家。

在中国气象局举行的新闻发布会上，《2021 年中国风能太阳能资源年景公报》面向能源行业和社会公众正式发布。该公报显示，在风能资源方面，2021 年我国东北地区西部和东北部、华北北部、内蒙古中东部、新疆北部和东部、西北地区西北部、西藏大部、华东东南部沿海等地高空 70 米风力发电机常用安装高度的风能资源较好，有利于风力发电。① 2021 年，我国风力发电量为 6526 亿千瓦时，较上年增加 1861 亿千瓦时，同比增长 39.89%，约占全国全年总发电量的 8.04%。2010 ~ 2021 年中国风力发电量及增长率见图 3 - 4。

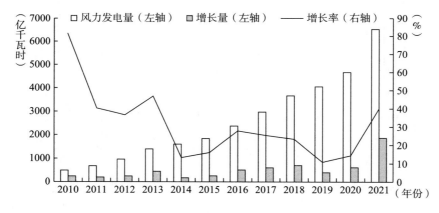

图 3 - 4　2010 ~ 2021 年中国风力发电量及增长率

资料来源：国家统计局。

由图 3 - 4 可知，我国 2010 ~ 2021 年风力新增并网年发电量（从 501 亿千瓦时到 6526 亿千瓦时）及占全社会用电量比例整体上处于一直攀升的状态。但是增长率基本是逐年降低，年均风力发电量为

①《我国 2021 年风能太阳能资源年景公报发布》，中国气象局官方网站，2022 年 4 月 29 日，https://www.cma.gov.cn/2011xwzx/2011xqxxw/2011xqxyw/202204/t20220429_ 479 6829. html? from = singlemessage。

2607.33 亿千瓦时，年均新增风力发电量为 520.82 亿千瓦时，年均增长率为 26.28%。每年的风力发电量是不断攀升的，从 2010 年的 501 亿千瓦时，提升到 2013 年的 1412 亿千瓦时（4 年平均增长率为 41.25%），再提升到 2021 年的 6526 亿千瓦时（12 年平均增长率为 26.28%），风力发电量占全国总发电量的比例也从 2010 年的 1.21% 提升到 2021 年的 8.04%。

据国家能源局发布的数据统计，2020 年上半年，风电全国新增并网装机容量是 632 万千瓦，其中，陆上新增并网装机容量是 526 万千瓦、海上新增并网装机容量是 106 万千瓦。截至 2020 年 6 月 30 日，风电全国累计装机容量 2.17 亿千瓦，其中，陆上累计装机容量是 2.1 亿千瓦、海上累计装机容量是 699 万千瓦。从全国布局来看，新增装机主要集中在风能资源丰富的五省区，即山西省（71 万千瓦）、河北省（65 万千瓦）、新疆维吾尔自治区（50 万千瓦）、山东省（49 万千瓦）和宁夏回族自治区（40 万千瓦）。风力发电量共 2379 亿千瓦时，同比增长了 10.9%；平均利用小时数是 1123 小时，利用小时数前 3 位的省区从高到低依次是云南省（1736 小时）、四川省（1488 小时）和广西壮族自治区（1414 小时）。2021 年 1~7 月，全国风电装机容量为 2.9 亿千瓦，同比增长了 34.4%，并网风电设备平均利用小时数为 1371 小时，比上年同期增加了 98 小时，风电装机较多省份的风电装机容量和设备利用小时数对比见图 3-5。同时，据行业统计，海上风电的建设成效显著。截至 2021 年 4 月 30 日，海上风电的并网容量达到 1042 万千瓦。2021 年 1 月至 4 月，海上风电发电量共 99.4 亿千瓦时，占全国发电量的 0.39%。在风电年平均利用小时数方面，海上约为 2500 小时，比陆上高出约 500 小时。

由图 3-5 可知，风电装机容量各个省份之间差异较大，内蒙古自治区（3881 万千瓦）和新疆维吾尔自治区（2366 万千瓦）分别是最少的江西省（513 万千瓦）的 7.57 倍和 4.61 倍，超过 2000 万千瓦的有 4 个省份，1000 万~2000 万千瓦的有 5 个省份，其余的 13 个省份低于 1000

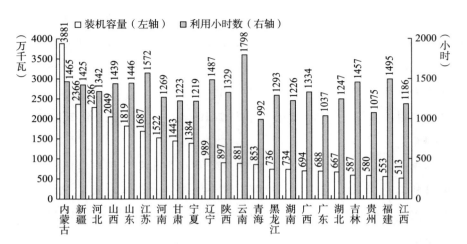

图 3-5 2021 年 7 月底中国风电装机较多省份风电装机容量和设备利用小时数

资料来源：国家统计局。

万千瓦。但通过设备利用小时数对比发现，在 22 个省份中，除了青海省
（992 小时），其余的 21 个省份都处于 1000～2000 小时，最多的云南省
（1798 小时）是最少的青海省（992 小时）的 1.81 倍。

3.3.3 核电产业发展的动态变化

1974 年，我国将第一座自主建设的 30 万千瓦核电站建设项目作为
国家重点科技开发项目。但是当时受国内核电技术的限制以及切尔诺贝
利核泄漏等国际事件的影响，核电产业长时间内未形成产业规模。随着
工业经济快速发展、环境污染程度增加，我国对可再生能源需求增加，
核电产业逐步形成。1985 年，我国开工建设第一座自主设计的核电
站——秦山核电站。1991 年 12 月 15 日，秦山核电站首次并网发电，结
束了我国大陆无核电的历史。同时，我国也成为世界上第七个能够完全
依靠自己的力量自行设计、建造核电站的国家。秦山核电站于 1994 年 4
月 1 日投入商运。1994 年 2 月和 5 月，从法国引进的两套 M310 型百万
千瓦核电机组在广东大亚湾分别投入商运，标志着我国在核电建设领域
首度展开国际合作。1994 年，我国开始建造秦山二期 2 台 65 万千瓦压

水堆机组，秦山二期参考大亚湾核电站进行"翻版和改进"。截至 2004 年底，我国新建成了秦山二期 2 台自主设计压水堆机组，岭澳一期 2 台法国压水堆机组、秦山三期 2 台加拿大压水堆机组，共 6 台机组建成并网发电，装机容量为 474.6 万千瓦，初步形成广东大亚湾、浙江秦山两大核电基地。

2006 年，我国发布《核电中长期发展规划（2005—2020 年）》，倡议积极推进核电产业建设，确立了核电的战略地位。但是，我国核电产业发展速度缓慢，截至 2015 年底，在运核电装机容量仅 2717 万千瓦，在建装机容量 3054 万千瓦。"十三五"时期，情况稍有改善，我国核电产业发展速度增快，截至 2017 年底，国内在运核电机组 37 台，合计装机容量 3581 万千瓦；在建机组 19 台，合计装机容量 2207 万千瓦。截至 2020 年底，我国运行核电机组共 49 台，装机容量为 5102.716 万千瓦。自此，我国核电进入规模化发展的新阶段。2022 年 1 月 27 日，中国核能行业协会发布 2021 年 1～12 月全国核电运行情况。截至 2021 年 12 月 31 日，我国运行核电机组共 53 台（不含台湾地区），装机容量为 5326 万千瓦。[①] 2001～2021 年中国核电装机容量及占比见图 3-6。

由图 3-6 可知，我国 2001～2021 年的核电累计装机容量及占比、新增装机容量整体处于上升的态势，但新增装机容量占比波动较大。年均新增核电装机容量为 243.62 万千瓦，占年均新增装机容量的 2.74%，核电每年的累计装机容量是不断攀升的，从 2001 年的 210 万千瓦（占比 0.62%）提升到 2021 年的 5326 万千瓦（占比 2.34%）。同时，我国运行核电厂严格控制机组的运行风险，燃料元件包壳完整性、一回路压力边界完整性、安全壳完整性均满足技术规范要求；未发生国际核事件分级（INES）1 级及以上的运行事件；未发生一般及以上辐射事故；未发生较大及以上生产安全事故；未发生一般及以上环境事件；未发生职业病危害事故及职业性超剂量照射。

---

① 核电评估部：《全国核电运行情况（2021 年 1～12 月）》，中国核能行业协会，2022 年 1 月 27 日，https://www.china-nea.cn/site/content/39991.html。

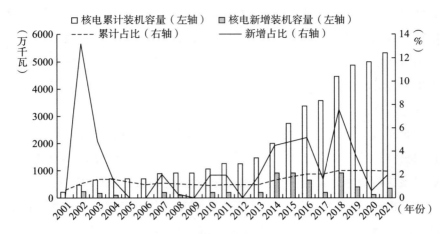

图 3 - 6　2001~2021 年中国核电装机容量及占比

资料来源：国家能源局。

2021 年，全国累计发电量为 81121. 8 亿千瓦时，运行核电机组累计发电量为 4071. 41 亿千瓦时，占全国累计发电量的 5. 02%，比 2020 年同期上升了 11. 17%；累计上网电量为 3820. 84 亿千瓦时，比 2020 年同期上升了 11. 44%。与燃煤发电相比，核能发电相当于减少燃烧标准煤 11558. 05 万吨，减少排放二氧化碳 30282. 09 万吨、二氧化硫 98. 24 万吨、氮氧化物 85. 53 万吨。2000~2021 年中国核电年发电量及增长率见图 3 - 7。

由图 3 - 7 可知，2000~2021 年，中国核电新增并网年均核能发电量为 1379. 49 亿千瓦时，增长率整体上是呈波动下降的态势，年均增长 178. 27 亿千瓦时，年均增长率为 17. 39%。每年的核电发电量是不断攀升的，从 2000 年的 167 亿千瓦时提升到 2013 年的 1116 亿千瓦时（首次突破 1000 亿千瓦时），再提升到 2021 年的 4071 亿千瓦时（增长率为 11. 17%），核能发电量占全国总发电量的比例也从 2000 年的 1. 22% 提升到 2021 年的 5. 02%。

2021 年，我国核电设备利用小时数为 7777. 85 小时，平均机组能力因子为 92. 27%。我国政策先期大多集中于核能消纳与核电上网电价方面，2017 年，国家发改委、国家能源局出台《保障核电安全消纳暂行

图 3 - 7　2000 ~ 2021 年中国核电年发电量及增长率

资料来源：国家统计局。

办法》，具体内容包括扩大核电消纳范围、实行保障性消纳政策等。根据"十四五"规划，至 2025 年，我国核电运行装机容量达到 7000 万千瓦，核电产业未来市场前景广阔。

3.3.4　生物质能产业发展的动态变化

在我国，生物质能是仅次于煤炭、石油、天然气的第四大能源，是最具发展潜力的清洁能源。据中国工程院发布的《中国可再生能源发展战略研究报告》，中国包含太阳能在内的清洁能源开采资源量为 21.48 亿吨标准煤，其中生物质能占 54.5%，是水电的 2 倍和风电的 3.5 倍。但是由于没有稳定规模的原料来源、技术转化率偏低，生物质能产业发展速度缓慢。在生物质能开始形成产业规模之前，我国与生物质能相关的指导方针是农村能源建设政策，主要是为了弥补农业燃料的短缺。在新兴产业规模开始形成后，中央政府颁布了专门的政策与法律法规，对生物质能产业进行监管。

我国在"十五"规划中明确将生物质能领域列为重点发展领域；2007 年，农业部发布了《农业生物质能产业发展规划（2007—2015年)》，对生物质发电、沼气燃料等进行了规划，生物质能开始了初步发展。截至 2007 年 12 月 31 日，全国生物质能发电装机容量为 108 万千瓦，占全国可再生能源发电总装机容量的 21.6%，占全国总装机容量的 0.15%。全国生物质能发电总量为 42.5 亿千瓦时，占全国可再生能源发电总量的 14.8%，占全国总发电量的 0.13%。但是随着生物质能不断发展，问题也随之出现。生物质能产业过于依赖政府补贴，自身无法独立健康发展，2015 年，我国生物质能产业仍处于发展初期。2016 年，为对上述现象进行调整并使生物质能健康发展，我国制定了《生物质能发展"十三五"规划》，该规划指明生物质能发展要坚持分布式开发、坚持用户侧替代、坚持融入环保、坚持梯级利用四个基本原则，并提出到 2020 年生物质能基本实现商业化和规模化利用的目标。截至 2016 年底，全国已投产项目 600 多个，并网装机超过 1200 万千瓦。2020 年，全国新增生物质能发电装机容量 543 万千瓦，累计装机容量达 2952 万千瓦。其中，垃圾焚烧发电新增装机容量 311 万千瓦，累计装机容量达 1533 万千瓦；农林生物质发电新增装机容量 217 万千瓦，累计装机容量达 1330 万千瓦；沼气发电新增装机容量 15 万千瓦，累计装机容量达 89 万千瓦；生物质发电量也有了显著提升。2009 ~ 2021 年各品类能源的发电装机容量见图 3 - 8。

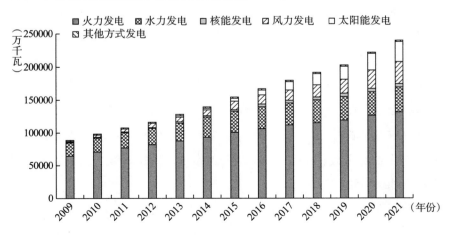

图 3 - 8 2009 ~ 2021 年各品类能源发电装机容量

资料来源：国家统计局。

由图 3-8 可知, 2009~2021 年各品类能源的发电装机容量基本是处于稳步上升的趋势。2009~2021 年, 火力发电装机容量从 65107.63 万千瓦提升到 129678 万千瓦, 增长了 99.17%; 水力发电装机容量从 19629.02 万千瓦提升到 39092 万千瓦, 增长了 99.15%; 核能发电装机容量从 907.82 万千瓦提升到 5326 万千瓦, 增长了 4.87 倍; 风力发电装机容量从 1759.94 万千瓦提升到 32848 万千瓦, 增长了 17.66 倍; 太阳能发电装机容量从 2.5 万千瓦提升到 30656 万千瓦, 增长了 12261.40 倍; 其他方式发电装机容量从 2.81 万千瓦提升到 94 万千瓦, 增长了 32.45 倍。而在各品类能源发电装机容量的占比中, 新能源等可再生清洁能源发电装机容量的占比不断上升, 火力发电装机容量占比不断下降, 具体见图 3-9。

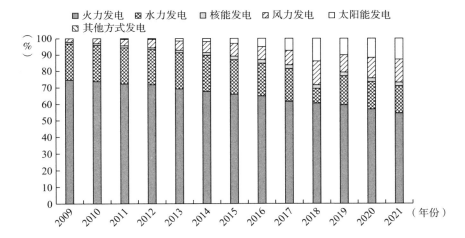

图 3-9　2009~2021 年各品类能源发电装机容量占比

资料来源: 国家统计局。

由图 3-9 可知, 2009~2021 年火力和各品类新能源的发电装机容量占比变化较大。2009~2021 年, 火力发电装机容量占比从 74.49% 下降到 54.54%, 减少了 19.95 个百分点; 水力发电装机容量占比从 22.46% 下降到 16.44%, 减少了 6.02 个百分点; 核能发电装机容量占比从 1.04% 提升到 2.24%, 增加了 1.20 个百分点; 风力发电装机容量占比从 2.01% 提升到 13.81%，增加了 11.80 个百分点；太阳能发电装机容量占比从 0.0029% 提升到 12.89%，增加了 12.89 个百分点；其他方式发电装机容量占比从 0.0032% 提升到 0.04%，增加了 0.04 个百分点。由此可见，在近 12 年的时间里，我国清洁能源发电装机容量替代火电发电装机容量约 20%。从实际的发电量来看，2021 年，全国累计发电量达到 81121.8 亿千瓦时，累计同比增长 8.1 个百分点，其中，火力发电量达 57702.7 亿千瓦时，占全国发电量的比重达 71.13%，可再生能源发电量占比达 28.87%，其中，水力发电占比 14.60%、风力发电占比 6.99%、核能发电占比 5.02%，太阳能发电占比最低，仅为 2.26%。

3.4 中国新能源产业的空间布局

能源资源禀赋对区域生产力存在重要影响，根据《中国能源统计年鉴 2020》，2019 年，我国核能发电量最高的省（区、市）是广东省，为 1101.73 亿千瓦时，其次为浙江省，为 628.52 亿千瓦时，另外有 22 个省（区、市）无核能发电数据。风力发电量最高的省（区、市）为内蒙古，为 665.8 亿千瓦时，最低的为西藏，仅 0.16 亿千瓦时。太阳能发电量最高的省（区、市）为河北省，为 176.31 亿千瓦时，最低的为重庆市，为 3.334 亿千瓦时。由数据可知，自然资源禀赋是新能源产业发展的决定性要素，我国在建设新能源产业工程时须充分考虑地域资源丰裕度，尽量选择资源丰富的区域。同时，新能源产业空间布局具有明显的政策导向性，国家政策以及地方的配套产业政策是新能源产业发展的重要因素。

根据国家知识产权局办公室发布的《战略性新兴产业分类与国际专利分类参照关系表（2021）（试行）》，新能源产业分为五大类（核电产业、风能产业、太阳能产业、生物质能及其他新能源产业、智能电网产业），具体涉及 25 个细分行业。目前，我国涉及新能源产业的上市公司共 202 家，其产业上游一般从事材料及零配件加工、中游从事工程施工及运营维护、下游从事输送电力及技术服务，具体见图 3 - 10。

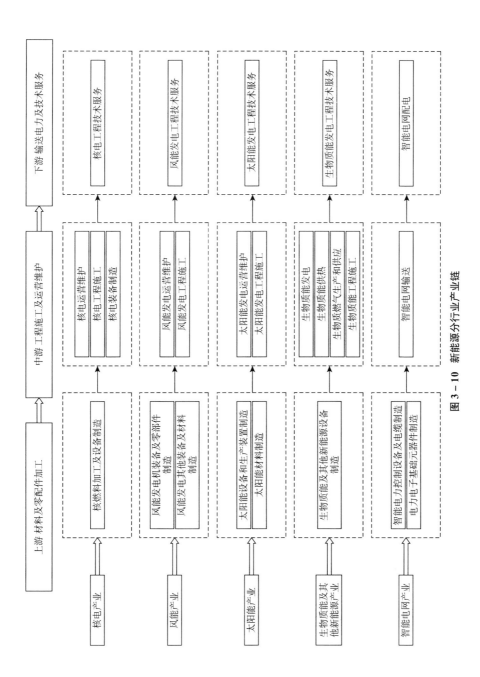

图 3 - 10　新能源分行业产业链

3.4.1 太阳能产业空间布局

我国太阳能总辐射资源丰富，总体呈"高原大于平原、西部干燥区大于东部湿润区"的分布特点。其中，青藏高原最为丰富，年总辐射量超过 1800 千瓦时/米^2，部分地区甚至超过 2000 千瓦时/米^2。四川盆地资源相对较低，存在低于 1000 千瓦时/米^2 的区域。太阳能发电技术主要有太阳能热电技术和太阳能光伏发电技术，近年来，光伏发电技术运用更为广泛。截至 2020 年底，全国全口径发电装机容量为 220204 万千瓦，比上年增长 9.6%。其中，并网太阳能发电装机容量为 25356 万千瓦，比上年增长 24.1%。根据国家统计局 2021 年 8 月公布的数据，2021 年 1 ~ 6 月，我国新增光伏并网容量为 13.011 吉瓦，累计光伏并网容量为 267.086 吉瓦，同比增长 23.7%。其中，集中式光伏电站并网容量为 180.032 吉瓦，分布式光伏电站并网容量为 87.054 吉瓦。新增装机规模较大的省份包括山东（206 万千瓦）、河北（147 万千瓦）、河南（72 万千瓦）、浙江（68 万千瓦）。另外，由于国家正大力扶持光伏产业，2021 年下半年，在分布式光伏建设的带动下，新能源建设并网速度有所提升，全年新增并网装机达到 1.075 亿千瓦。2015 ~ 2019 年中国各地区太阳能光伏发电量见图 3 – 11。

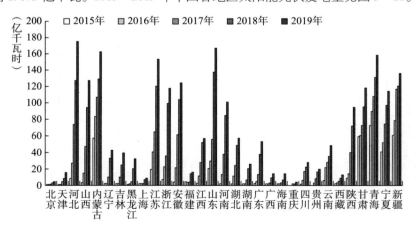

图 3 – 11　2015 ~ 2019 年中国各地区太阳能光伏发电量

资料来源：国家统计局。

在所有的新能源产业中，太阳能光伏产业（主要包括太阳能设备和生产装置制造、太阳能材料制造、太阳能发电运营维护、太阳能发电工程施工及其太阳能发电工程技术服务）所拥有的上市公司数量最多，共43家。其中，主营业务与太阳能设备和生产装置制造以及太阳能材料制造相关的公司数量共21家，有5家位于浙江省，4家位于江苏省，3家位于辽宁省，广东省、湖北省、上海市各有2家，河北省、安徽省、北京市各有1家；主营业务与太阳能发电运营维护相关的公司共5家，位于我国不同的省（区、市），分别为宁夏回族自治区、北京市、江西省、浙江省、江苏省；主营业务为太阳能发电工程施工的公司共6家，2家位于浙江省，其余分别位于宁夏回族自治区、四川省、上海市、江苏省；主营业务与太阳能发电工程技术服务相关的公司共11家，其中5家位于江苏省，2家位于浙江省，辽宁省、广东省、河北省、福建省各有1家。具体见图3－12。

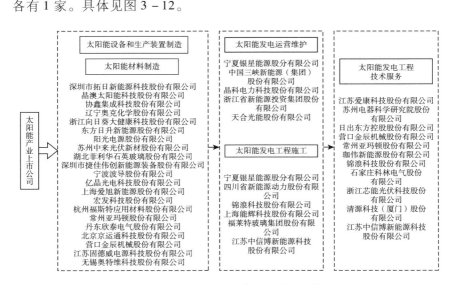

图 3－12 中国太阳能产业上市公司情况

3.4.2 风能产业空间布局

2020年第四季度，全国风电新增装机5625万千瓦，同比增长

360.3%，增速较 2019 年同期提升 313.8 个百分点，第四季度新增装机占全年新增并网容量的 80.6%。新增装机规模超过 300 万千瓦的省区包括蒙东（677 万千瓦）、河南（658 万千瓦）、山西（545 万千瓦）、河北（524 万千瓦）、江苏（398 万千瓦）、新疆（351 万千瓦）、青海（321 万千瓦）、陕西（309 万千瓦）。2020 年，风电新增装机 7167 万千瓦，同比增长 178.4%。截至 12 月底，全国并网风电装机 2.81 亿千瓦，同比增长 33.1%。第四季度海上风电新增并网 149 万千瓦，同比增长 50.5%，截至 12 月底，全国海上风电累计并网装机达到 899 万千瓦，同比增长 51.6%。风电开发持续向消纳条件较好的中东部和南方地区转移。2020 年，中东部和南方地区风电新增并网 2145 万千瓦，占全国的 38.1%。截至 12 月底，中东部和南方地区风电装机 9103 万千瓦，第四季度风电装机容量占全国的比重与上季度相比，提升 1.4 个百分点至 32.6%，同比提高 2.5 个百分点，中东部和南方地区风电装机比重持续提升。2015～2019 年中国各地区风力发电量具体情况见图 3-13。

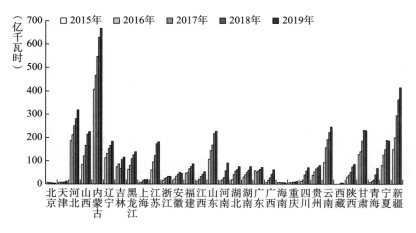

图 3-13　2015～2019 年中国各地区风力发电量

资料来源：国家统计局。

风能产业主要由风能发动机装备及零部件制造、风能发电其他装备及材料制造、风能发电运营维护、风能发电工程施工和风能发电工程技术服务构成。风能产业中共有上市公司 20 家，其中，主营业务与风能发电机装备及零部件制造、风能发电其他装备及材料制造相关的公司 11 家，上海市有 3 家，江苏省、山东省各有 2 家，安徽省、四川省、辽宁省、浙江省各有 1 家；主营业务与风能发电运营维护相关的公司有 4 家，其中，有 2 家位于北京市，剩下的 2 家分别位于浙江省和新疆维吾尔自治区；主营业务与风能发电工程施工相关的公司有 2 家，分别位于四川省和宁夏回族自治区；主营业务与风能发电工程技术服务相关的公司有 3 家，分别位于江苏省、河北省和新疆维吾尔自治区，具体见图 3－14。

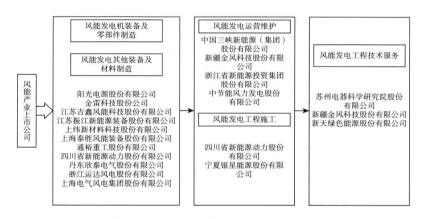

图 3－14　中国风能产业上市公司情况

3.4.3　核电产业空间布局

根据国家统计局数据，截至 2020 年，除中国台湾地区外，我国运行核电机组共 49 台，装机容量为 51027.16 兆瓦电力（额定装机容量），核电运行机组累计发电总量 3662.43 亿千瓦时，占全国累计总发电量的 4.94%，占比为近五年之最，比 2019 年同期上升了 5.02%，核电设备利用小时数为 7426.98 小时，平均能力因子为 92.95%。在 2020 年，核能发电相当于减少燃烧 10474.19 万吨标准煤，二氧化碳减少排放 27442.38 万吨，二氧化硫减少排放 89.03 万吨，氮氧化物减少排放 77.51 万吨。截至 2021 年 12 月，中国核电厂分布情况见表 3－3。

表 3 - 3　中国核电厂分布情况（截至 2021 年 12 月）

单位：台

核电厂名称	压水堆			重水堆			高温气冷堆		
	运行中	建设中	已核准未开工	运行中	建设中	已核准未开工	运行中	建设中	已核准未开工
红沿河	4	2	—	—	—	—	—	—	—
石岛湾	—	—	—	—	—	—	—	1	—
国核示范电站	—	2	—	—	—	—	—	—	—
海阳	2	—	—	—	—	—	—	—	—
田湾	5	1	—	—	—	—	—	—	—
秦山	1	—	—	—	—	—	—	—	—
秦山第二	4	—	—	—	—	—	—	—	—
秦山第三	—	—	—	2	—	—	—	—	—
方家山	2	—	—	—	—	—	—	—	—
三门	2	—	—	—	—	—	—	—	—
三澳	—	—	2	—	—	—	—	—	—
宁德	4	—	—	—	—	—	—	—	—
福清	4	2	—	—	—	—	—	—	—
漳州	—	1	1	—	—	—	—	—	—
太平岭	—	1	1	—	—	—	—	—	—
大亚湾	2	—	—	—	—	—	—	—	—
岭澳	4	—	—	—	—	—	—	—	—
台山	2	—	—	—	—	—	—	—	—
阳江	6	—	—	—	—	—	—	—	—
防城港	2	2	—	—	—	—	—	—	—
昌江	2	—	2	—	—	—	—	—	—

注："—"代表未发现。
资料来源：国家统计局。

　　2020 年，中国核电生产地区主要集中在华东、华南、东北地区。广东省是中国核电发电量最高的省份，2020 年，广东核电发电量为 1160.8 亿千瓦时，远高于其他省区市；第 2 名为浙江省，核电发电量为 712.1 亿千瓦时；第 3 名为福建省，核电发电量为 652.5 亿千瓦时。2015 ~ 2019 年中国各地区核电发电量见图 3 - 15。

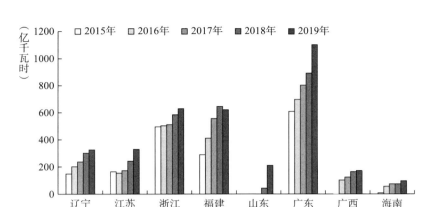

图 3 - 15　2015 ～ 2019 年中国各地区核电发电量

资料来源：国家统计局。

核电产业主要包括核燃料加工及设备制造、核电运营维护、核电工程施工、核电装备制造和核电工程技术服务。在所有新能源产业中，核能产业所拥有的上市公司数量最少，仅有 10 家。其中主营业务与核电运营维护相关的公司有 2 家，分别位于广东省和北京市；主营业务与核电工程施工相关的公司仅有 1 家，位于上海市；主营业务与核电装备制造相关的公司有 3 家，分别位于江苏省、浙江省和甘肃省；主营业务与核电工程技术服务相关的公司有 4 家，其中 2 家位于江苏省，北京市、河北省各有 1 家；中国还没有与核燃料加工及设备制造相关的上市公司。中国核电产业上市公司情况见图 3 - 16。

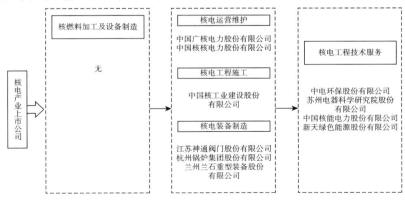

图 3 - 16　中国核电产业上市公司情况

3.4.4 生物质能及其他新能源产业空间布局

2020 年，全国生物质能发电新增装机容量为 543 万千瓦，累计装机容量达到 2952 万千瓦；其中，垃圾焚烧发电新增装机 311 万千瓦，累计装机达到 1533 万千瓦；农林生物质发电新增装机 217 万千瓦，累计装机达到 1330 万千瓦；沼气发电新增装机 15 万千瓦，累计装机达到 89 万千瓦。累计装机容量排名前 5 的省份分别是山东省（365.5 万千瓦）、广东省（282.4 万千瓦）、江苏省（242.0 万）、浙江省（240.1 万千瓦）和安徽省（213.8 万千瓦），相对差异较小。新增装机容量排名前 5 的省份分别是山东省（67.7 万千瓦）、河南省（64.6 万千瓦）、浙江省（41.7 万千瓦）、江苏省（38.9 万千瓦）和广东省（36.0 万千瓦）。

2020 年，生物质能发电量总计 1326 亿千瓦时，同比增长了 19.4%，继续保持稳步增长势头。生物质能年发电量排名前 5 的省份与累计装机容量排名前 5 的省份是相同的（名次略有变化），分别是广东省（166.4 亿千瓦时）、山东省（158.9 亿千瓦时）、江苏省（125.5 亿千瓦时）、浙江省（111.4 亿千瓦时）和安徽省（110.7 亿千瓦时）。垃圾焚烧发电新增并网项目为 150 个，累计装机达 1533 万千瓦，累计发电量约 778 亿千瓦时；新增装机排名前 5 的省区分别是浙江省、山东省、河南省、广西壮族自治区、江西省，发电量排名前 5 的省份分别是广东省、浙江省、江苏省、山东省、安徽省。农林生物质发电新增并网项目为 70 个，累计装机达 1330 万千瓦，累计发电量为 510 亿千瓦时；新增装机排名前 5 的省份分别是河南省、山东省、黑龙江省、江苏省、河北省，发电量排名前 5 的省区分别是山东省、安徽省、黑龙江省、广西壮族自治区、江苏省。沼气发电新增并网项目为 50 个，累计装机达 89 万千瓦，累计发电量 37.8 亿千瓦时；新增装机排名前 5 的省区分别是山东省、广西壮族自治区、江西省、江苏省、黑龙江省，发电量排名前 5 的省份分别是广东省、山东省、浙江省、四川省、河南省。

在我国，生物质能发电主要包括城镇生活垃圾焚烧发电、农林生物质发电、沼气发电。2019 年中国生物质能发电投资总规模为 508 亿元，按照投资规模从大到小排序，其中，城镇生活垃圾焚烧发电投资（398 亿元）最多，农林生物质发电投资（97 亿元）排第二位，沼气发电投资（13 亿元）最少；我国城镇生活垃圾焚烧发电主要分布在东部和中部地区，累计装机排名前 5 的省份依次是广东省、浙江省、山东省、江苏省、安徽省，占全国装机的 58.9%。农林生物质发电站占近 45%，是我国生物质能发电的主要技术方；主要分布在秸秆丰富的农业大省，累计装机排名前 5 的省份依次是山东省、安徽省、黑龙江省、湖北省、江苏省，占全国装机的 54.4%。沼气发电装机容量排名前 6 的省份依次是广东省、江苏省、河南省、山东省、江西省、湖南省，占全国装机容量的 60.1%。

生物质能及其他新能源产业链主要由生物质能及其他新能源设备制造、生物质能发电、生物质能供热、生物质燃气生产和供应、生物质能工程施工、生物质能工程技术服务构成。生物质能及其他新能源产业中共有上市公司 19 家，其中，主营业务与生物质能及其他新能源设备制造相关的公司有 5 家，3 家位于山东省，其他 2 家分别位于江苏省、浙江省；主营业务与生物质能发电相关的公司有 4 家，2 家位于广东省、剩下的 2 家分别位于黑龙江省和福建省；与生物质能供热相关的公司有 2 家，分别位于四川省和广东省；与生物质燃气生产和供应相关的公司有 1 家，位于广东省；与生物质能工程施工相关的公司有 4 家，分别位于山东省、安徽省、福建省和江苏省；与生物质能工程技术服务相关的公司有 3 家，均位于北京市。中国生物质能及其他新能源产业上市公司情况见图 3–17。

综上所述，本章关于中国新能源产业发展时空布局的研究主要包括以下三个方面。首先，对中国新能源发展资源禀赋进行了描述；其次，回顾了我国新能源产业的历史进程，将其分为早期发展阶段、快速启动阶段、高速发展阶段和提质升级阶段四个阶段，并揭示了每个阶段的发展特征；最后，从太阳能、风能、核电和生物质能及其他新能源四个方面对中国新能源产业发展的动态变化规律和空间布局进行总结，并从供应链角度列示每个节点的上市公司。

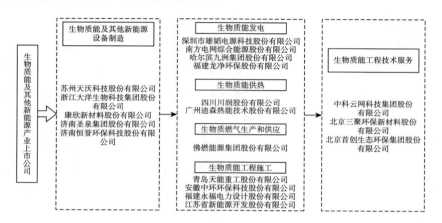

图 3 – 17　中国生物质能及其他新能源产业上市公司情况

4　新能源产业发展的驱动因素分析

2021 年，中国新能源装机容量增长 1900 多倍，发电量占比近 30%。新能源产业能够实现如此快速的增长，与各级政府、能源企业、供应商、消费者等多个市场主体，与技术创新、政策支持、能源资源禀赋等多个相关要素，与国际组织、气候变化、环境污染、经济发展等多个外部条件之间存在的复杂的关联分不开。国内外许多学者对新能源产业和驱动因素进行了广泛的研究，其实证文献的研究成果也是多种多样。然而，我们对现有相关研究成果进一步梳理发现，无论是对驱动因素的挖掘和对驱动机制的分析，还是对驱动关系的确立等，文献都没有达成共识。因此，考虑到对各驱动因素研究的重要性和基础性，以及各因素之间可能存在的相关性、耦合性等，本章以新能源产业发展的驱动因素为研究主题，首先，定性分析理论上存在的驱动因素；其次，根据能源经济学、制度经济学、生态环境学、空间经济学等相关学科的理论，构建以内、外驱动因素及其机制研究为主线的基本框架；最后，实证分析各驱动因素在既定条件下对新能源产业发展的影响。

4.1　外部推动力因素分析

随着国内外对气候变化和生态环境保护，以及可持续发展等的日益重视，新能源产业发展在一定程度上具体表现为区域对国家政策的响应能力、对环境保护的重视程度、对公民福利的谋求水平，同时也受新能源资源禀赋、生态环境状况、经济开发成本、"源网荷储"一体化基础设施建设状况等一系列自然、经济和社会等条件的约束。因此，区域在发展新能源产业过程中，要充分考虑各类开发利用行为可能引起的外部不经济性，尽可能避免造成负面的环境、经济、社会效应（何凌云等，2018）。

4.1.1 外部推动力总体影响因素

外部推动力因素是指对新能源产业发展产生影响的外部因素，主要包括自然资源禀赋约束、能源环境制度约束、区域整体规划、新能源发展战略与新能源产业规划等相关方面的外部因素（Cassiani，2007）。自然资源禀赋约束主要是指区域的传统能源和新能源的自然禀赋条件；能源环境制度约束是指基于区域能源等资源状况和社会经济机制体制、消费习惯等而形成的人为约束；区域整体规划主要是指区域的经济发展预期、产业支持重点、政策引导方向等，从资金、人才和技术等多方面体现政策的导向；新能源发展战略与新能源产业规划则是指在综合考量区域经济社会发展目标和前期条件的基础上，对新能源及其产业发展的定位。自然资源禀赋约束是最根本的约束性供给要素，能源环境制度约束、区域整体规划、新能源发展战略与新能源产业规划等是最具影响力的政府政策性外部因素，将直接作用于新能源产业发展（Gordon et al.，2017）。在此，分别对自然资源禀赋约束、能源政策支持和制度供给体系因素进行分析。

（1）自然资源禀赋约束

从狭义的角度看，自然资源禀赋约束是新能源产业供给侧的基础性、决定性因素，其固有的稀缺性和有限性决定了能源产业发展的区域特殊性。因此，新能源产业的发展受到自然资源禀赋的约束。

新能源自然资源禀赋对新能源产业发展是硬约束；配套的电网传输技术、传输水平、传输能力和传输载荷量等是最重要的后期消纳物质技术约束；除新能源自然资源禀赋外，区域的其他自然资源禀赋条件，如水资源、土地资源等也会对区域新能源产业发展形成根本性约束。从人类发展史来看，水资源的丰裕度对人口聚集度具有直接决定作用。同时，由于人类对水资源的不当开发利用，人口高聚集区的水资源问题日益严重。我国总体的水资源禀赋虽然位居全球第 6 名，但是人均水平只有2600 立方米，居世界第 110 位，仅相当于世界人均水平的 1/4，美国的1/5，水资源供需矛盾日益尖锐。在可预见的未来，无论化石能源消费还是新能源产业发展，必然产生水资源的大量消耗和水环境污染，因此，水资源也必然会是新能源产业发展要重点考虑的自然资源禀赋约束因素。

（2）能源政策支持

在经济社会发展过程中，不同区域、不同品类的能源产业发展虽然受到诸多因素的影响，但各国政府的积极作为，尤其是政府的大力支持，是新能源产业发展的最大外部推动力（陈艳、朱雅丽，2012）。新能源因不同需要而产生，服务于经济社会的发展、公民生活福利水平的提高，支持社会化大生产，因此，新能源产业如同能源政策一样，都具有战略性、从属性和支持性，前者对应于国家经济社会发展，后者从属于国家整体政策。

改革开放前，中国重点促进中西部和东北部发展，中央通过政府投资、技术扶持等手段大力发展重工业，尤其是能源产业，形成了一大批煤炭、石油和天然气等工业基地。改革开放初期，中央政府实行沿海倾斜发展战略，采取投资倾斜、对外开放和财政补贴等多种方式推进东部地区的工业化发展，形成了长三角、珠三角等四大经济带，同时，老工业基地出现明显衰退。自 2000 年以来，环境污染问题和化石能源的供应安全问题，尤其是石油和天然气的高对外依存度，引起了国家对新能源产业、生态农业、都市型工业、信息产业、高技术产业等知识密集型、低环境污染型产业的重视，相关的支持政策接连出台。

中华人民共和国成立 70 多年来，中国能源政策不断演变，政策制定背景、具体内容、战略导向、辅助措施、效果评价等，都清清楚楚地反映了能源不断清洁化、绿色化、服务化的特色。在此，本章将 70 多年的能源政策划分为六个阶段，具体情况见表 4 - 1。

表4-1　中华人民共和国成立以来的能源政策

阶段	能源政策	背景	能源方面的效果
1949~1957年	建立能源工业管理体系；对能源部门进行企业管理改革；"一五"期间能源工业投资占28.6%；调整能源工业布局	中华人民共和国成立初期，经济社会等处于十分落后的状态	能源生产设备得到修复，生产能力基本达到中华人民共和国成立前的最高水平，能源生产效率明显提高，布局全面展开
1958~1965年	煤炭、电力和石油工业"大跃进"	第一个五年取得了一定成绩，但总体还很落后	能源产量和资源勘探量大幅增长；能源工业生产比例失调；能源产业基础设施建设浪费严重；能源利用效率低
1966~1977年	调整能源工业投资和管理体制；"三线"建设；电力工业"大跃进"	"文革"时期	能源产业组织小型化；开发西南、西北地区能源；电力工业布局趋向合理化
1978~1995年	以电力为中心的能源多元化；能源生产布局调整；提倡能源节约；鼓励开发利用新能源；煤炭产业体制改革；强调能源结构多元化；加大能源基地建设力度	改革开放初期	能源市场化过渡；投资主体及能源结构多元化；基本上缓解了能源供给不足；能源市场逐步完善
1996~2005年	鼓励新能源发展；重点关注经济效益和能源安全；石油和电力产业体制改革；"五小"关停并转；重视生态环境安全等因素	改革开放进一步深入	改善煤炭生产结构；经济效益为重点，工业生产和社会生活所需能源消费基本得到满足
2006年至今	继续鼓励新能源发展；强制性节能减排；关注生态环境和可持续发展	经济快速发展；能源与环境矛盾日益尖锐	基本实现能源安全稳定供应

资料来源：邹艳芬（2014）；《中国国民经济和社会发展第十三个五年规划纲要》。

由表4-1可知，自中华人民共和国成立初期至20世纪90年代中期，我国能源政策逐步开始重视能源安全、可持续发展。1949~1977年，相关政策主要集中于能满足生产生活和经济社会发展需求的能源的生产与供应；1978~1995年，则关注能源节约、生产布局和结构合理；1996~2005年，开始关注能源安全和环境保护等；2006年以来，关注生态环境和可持续发展，实行强制性节能减排指标。综上所述，1995年以前，能源使用以煤为主，主要关注供应安全；1996年以来，强调节能减排，关注可持续发展，重视能源效率，鼓励发展新能源。

（3）制度供给体系因素

能源与经济社会密切关联，从宏观角度看，各类国家或区域发展制度体系都会对能源发展具有重要影响，包括显性制度和隐性制度，前者是中央或地方政府针对区域发展明确提出制定和实施的一系列制度体系，后者则并非是明确突出针对区域发展而制定但对新能源产业发展有影响的一系列制度（张晓娣、刘学悦，2015）。从作用空间角度看，区域发展制度体系总体可以分为多区域相互影响的一般性发展制度和单区域的针对性发展制度。从内容角度看，各类国家或区域发展制度体系可以分为经济类、社会类、文化类以及空间发展类等（陆宇海、邹艳芬，2021）。当这些多元化主体（中央政府、地方政府）的一系列制度叠加时，构成的政府制度供给体系将具有明显的多元化特征，进而对新能源产业发展产生直接或间接的较大影响（兰梓睿，2021）。在多元化制度供给体系下，政府制定的发展战略直接影响能源发展制度和生态环境政策，而区域制度体系的差异（如碳排放交易制度实施的时间、区域、价格等不同）造成经济发展、资金能力、技术水平等都有较大差异，进而导致新能源产业发展的时空布局差异。

4.1.2 新能源政策供给

新能源产业的迅速发展与充足的人才、资金等是分不开的，因此，人才培养、政府补贴等为新能源产业带来了发展红利。在此，本章主要对太阳能光伏产业、风能产业和核电产业的支持政策进行介绍。

（1）太阳能光伏产业支持政策

在太阳能光伏产业方面，为促进光伏发电产业和分布式光伏产业的发展，国家发改委、财政部、科技部等部门发布了一系列支持政策，进一步明确政府补贴，并鼓励地方相关部门积极作为，采取财政补贴、土地优惠、税费减免、绿色信贷等措施支持光伏发电企业，多措并举发展太阳能光伏产业。2009～2021年我国部分关于太阳能光伏产业的政策见表4-2。

表 4 – 2 2009～2021 年中国部分太阳能光伏产业相关政策

年份	政策名称	发布单位
2009	《关于加快推进太阳能光电建筑应用的实施意见》	财政部、住房和城乡建设部
	《太阳能光电建筑应用财政补助资金管理暂行办法》	财政部
	《关于实施金太阳示范工程的通知》	财政部、科技部、国家能源局
2010	《关于加强金太阳示范工程和太阳能光电建筑应用示范工程建设管理的通知》	财政部、科技部、住房和城乡建设部、国家能源局
2011	《关于做好 2011 年金太阳示范工作的通知》	财政部、科技部、国家能源局
	《关于组织实施 2012 年度太阳能光电建筑应用示范的通知》	财政部、住房和城乡建设部
2012	《太阳能光伏产业"十二五"发展规划》	工业和信息化部
	《关于印发太阳能发电科技发展"十二五"专项规划的通知》	科技部
	《太阳能发电发展"十二五"规划》	国家能源局
2013	《国务院关于促进光伏产业健康发展的若干意见》	国务院
	《分布式发电管理暂行办法》	国家发改委
	《关于分布式光伏发电实行按照电量补贴政策等有关问题的通知》	财政部
	《国家发展改革委关于发挥价格杠杆作用促进光伏产业健康发展的通知》	国家发改委
	《关于支持分布式光伏发电金融服务的意见》	国家能源局
	《光伏制造行业规范条件（征求意见稿）》	工业和信息化部
	《关于光伏发电增值税政策的通知》	财政部、国家税务总局
	《促进银行业支持光伏产业健康发展的通知》	银监会
	《光伏发电运营监管暂行办法》	国家能源局
	《分布式光伏发电项目管理暂行办法》	国家能源局
2014	《关于加强光伏产品检测认证工作的实施意见》	国家认监委、国家能源局
	《关于进一步落实分布式光伏发电有关政策的通知》	国家能源局
	《关于规范光伏电站投资开发秩序的通知》	国家能源局

年份	政策名称	发布单位
2015	《光伏制造行业规范条件（2015 年本）》	工业和信息化部
	《关于促进先进光伏技术产品应用和产业升级的意见》	国家能源局、工业和信息化部、国家认监委
2016	《国务院办公厅关于完善支持政策促进农民持续增收的若干意见》	国务院办公厅
	《国家能源局综合司 国务院扶贫办行政人事司关于印发光伏扶贫实施方案编制大纲的通知》	国家能源局、国务院扶贫办
2017	《中国光伏产业发展路线图（2017 年版）》	工业和信息化部
2018	《关于 2018 年光伏发电有关事项的通知》	国家发改委、财政部、国家能源局
	《智能光伏产业发展行动计划（2018—2020 年）》	工业和信息化部、住房和城乡建设部、国家能源局等六部门
2019	《关于 2019 年风电、光伏发电项目建设有关事项的通知》	国家能源局
	《关于建立健全可再生能源电力消纳保障机制的通知》	国家发改委、国家能源局
	《清洁能源消纳重点专项监管工作方案》	国家能源局
2020	《关于 2020 年光伏发电上网电价政策有关事项的通知》	国家发改委
2021	《关于 2021 年风电、光伏发电开发建设有关事项的通知》	国家能源局

在支持新能源发电方面，最主要的就是逐步建立价格长效机制，这也是一个产业得以可持续发展的不可或缺的市场基础。我国光伏上网电价政策经历了标杆电价、竞价、平价三个阶段。2019 年以后，国家根据光伏发电产业情况，适时完善了发电价格政策，对新建太阳能热发电补贴退坡。2021 年我国全面开启光伏发电平价上网，让新能源生产主体与用户都得到红利。我国光伏电价历年上网政策见表 4 - 3。

表 4 - 3 中国光伏电价历年上网政策

单位：元/千瓦时

执行时间	政策依据	电价类型	资源区	Ⅰ类资源区	Ⅱ类资源区	Ⅲ类资源区
2008 年	2008 年 7 月 21 日发改价格〔2008〕1868 号				4.00	
2009 年	第一次特许权				1.0928	
2010 年	第二次特许权				0.7288 ~ 0.9907	
2011 年 7 月 1 日前	2011 年 7 月 24 日发改价格〔2011〕1594 号			1.15	1.15	1.15
2011 年 7 月 1 日后		有 1231		1.00	1.00	1.00
2013 年 9 月 1 日后	2013 年 8 月 26 日发改价格〔2013〕1638 号	有 1231	标杆上网电价	0.90	0.95	1.00
			分布式度电补贴	0.42	0.42	0.42
2016 年	2015 年 12 月 22 日发改价格〔2015〕3044 号	有 630	标杆上网电价	0.80	0.88	0.98
2017 年	2016 年 12 月 26 日发改价格〔2016〕2729 号	有 630	新建光伏电站标杆上网电价	0.65	0.75	0.85
2018 年 1 ~ 5 月	2017 年 12 月 19 日发改价规格〔2017〕2196 号	标杆上网电价（有 630）	普通电站	0.55	0.65	0.75
			村级光伏扶贫	0.65	0.75	0.85
		分布式度电补贴（无过渡期）	普通电站	0.37	0.37	0.37
			光伏扶贫项目	0.42	0.42	0.42
2018 年 6 月 1 日起	2018 年 5 月 31 日发改能源〔2018〕823 号	标杆上网电价	普通电站	0.50	0.60	0.70
			村级光伏扶贫电站	0.65	0.75	0.85
		分布式度电补贴	纳入规模管理范围	0.32	0.32	0.32

执行时间	政策依据	电价类型	资源区	Ⅰ类资源区	Ⅱ类资源区	Ⅲ类资源区
2019 年	2019 年 4 月 28 日发改价格〔2019〕761 号	指导电价	集中式电站竞价上限	0.40	0.45	0.55
		工商业	全额上网	0.40	0.45	0.55
		工商业	自发自用	0.10	0.10	0.10
			村级光伏扶贫电站	0.65	0.75	0.85
			户用	0.18	0.18	0.18
2020 年	2020 年 4 月 2 日发改价格〔2020〕511 号	工商业	自发自用	0.05	0.05	0.05
			户用	0.08	0.08	0.08
		指导电价	集中式电站竞价上限	0.35	0.40	0.49
		工商业	全额上网	0.35	0.40	0.49
2021 年至今		脱硫煤价	—	平价（当地脱硫煤价减去一定折扣）		

注：西藏自治区光伏电站标杆电价另行制定；Ⅰ类资源区包括宁夏，青海海西，甘肃嘉峪关、武威、张掖、酒泉、敦煌、金昌，新疆哈密、塔城、阿勒泰、克拉玛依，内蒙古除赤峰、通辽、兴安盟、呼伦贝尔以外地区；Ⅱ类资源区包括北京，天津，黑龙江，吉林，辽宁，四川，云南，内蒙古赤峰、通辽、兴安盟、呼伦贝尔，河北承德、张家口、唐山、秦皇岛，山西大同、朔州、忻州，陕西榆林、延安，青海、甘肃、新疆除Ⅰ类外其他地区；Ⅲ类资源区包括除Ⅰ类、Ⅱ类资源区以外的其他地区。

资料来源：国家能源局。

由表 4-3 可知，2008～2021 年，我国光伏上网电价一直处于下跌趋势，从 2008 年的 4 元降到 2020 年的户用为 0.08 元、集中式电站竞价上限为 0.45 元左右。13 年的时间，光伏上网电价跌至原来的 1/10，这是中央和地方各级政府鼓励光伏能源发展、培育光伏市场的最好证明。

（2）风能产业发展政策

我国风能产业发展呈现持续高速增长的势头，政府一直将其作为重点产业扶持，风电装机容量、新增风电装机容量均处于世界领先地位。自进入 21 世纪以来，我国开始强调风能产业的重要性，国家发改委先后发布了《国家发展改革委关于风电建设管理有关要求的通知》《促进风电产业发展实施意见》，财政部也开始对风电产业税收政策进行调整。这些举措为风电产业在中国的发展打下了坚实的基础。在高速发展过后，风电产业也遇到了同样的重复建设与产能过剩问题，国家能源局因此在 2014 年陆续颁布了《关于加强风电项目核准计划管理有关工作的通知》《关于规范风电设备市场秩序有关要求的通知》，以维持风电产业良好的运作秩序。近几年，国家政策更倾向于风电平价上网方面。2014 年，国家发改委发布了《关于海上风电上网电价政策的通知》，2019年和 2020 年又公布了有关风电平价上网的政策。2005～2021 年我国部分风能产业相关政策见表 4-4。

表 4-4　2005～2021 年中国部分风能产业相关政策

年份	政策名称	发布单位
2005	《国家发展改革委关于风电建设管理有关要求的通知》	国家发改委
2006	《促进风电产业发展实施意见》	国家发改委和财政部
2008	《财政部关于调整大功率风力发电机组及其关键零部件、原材料进口税收政策的通知》	财政部
	《风力发电设备产业化专项资金管理暂行办法》	财政部
2009	《关于落实风电发展政策有关要求的通知》	国家发改委
2010	《海上风电开发建设管理暂行办法》	国家能源局、国家海洋局
2011	《关于印发海上风电开发建设管理实施细则的通知》	国家能源局、国家海洋局
2014	《关于加强风电项目核准计划管理有关工作的通知》	国家能源局
	《国家发展改革委关于海上风电上网电价政策的通知》	国家发改委
	《关于加强风电项目开发建设管理有关要求的通知》	国家能源局
	《关于规范风电设备市场秩序有关要求的通知》	国家能源局
	《关于海上风电上网电价政策的通知》	国家发改委
2015	《关于风力发电增值税政策的通知》	财政部、国家税务总局
2016	《风电发展"十三五"规划》	国家能源局
	《关于做好 2016 年度风电消纳工作有关要求的通知》	国家能源局
	《海上风电开发建设管理办法》	国家能源局、国家海洋局
2017	《解决弃水弃风弃光问题实施方案》	国家发改委、国家能源局

年份	政策名称	发布单位
2018	《关于 2018 年度风电建设管理有关要求的通知》	国家能源局
2019	《关于完善风电上网电价政策的通知》	国家发改委
2020	《关于公布 2020 年风电、光伏发电平价上网项目的通知》	国家发改委、国家能源局
2021	《国家能源局关于 2021 年风电、光伏发电开发建设有关事项的通知》	国家能源局

由表 4-4 可知，关于风电建设，从 2005 年至 2021 年，我国相关部门从扶持风电产业发展，到加强风电项目建设，再到规范市场秩序和解决风电的消纳问题，最后到完善风电、光伏发电平价上网电价政策，逐步实现了新能源产业的市场培育和独立运作。

（3）核电产业相关政策

核电是兼具传统能源的稳定性和新能源的清洁性的新能源品类，但发展核电最为关注的是安全性。2021 年国务院《政府工作报告》提出在确保安全的前提下积极有序地发展核电。此外，《中华人民共和国国民经济和社会发展第十四个五年规划和 2035 年远景目标纲要》提出，"推进能源革命，建设清洁低碳、安全高效的能源体系……安全稳妥推动沿海核电建设"。可以预见，我国核电行业将迎来重大发展机遇，为实现碳达峰、碳中和目标发挥积极作用。一方面，核电机组建设和投入运行是一个平稳有序渐进的过程。我国具备的核电自主设备制造能力约为每年 8~10 台/套，再加上核电厂选址要求高、建设周期长等特性，决定了核电装机量不可能短期内较快增长。预计到 2035 年，我国核电机组发电量将占全国发电量的 10% 左右，达到世界平均水平。另一方面，核能发展应用正在开拓新方向，探索新模式。中国核电也在积极策划用模块式小型堆为工业园区、产业园区提供稳定高效零碳清洁的电能、高温高压蒸汽等综合供能方案，为其他核电站提供配套运维技术支持服务，开拓深耕国际市场，向海外核电站输出运营维护技术服务等；发展敏捷端产业，找准能源技术或核能技术的"最后一公里"，助力孵化颠覆性技术、偏轻资产和技术自主的产业。在核电新发展模式上，中国核电下属的秦山核电与海盐县政府正在共同探索打造"零碳未来城"，即"零碳能源 + 产业之城 + 科创之城 + 生态之城"，打造核能发电、集中供热、供气制冷等零碳能源平台，吸引先进制造业集群、同位素医药研发及应用、核能制氢、核电教学研等产业，打造"零碳能源，绿色发展"的国家级高质量发展示范区，每年可直接减少二氧化碳排放3000万吨以上，创造良好的经济效益、社会效益和生态效益。[①] 2006 ~ 2020 年我国部分核电产业相关政策见表 4 – 5。

表 4 – 5　2006~2020 年中国部分核电产业相关政策

年份	政策名称	发布单位
2006	《核电中长期发展规划（2005 – 2020 年）》	国家发改委
2008	《关于核电行业税收政策有关问题的通知》	财政部、国家税务总局
2013	《关于加大工作力度确保实现 2013 年节能减排目标任务的通知》	国家发改委
	《关于完善核电上网电价机制有关问题的通知》	国家发改委
2014	《关于发布〈核安全文化政策声明〉的通知》	国家核安全局、国家能源局、国防科工局
2017	《保障核电安全消纳暂行办法》	国家发改委、国家能源局
	《"十三五"核工业发展规划》	国防科工局
2018	《关于加强核电标准化工作的指导意见》	国务院
2019	《三代核电首批项目试行上网电价的通知》	国家发改委
2020	《关于加强核电工程建设质量管理的通知》	国家能源局、生态环境部

4.1.3　外部因素评价指标体系构建

外部推动力评价指标体系主要从资源禀赋和政策供给两个方面进

[①] 《中国核电：硬核助力"双碳"目标　清洁赋能美好未来》，"中核集团"百家号，2021 年 8 月 29 日，https://baijiahao.baidu.com/s? id = 1709430690929674623&wfr = spider&for = pc。

行构建，重点关注自然资源禀赋供给和人为制度资源供给。前者主要
对风能、太阳能、化石能源等资源的储量和相关设施建设情况进行衡
量，并构建评价指标体系；后者主要根据区域经济社会发展规划、制
度体系和能源相关的政策等，从能源消费规模、布局结构、生态环
境、社会认同度等方面构建评价指标体系。外部推动力评价指标体系
既注重两类指标的有机结合，也综合考虑各个指标的可行性、科学性
和适用性（见表 4 - 6）。

表 4 - 6　外部推动力评价指标体系

类别	指标类型		具体指标
自然资源禀赋供给	新能源禀赋指标		风能、太阳能、生物质能禀赋指标
	化石能源禀赋指标		煤炭、石油、天然气资源禀赋指标
	新能源基础设施		风能、太阳能、生物质能、核能和智能电网设施建设指标
人为制度资源供给	控制类指标	能源控制指标	能源消费总量控制、单位 GDP 能源消耗下降比例
		污染物控制指标	碳排放、工业废水、废气、废弃物等控制指标
		新能源类指标	可再生能源消费比例、环境规制
		内部结构指标	煤炭、石油、天然气等消费总量及比例的控制
	空间布局指标		大型新能源基地、节能减排指标、重点工程的地区分配
	规划发展指标		公众对规划的知情度、认可度及实施的满意度
			新能源产业发展规划、战略前景和政府支持等指标

由表 4 - 6 可知，自然资源禀赋供给指标主要包括新能源禀赋指标
和化石能源禀赋指标及新能源基础设施，即风能、太阳能、生物质能、
煤炭、石油、天然气资源禀赋指标，及风能、太阳能、生物质能、核能
和智能电网设施建设指标。能源控制指标主要为能源双控类指标，包括
能源消费总量控制指标（下限控制指标、上限控制指标）、单位 GDP 能
源消耗下降比例；污染物控制指标包括碳排放、工业废水、废气、废弃
物等控制指标；新能源类指标包括可再生能源消费比例和环境规制，其
中，可再生能源消费比例属于下限控制指标；内部结构指标包括煤炭、
石油、天然气等消费总量及比例的控制，属于完成性指标。空间布局指

标包括大型新能源基地、节能减排指标、重点工程的地区分配；规划发展指标包括公众对规划的知情度、认可度及实施的满意度，以及新能源产业发展规划、战略前景和政府支持等指标。在评价过程中，我们可以根据实际状况，考量指标间的关联关系，对上述指标进行选择性采用，或者可以通过赋予指标权重，反映各个因素指标作用的差别程度。

上述外部推动力评价指标体系的优点在于能够较全面地反映新能源产业发展的外部推动力因素，如自然资源禀赋类因素和政策类因素的重要影响。能源利用只是国家或区域总体规划的一部分，我们必须承认总体规划的权威性、社会性、控制性和弹性。同时，定量性指标资料的获取要相对容易一些，可操作性强。在实际评价中，对指标可以进行选择采用，强调评价过程的针对性和简便实用性。考虑到新能源是标准的分布式能源，公众参与会起到重要作用，本书在评价指标中加入了公众对规划的知情度、认可度和实施的满意度指标。

4.2 内部驱动力要素分析

4.2.1 内部驱动力影响因素

从市场的角度看，新能源产业是由对新能源的消费需求引起并发展壮大的。新能源不仅具有一般能源的特点，如引致性和公众性，也具有一般化石能源所没有的优点，即可再生性和清洁性。但与化石能源相比，新能源同时也具有明显的缺陷，即间歇性和高成本性以及后发劣势。当经济发展到一定阶段后，社会对新能源的需求将变得更大。因此，由以上分析可知，新能源产业发展的内部驱动力因素主要包括经济社会发展、生态环境保护、能源利用外部性等因素，在此，本章仅从经济社会发展和生态环境需求两方面进行分析。

（1）经济社会发展

能源消费的主体是企业和个人，能源消耗的最终目标是人类福祉的提升。从需求角度而言，居民收入水平的提高必将直接拉动和间接促进低碳能源的消费，也因此促使新能源产业快速发展。

经济社会发展对能源消费需求的影响体现在多个方面，经济发展规模一般意味着能源消费总量的增加，这在世界各国，包括中国，都得以证实；外商投资与引入地相互作用，形成产业发展、投入产出效率提高和要素供给弹性下降，产生规模效应和溢出效应，促使新能源产业发展（Chien and Hu，2007）。同时，产业结构的高级化、合理化的调整过程必然带来产值和劳动力在第一产业、第二产业和第三产业的依次流动规律，经济结构逐渐实现重工业—轻工业、加工组装工业—高精尖工业、低附加值—高附加值、劳动密集型—资金密集型—技术密集型的演进。不同类型产业的空间表现不同，这将从根本上改善能源消费模式和生态环境状况（Chonnawee et al.，2018）。

（2）生态环境需求

环境库兹涅茨曲线揭示了环境质量与收入水平之间呈倒"U"形关系，即随着人们收入水平的提高，生态环境质量也会经历一个"由高到低，再到高"的倒"U"形过程。这是公众对经济发展和生态环境质量之间的权衡，在收入水平较低时，人们更看重收入的提高，生态环境资本过多地投入供给，经济发展在一定程度上以生态资源存量牺牲为代价；随着人们收入水平进一步提高到一定水平，生态环境问题变得日趋严重，形成制约进一步发展的瓶颈，人们开始愿意牺牲一定的经济发展速度，以改善生态环境，达到生态环境和经济资本总效用最优（张华，2016）。

从生态环境角度审视，经济发展一定伴随能源利用的低碳化、绿色化和清洁化的过程。因为经济发展、能源消费和生态环境等的主要目标都是人们福利水平的最大化。但是在不同阶段，人们的福利水平最大化的着重点不同，在经济发展初期，对比而言，经济快速发展效用最大，形成以高耗能、高污染行业为主的重工业化产业结构，造成环境污染严重，生态系统质量不断恶化；当经济发展和收入水平达到一定高度、环境也恶化到一定程度时，经济发展带来的福利效用低于环境恶化的负面影响，此时生态环境效用最大，人们的环保意识开始增强，产业结构得到优化，消费模式提倡绿色化，高新技术开发被重视，对清洁能源需求不断增长，这促进了新能源产业的快速发展。

本书旨在通过识别环境质量、环境法规和就业对可再生能源发电的影响来进行研究。环境质量的影响主要是基于一个直观的事实，由环境库兹涅茨曲线的倒"U"形假说可知，当国家的经济发展水平达到一定程度时，污染的加重及环境质量的下降将会促使各个利益相关者提高和加强对环境质量提升路径的重视程度和政策的倾斜，因此，环境质量是一个重要的负向驱动要素。环境规制的最终目标是环境优美，而污染减排的一个重要手段就是新能源产业的发展和化石能源消费的减少，这因此带来新能源产业的发展。就业是各个国家政府都十分关注的指标值之一，是国家稳定和经济发展水平提高及可持续发展的重要影响因素，在中国，在重要的战略性新兴产业发展的过程中，政府的要素和管控十分显见，同时，化石能源产业，如煤炭、石油等都是劳动密集型的就业乘数最高的产业（Ohler，2015）。新能源产业对化石能源产业的替代，必然会对就业造成影响，为保持经济的可持续发展，能源的可持续供应一定要考虑就业的替代问题，因此，就业也是最重要的驱动因素之一（赵领娣等，2013）。

4.2.2 内部因素评价指标体系构建

内部因素评价指标体系的构建是能源利用变化内部驱动力评价的基础，在评价指标体系构建时，须坚持以下原则。

第一，静态与动态相结合。在指标体系中，静态指标是某一固定时点或时期的因素，利于发展状态的横向对比，以便剖析新能源产业发展变化的内部驱动机制。动态指标是从时间序列动态变化角度，揭示新能源产业发展演进历程与经济社会发展、生态环境质量等内部驱动力因素的关系，为新能源产业发展决策提供依据。

第二，全面性与典型性相结合。统计评价指标的选取一方面要注重全面性，涵盖经济社会、生态环境等多个方面；同时也强调典型性，指标过于繁杂会影响评价结论的可信度和科学性，而是要看评价指标体系的整体贡献度等方面。

第三，指导性与前瞻性相结合。内部驱动力因素影响评价的主旨是明确内部驱动力因素指标对区域新能源产业发展变化的作用强度，并依此评价预测新能源产业发展趋势，进而引导新能源产业健康、有序和合理发展。

第四，科学性与可行性相结合。构建评价指标体系必须考虑内部驱动力因素的科学性，同时要考虑收集数据的难易程度、数据的统计口径与连续性，这样构建的指标体系才具有实际意义。

基于以上原则，本书从人口类、经济类、社会类、生态环境类四个方面对影响因素指标进行选取，并重点考虑选取指标在规模、速度、结构、控制等方面的特点，构建新能源产业发展的内部驱动力因素评价指标体系，具体见表4-7。

表4-7 内部驱动力因素评价指标体系

类别	指标类型		具体指标
人口类	总量类指标		人口规模、人口密度、失业率
	增长类指标		人口机械增长率、人口自然增长率、人口增长规模
	结构类指标		城市化率
经济类	投资性指标	总量类指标	国家预算内投资总额、全社会固定资产投资总额
		结构类指标	基本建设投资总额、房地产投资总额
		人均类指标	人均固定资产投资额、人均住宅投资额
		吸引外资类指标	外商直接投资总额、外资利用额
	产出性指标	总量类指标	国内生产总值、三次产业增加值
		结构类指标	三次产业结构
		人均类指标	人均国内生产总值

类别	指标类型	具体指标
社会类	城市建设类指标	人均居住面积、建成区面积、道路面积
	人均收入类指标	城市/农村居民人均收入
	消费水平类指标	城市/农村居民消费水平、城乡居民恩格尔系数
生态环境类	现状类指标	公共绿地覆盖率、人均公共绿地面积、林地面积、水面面积
	先进性指标或标准性指标	同类城市比较的公共绿地覆盖率和人均面积指标，城市规划规定的公共绿地覆盖率和人均面积指标

在表 4-7 的指标体系中，人口类、经济类、社会类和生态环境类的各个指标之间不可避免地会存在信息重叠现象。在实际应用过程中，我们需要先通过定性和定量的统计分析，剔除冗余因子，筛选出具有代表性的指标，然后再进行下一步的分析计算。

4.3　动态驱动耦合的理论模型构建

新能源产业被认为是环保、清洁的能源供应路径。本书依据经典的环境库兹涅茨曲线理论，对其进行拓展研究。

4.3.1　理论基础

库兹涅茨曲线（Kuznets Curve）是 1971 年诺贝尔奖获得者、美国经济学家西蒙·史密斯·库兹涅茨（Simon Smith Kuznets）在 1955 年提出的，用以分析人均收入水平与分配公平程度之间的关系。研究表明，分配不公平程度随着经济增长先升后降，呈现倒"U"形关系，是发展经济学的一个重要概念。

1991 年，美国经济学家 Grossman 和 Krueger 在回答针对北美自由贸易区谈判中美国人担心的问题（自由贸易会恶化墨西哥环境，并影响美国本土环境）时，首次研究了环境质量与人均收入水平之间的关系，证实了环境污染与人均收入水平的关系是"在人均低收入水平上，环境污染会随人均国内生产总值的增加而上升；在人均高收入水平上，环境污染会随人均国内生产总值的增加而下降"，呈现倒"U"形关系。1992年，世界银行发布的《1992年世界发展报告》，以"发展与环境"为主题，深入研究了环境质量与收入水平之间的关系。1993年，Panayotou借用库兹涅茨曲线，首次命名环境质量与人均收入之间的关系为环境库兹涅茨曲线（Environmental Kuznets Curve，EKC），该曲线揭示出以下的一种现象。当一个国家人均收入（经济发展）水平较低时，环境污染程度较轻，但随着人均收入水平的提高，环境污染也会由低向高变化，恶化程度随经济发展而加剧；但当经济发展水平进一步达到一定程度后，即在某个临界点或"拐点"后，随着人均收入水平的进一步提高，环境污染将又由高向低转变，污染程度逐渐减缓，环境质量逐渐得到改善。这种现象被称为环境库兹涅茨曲线，即环境质量与收入为倒"U"形关系。

4.3.2　理论模型的构建

EKC理论倾向于分析环境污染，如二氧化碳、氮氧化物、二氧化硫、水污染物排放等。在新能源生产中，其主要的用途之一就是新能源发电，而新能源发电量的提高意味着化石能源使用的减少，其本身在生产、运输和消费过程中使环境污染减少（Jalil and Mahmud，2009）；同时，新能源发电是一个产出变量，具有最大程度的代表性，是基础设施、配套设备、运输服务和技术水平的综合体现（蔡立亚等，2013）。因此，本章使用新能源发电来衡量新能源产业的发展水平。

（1）基准回归模型

如上所述，将前文的外部推动力和内部驱动力因素的72个指标进行筛选，基于EKC理论，首先，选入的指标是收入水平（在此用人均GDP表达）；其次，进行指标相关性分析，剔除与收入水平相关系数高于0.50以上的指标（共47个），留下24个指标；最后，对24个指标与新能源发电进行Lasso回归检验，最终只保留了3个指标，即人均收入、失业率和环境规制。前两者都是内部驱动因素，后者是制度要素。

本书研究的数据来源于 1998 ~ 2020 年的《中国统计年鉴》、就业统计年鉴、能源统计年鉴、各个省域的统计年鉴等。

就业因素（失业率）能够进入解释变量，主要是因为新能源产业作为国家倡导的、大力支持的战略性新兴产业，被认为是创造就业的新生动力，遵循失业率影响可再生能源建设的驱动分析，得到了 Sari 等（2008）和 Ohler（2015）的部分研究支持。同时，环境规制对促进新能源产业发展也产生了影响。

通过使用新能源发电作为新能源产业发展的度量指标，利用 EKC 理论分析新能源产业发展与区域经济发展、就业情况、环境规制等内外部驱动因素之间关系的模型框架构建如下：

$$\ln(RE_t) = \alpha + \beta_1 \ln(inc_t) + \beta_2 \ln(emp_t) + \beta_2 \ln(erg_t) + \sigma X + \varepsilon \qquad (4-1)$$

其中 RE_t 代表的是 t 年的新能源产业发展；inc_t 代表的是 t 年的经济发展情况，以收入水平表示；emp_t 代表的是 t 年的就业情况，以失业率进行衡量；erg_t 代表的是 t 年的环境规制情况；σ 代表的是控制变量的系数；ε 代表模型的随机误差；α 为常数项；β_i 为三个主解释变量的系数；X 代表控制变量。

（2）检验方法

本章涉及短期数据，而协整检验常用于分析变量之间的长期均衡关系，是用经典的普通最小二乘法建立回归模型的第一步。因此，本章首先使用 Pesaran 等（2001）开发的 ARDL 边界检验方法进行变量间的协整检验，主要检验新能源产业发展与经济增长、失业率与环境规制之间关系的存在性。选择 ARDL 边界检验方法，主要是因为这一方法具有以下优点。

ARDL 不需要变量的唯一顺序集成。无论变量是 0 阶 [I（0）]，还是 1 阶 [I（1）] 的积分，它都适用。其他协整检验，如 Engle-Granger（EG）和 Johansen-Juselius（J-J）均要求所有变量都在同一水平上进行整合；而且，ARDL 可以同时估计短期和长期系数。

依据 ARDL 模型来估计加入长期关系中的短期动态状况，变量之间的关系如下所示：

$$\Delta\log(RE_t) = \mu + \alpha_{1i}\log(RE_{t-1}) + \alpha_{2i}\log(inc_{t-1}) + \alpha_{3i}\log(inc_{t-1})^2 + \alpha_{4i}X_{t-1} +$$

$$\sum\beta_{1i}\Delta\log(RE_{t-1}) + \sum\beta_{2i}\Delta\log(inc_{t-1}) + \sum\beta_{3i}\Delta\log(inc_{t-1})^2 + \sum\beta_{4i}\Delta X_{t-1} + \varepsilon_t$$

$$(4-2)$$

式中 Δ 为第一个差分运算符，μ 是常数项，α_{1i}，α_{2i}，α_{3i}，α_{4i} 表示长期效应系数；β_{1i}，β_{2i}，β_{3i}，β_{4i} 是短期效应系数。

这些变量的联合显著性需要通过 F-statistic 检验，对零假设 H0：$\alpha_{1i} = \alpha_{2i} = \alpha_{3i} = \alpha_{4i} = 0$ 和其备择假设 H1：$\alpha_{1i} \neq \alpha_{2i} \neq \alpha_{3i} \neq \alpha_{4i} \neq 0$ 进行检验。对变量之间是否存在长期关系进行 F 检验。由于 F 统计量的渐近分布是非标准的，引入了由 Pesaran 等（2001）产生的临界值。根据 Pesaran 等（2001），假设变量为 I（0）和 I（1）时，对给定的显著性水平有两组临界值，分别被称为上临界（UCB）和下临界（LCB）。如果 F 统计量超过了上临界（UCB），则拒绝变量之间不存在长期关系的零假设；如果 F 统计量低于下临界（LCB），则不能拒绝原假设；然而，如果 F 统计量落在这些范围内，推论将是不确定的。

用 ARDL 边界检验方法检验这些变量之间的协整关系。采用矢量误差修正模型（VECM）来检验短期和长期的关系，由于使用其他变量作为因变量，故带误差修正项的 ARDL 边界检验在多元 VECM 中表示为：

$$\Delta\log(RE_t) = \omega_0 + \sum_{i=1}^{n}\omega_{1i}\Delta\log(RE_{t-1}) + \sum_{i=1}^{n}\omega_{2i}\Delta\log(inc_{t-1}) +$$

$$\sum_{i=1}^{n}\omega_{2i}\Delta\log(inc_{t-1})^2 + \sum_{i=1}^{n}\omega_{4i}X_{t-1} + \varphi EC_{t-1} + v_t \qquad (4-3)$$

式中，EC 的 t 统计量显著表明存在长期关系，而在第一次差异中显著变量的存在提供了短期关系的证据。EC 反映了调整速度，以及变量回归到具有统计显著系数达到长期均衡的速度。为了保证模型的拟合优度，进一步对序列相关性、函数形式、正态性和异方差进行诊断检验。利用递归残差的累积和检验（CUSUM）与累积平方和检验（CUSUMSQ）估计模型参数的稳定性。

4.4　实证分析

本章的模型主要包含了收入水平、失业率和环境规制三个驱动变量。由于我国区域差异较大，所以选择对新能源产业发展具有重要影响的其他变量作为控制变量，即资源禀赋（新能源资源和化石能源）、技术创新、城市化水平、产业结构（陈文俊等，2013；Jalloh，2013；Juergen et al.，2017；Jiang et al.，2018a；周德群等，2022）。本章首先对变量进行协整性检验，然后再进行回归分析和稳健性检验。

4.4.1　协整性检验

常用的协整性检验方法有 ADF 检验、PP 检验和 KPSS 检验。其中，ADF 检验基于被测序列可能包含自回归过程的假设，而 PP 检验则假设数据包含移动平均过程。对较小的数据，ADF 检验可能缺乏效率。KPSS 检验往往更适用于小样本。这三种检验方法之间各有一定的优点，并具有互补性，所以结合使用可以得到更好的效果。检验结果见表 4 - 8。

表 4 - 8　协整性检验结果

变量	ADF		PP		KPSS	
	No trend	trend	No trend	trend	No trend	trend
ln（inc）	0.3321	- 2.2265 *	1.2655 **	- 4.3124	0.2009 *	0.6553 *
ln（emp）	1.5543 **	1.2265 *	- 0.1443 **	0.3325	1.4553 **	- 3.1125
ln（erg）	3.1165 ***	- 0.2236	1.4425 *	2.0031 **	1.2277	- 3.1126 **
Δln（inc）	- 1.2266 *	3.1127 *	2.4463 **	1.2265 *	- 5.4125 *	- 0.1154 *
Δln（emp）	1.3328 **	- 2.1187 ***	1.2265 *	0.1473	- 0.9986 **	3.2269
Δln（erg）	2.8716 **	0.1154	- 4.3164 ***	3.1175 *	4.1763 **	- 1.6653 *

注：*、**、*** 分别表示在 10%、5% 和 1% 的水平下显著，下同。

由表 4 - 8 可知，一阶差分在 ADF、PP 和 KPSS 三类测试的计算结果更加显著，因此，滞后期选择一期是合理的。下面进行更加细化的关于新能源产业发展与三个驱动因素之间关系的检验，以确认滞后项的期数。

根据 AIC 准则，进行基准回归分析，对新能源产业发展与三个主解释变量进行分析。计算结果见表 4 – 9。

表 4 – 9　AIC 检验结果

变量	检验系数	变量	检验系数
ln（inc）	– 1.0053 *** （0.0014）	Δln（inc）	– 1.2265 ** （0.1176）
ln（emp）	0.2237 ** （0.0165）	Δln（emp）	1.1169 *** （0.2254）
ln（erg）	– 1.1229 *** （0.0766）	Δln（erg）	1.7764 ** （0.2554）
R^2	0.6652	AIC	1

注：括号内的数字为稳健性标准差，下同。

由表 4 – 9 可知，在 5% 和 1% 的水平下，计算得到的三个主解释变量的系数统计是显著的，F 统计量均超过临界值的上限。因此，进一步验证表明，新能源产业发展与三个主解释变量之间存在长期的协整关系。

4.4.2　基准回归分析

为验证三个主解释变量对新能源产业发展的长短期效应和非线性关系的存在性，进一步对新能源产业发展与三个主解释变量进行回归分析，计算结果见表 4 – 10。

表 4 – 10　基准回归计算结果

变量	（1）	（2）	（3）	（4）
ln（inc）	3.1111 *** （0.0942）	– 0.5201 （0.40231）	2.6225 *** （0.1387）	– 0.0001 （0.7169）
［ln（inc）］²		0.2138 *** （0.0228）		0.1498 *** （0.0401）

续表

变量	（1）	（2）	（3）	（4）
ln（emp）	3.3195 *** (0.1182)	3.3725 *** (0.1182)	2.7725 *** (0.1159)	2.8013 *** (0.1732)
ln（erg）	1.3341 ** (0.4225)	2.1176 *** (0.2215)	1.4427 *** (0.1159)	1.2355 *** (0.0687)
Δln（inc）			−0.4151 *** (0.0449)	−0.4096 *** (0.0448)
Δln（emp）			−0.0543 (0.2531)	−0.0947 (0.2527)
Δln（erg）			2.1781 *** (0.6980)	1.1874 *** (3.1225)
R^2	0.1694	0.1778	0.1946	0.1988
控制变量	控制	控制	控制	控制
时间效应	控制	控制	控制	控制
地区效应	控制	控制	控制	控制

由表4-10可知，如果不考虑短期效应，单就长期效应而言，区域的收入水平与新能源产业发展表现了明显的正向关系，失业率也会进一步促进新能源产业发展，呈现明显的正"U"形关系。如果进一步考虑短期效用，可以发现，短期收入水平的上升和失业率的提高反而会抑制新能源产业发展。但环境规制的长短期效用都是显著为正。从以上分析可知，对新能源产业发展促进效应最为显著的是环境规制。

4.4.3 环境法规的影响效应

在环境规制的五个发展阶段中，对比分析可以发现在第三阶段的完善加强时期（1992~2001年）和第四阶段的战略转型时期（2002~2011年），环境规制强度是不断上升的，尤其是2005年《可再生能源法》的颁布是一个标志性的规制节点。因此，本章选择《可再生能源法》的颁布时间，即2005年2月28日作为时间节点，并用虚拟变量 time 来表示。用双重差分法（DID方法）来验证环境法规的促发效应。

因为这一法规的生效日期是 2006 年 1 月 1 日，所以，将 2005 年及之前年份的虚拟变量 *time* 的值设为"0"，2006 年及之后年份虚拟变量 *time* 的值设为"1"。回归分析的结果见表 4 - 11。

表 4 - 11　环境法规促发效应回归结果

变量	（1）	（2）	（3）	（4）
time	6. 4117 *** （0. 1691）	6. 1999 *** （0. 1687）	4. 7926 *** （0. 4418）	4. 7850 *** （0. 4382）
ln （*inc*）	3. 1186 *** （0. 1544）	- 3. 7787 *** （0. 7164）	3. 7079 *** （0. 2748）	- 5. 4403 *** （1. 5806）
[ln （*inc*）]^2		0. 4089 *** （0. 0415）		0. 5256 *** （0. 0894）
ln （*emp*）	2. 0215 *** （0. 2447）	1. 6914 *** （0. 2443）	1. 9517 *** （0. 4740）	1. 6933 *** （0. 4722）
ln （*erg*）	1. 3326 *** （0. 0024）	1. 7765 *** （0. 1123）	2. 3376 *** （0. 1277）	1. 5543 *** （0. 0114）
Δln （*inc*）			- 0. 1115 * （0. 0571）	- 0. 0789 （0. 0569）
Δln （*emp*）			- 0. 4417 （0. 2980）	- 0. 5007 * （0. 2957）
Δln （*erg*）			- 1. 7798 *** （0. 3095）	- 1. 9425 ** （0. 7039）
R^2	0. 4463	0. 3797	0. 2519	0. 2109
控制变量	控制	控制	控制	控制
时间效应	控制	控制	控制	控制
地区效应	控制	控制	控制	控制

由表 4 - 11 可知，根据"*time*"的计算结果，无论是在关注还是在不关注收入水平的二次项和短期效应的条件下，虚拟变量"*time*"的系数均在 1% 的水平下显著为正（回归系数最小为 4. 7850，最大为 6. 4117），可见 2005 年颁布的《可再生能源法》，有力地促进了新能源产业发展，政策效应明显。

在考虑收入水平二次项的情况下，结果在列（2）和列（4）中展示。无论是否考虑长短期效应，收入水平对新能源产业发展的影响系数在1%的水平下仍显著为正。在理论分析中，依据EKC理论，收入水平与环境污染呈倒"U"形关系，而新能源产业发展与环境污染为负向相关关系，新能源产业的推进具有节能减排效应，因此，新能源产业发展与收入水平应该是正"U"形关系，符合EKC假设。

环境规制对新能源产业发展虽然在短期内表现为一定程度的抑制效应，但从长期来看，会在1%的水平下表现为显著的正向促进效应。因为随着环境规制的增强和治理手段的进步，一般是将环境事权下放给地方政府，地方政府可充分利用信息以及成本方面的有利条件，科学地分配本地资源，提升运用环境信息的效率，提高践行有关政策的水平。地方环境治理政策的有效落实能够缓和由环境污染外溢造成的地方政府间激烈的竞争关系，整治地方政府不作为及少作为的情形，均衡经济发展以及环境治理的力度，减少环境污染物的排放量。短期内，环境分权下发初期，地方政府的控制水平等方面还不是很成熟，同时政策对新能源产业的发展效应有一定的滞后期，表现为一定程度的抑制效应，对企业污染碳排放有促进作用，显著抑制新能源产业发展。但是从长期来看，我国的环境规制对新能源产业发展促进效应明显。

由列（3）和列（4）可以得知，三个主解释变量，不论是收入水平、失业率还是环境规制的短期效用都是负向的，但只有环境规制在1%水平下表现为显著的负向抑制效应；收入水平和失业率的短期效应统计的显著性较低，但依然保持着负相关关系。可见，政策性的环境规制等的强化有一定的滞后期，在进行规划和计划时，需要进行充分考虑，才能真正促进新能源产业的发展壮大。

4.5　异质性效应研究

为进一步细化分析新能源产业发展与三个驱动因素之间的关系，分别以不同区域和不同生产效率水平的新能源企业为样本，深入挖掘三个驱动因素对新能源产业发展影响的异质性效应。

4.5.1　区域异质性效应研究

按照行政区划，中国 34 个省区市有三分法、四分法、五分法、六分法、七分法和八分法等划分方案，各个区域之间差异较大。在此，本书按照最经典的三分法进行异质性效应的分析，将 32 个省区市样本分为东部地区、中部地区和西部地区（由于数据的可得性，去除了香港和澳门特别行政区），同时考虑三个主解释变量和环境法规（《可再生能源法》）的突出影响，采用面板回归模型进行实证分析，分析结果见表 4 - 12。

表 4 - 12　区域异质性效应分析结果

变量	（1）	（2）	（3）
	东部地区	中部地区	西部地区
$time$	4. 6044 ***	6. 4369 ***	2. 8817 ***
	（0. 6214）	（0. 9612）	（0. 9845）
$\ln\ (inc)$	- 2. 4430	- 11. 3088 ***	- 3. 1012
	（2. 6188）	（3. 8841）	（3. 4439）
$[\ln\ (inc)]^2$	0. 3828 **	0. 8079 ***	0. 4186 **
	（0. 1473）	（0. 2115）	（0. 1914）
$\ln\ (emp)$	2. 9157 ***	1. 0038	2. 8474 **
	（0. 8043）	（1. 1389）	（1. 0818）
$\ln\ (erg)$	0. 1972 ***	0. 2351 ***	0. 2976 ***
	（0. 0072）	（0. 0118）	（0. 0121）
$\Delta\ln\ (inc)$	0. 0031	- 0. 0868	- 0. 2346 *
	（0. 0792）	（0. 1383）	（0. 1260）
$\Delta\ln\ (emp)$	- 0. 8949	0. 0303	- 0. 8123
	（0. 5459）	（0. 5732）	（0. 5479）

变量	（1）	（2）	（3）
	东部地区	中部地区	西部地区
$\Delta\ln$ (erg)	1.1883	3.0959	1.4112
	(1.1351)	(1.9677)	(1.4009)
R^2	0.1284	0.1214	0.1710
控制变量	控制	控制	控制
时间效应	控制	控制	控制
地区效应	控制	控制	控制

由表 4 - 12 可知，列（1）、列（2）、列（3）分别显示了在我国东部地区、中部地区和西部地区，收入水平、失业率和环境规制以及环境法规对新能源产业发展的影响。由实证分析结果可知，在东部地区，环境法规对新能源产业发展的影响系数在 1% 的水平下显著为正（4.6044），收入水平的一次项系数负向不显著（-2.4430），二次项系数在 5% 的水平下正向显著（0.3828），失业率和环境规制的系数均在 1% 的水平下正向显著（2.9157 和 0.1972）；由列（2）可知，在中部地区，环境法规的系数在 1% 的水平下显著为正（6.4369），收入水平的一次项（-11.3088）和二次项系数（0.8079）均在 1% 的水平下显著，失业率和环境规制对新能源产业发展均为正向效应（1.0038 和 0.2351），但前者统计不显著，后者在 1% 的水平下显著；由列（3）可知，在西部地区，环境法规的系数在 1% 的水平下显著为正（2.8817），收入水平的一次项系数负向不显著（-3.1012），二次项系数在 5% 的水平下正向显著（0.4186），失业率和环境规制的系数分别在 5% 和 1% 的水平下正向显著（2.8474 和 0.2976）。相比较而言，中部地区的影响效应比较明显，环境法规、收入水平的驱动力明显更大；但失业率作用不明显，可能是因为中部地区物资富饶，产业品类齐全，居民生活水平在自给自足层面相对较好，名义失业率对福利水平的影响相对较小，新能源资源禀赋不是非常丰富，弃风、弃光现象不严重。

　　目前，在环境规制日益趋严的背景下，中央政府和地方政府都出台了较为严格的环境治理措施，以达到节能减排的目的。由于"双碳"目标是 2020 年提出倡导的，与原有的节能减排属于一脉相承，因此，本章采用的是节能减排的说法。其中，东部地区经济实力雄厚，工业企业的技术水平和环境保护能力相较于其他地区拥有更大优势，这使得东部地区并不像中部和西部地区一样承受较大的环境压力。同时，东部地区的产业模式更多地以高技术产业为主，这使得东部地区呈现与中部和西部地区对环境规制完全不同的响应结果（显著性、促进性和抑制性）。中部地区、西部地区因为经济实力有限，地方政府难以兼顾经济发展与环境保护，所以政府在一定程度上采取环境规制的手段、方法有所不同。但实证分析结果表明，不论是东部地区、中部地区还是西部地区，对环境规制效应的反应项系数均表现为正数，且均通过了 1% 显著性水平检验。这说明当环境规制增强时，为了完成中央政府目标，各地区更加愿意投资新能源产业，以达到经济发展与环境保护双赢的效果。但是中部地区各项系数相对于西部和东部地区较为突出，表明中部地区各省份间环境规制策略模仿行为较高，资源禀赋、技术水平等各个方面都处于中等地位，在能力和投入反应上更加乐于发展新能源产业。与东部地区相比较，中部地区各省份有强大的"追赶效应"。在环境规制的强度递增，地方环境分权的程度增加，地方获取了强大的环境行政权、监察权和监测权后，中部地区提升了政府行为的灵活度，其选择权也随之递增，这有益于促进新能源产业发展。在西部地区，优良的新能源资源禀赋促使地方政府在中央政府的政策倾向下逐步加大新能源产业投入，力求经济的较快发展、污染物的替代减排。这在一定程度上解释了西部地区的新能源产业一直表现不俗的原因。

　　综上所述，面对新能源产业发展的供给侧压力和需求侧压力，东部地区的基础条件好，来自企业、技术市场等方面的供给侧压力相对较小，但依据 EKC 理论，经济发展水平的提高激发和增加人们对美好环境的追求和对绿色生态的投入，来自需求侧的压力将相对加大，而且在可预见的情况下，支付意愿和支出能力会持续增强。这一推论的前提是企业的生产率水平对新能源产业发展具有明显的异质性效应。因此，下文进一步对生产率异质性效应进行分析。

4.5.2 生产率异质性效应研究

为了更深入地挖掘区域异质性效应的形成原因，本文进一步从微观的企业角度进行异质性分析验证，并采用企业生产率作为异质性区分的标准。企业生产率会受到来自企业内部管理能力、技术能力等因素的影响，环境规制也会对不同能力水平的企业产生截然不同的作用效果，所以本章引入企业生产率作为异质性效应研究的分类基础。

（1）企业生产率的测度

现阶段，企业生产率的衡量方法常用的是企业全要素生产率（TFP）。TFP核算方法主要包含三大类：参数法（如索洛残差法）、非参数法（如数据包络法、随机边界法）、半参数法。把生产函数估计和非参数估计紧密关联在一起的 OP 方法，是 Olley 和 Pakes（1996）最早提出的两步一致估计法，其核心思想是假定企业根据当前生产率状况做出投资决策，并用当期投资作为不可观测生产率冲击的代理变量，解决同时性偏差问题。TFP 估计的关键问题就是联立性问题，也就是企业的 TFP 水平会作用于企业要素的选取，进而可能造成因果互逆问题。除此之外，TFP 估计还涉及样本筛选问题，也就是竞争会导致低 TFP 的企业退出市场，现存样本的平均 TFP 被过高评估。由于在三大类核算方法中，只有 OP 方法能够处理联立性问题和样本筛选问题，而且国际产业组织的主流文献都运用了这一方法（鲁晓东、连玉君，2012；Rovigatti and Mollisi，2018），所以本章选择了 OP 方法对企业 TFP 展开估测。

为核算 TFP，本章选用销售额（主营业务收入）表示产出、年末员工数量表示劳动投入、企业报告的中间投入表示中间投入、固定资产净值表示资金投入，用永续盘存法对投资加以核算，折旧率设置为 15%。

首先引入经典的 C-D 生产函数：

$$y_{it} = \alpha + \beta W_{it} + \gamma X_{it} + \omega_{it} + \varepsilon_{it} \qquad (4-4)$$

其中，y_{it} 是产出的对数值，W_{it} 是一系列自由变量，X_{it} 是一系列状态变量。假设 OP 方法生产率都符合一阶马尔科夫过程，则可以进一步推导得出：

$$
\begin{aligned}
\omega_{it} &= \mathrm{E}(\omega_{it} \mid \Omega_{it-1}) + \xi_{it} \\
&= \mathrm{E}(\omega_{it} \mid \omega_{it-1}) + \xi_{it} \\
&= g(\omega_{it-1}) + \xi_{it}
\end{aligned}
\qquad (4-5)
$$

其中，ω_{it} 是决策信息集合，Ω_{it-1} 是生产率冲击，ξ_{it} 与生产率和状态变量均无关。

如果将公司的投资水平当作生产率的代理变量，结合企业的当期生产率状况，编制投资决策，企业的当期投资充当不可观测生产率影响的代理变量，应对了同时性偏差问题。

$$I_{it} = K_{it} - (1 - \delta) K_{it-1} = f(X_{it}, \omega_{it}) \qquad (4-6)$$

其中，I_{it} 代表的是企业的当期投资水平，k_{it} 代表的是企业当期的固定资产总额，δ 代表的是固定资产折旧率。

进一步得出反函数：

$$\omega_{it} = f^{-1}(I_{it}, X_{it}) \qquad (4-7)$$

此时原生产函数进一步变形，得到新式：

$$
\begin{aligned}
y_{it} &= \alpha + W_{it}\beta + X_{it}\gamma + h(I_{it}, X_{it}) + \varepsilon_{it} \\
&= \alpha + W_{it}\beta + \Phi_i(I_{it}, X_{it}) + \varepsilon_{it}
\end{aligned}
\qquad (4-8)
$$

将其两边进行分解变形，得到：

$$\Phi_i(I_{it}, X_{it}) = X_{it}\gamma + h(I_{it}, X_{it}) = X_{it}\gamma + \omega_{it} \qquad (4-9)$$

通过以上估计式，可以得到 β 的一致估计。接下来，用此估计值继续估计 γ。

$$
\begin{aligned}
y_{it} - W_{it}\hat{\beta} &= \alpha_0 + X_{it}\gamma + \omega_{it} + \varepsilon_{it} \\
&= \alpha_0 + X_{it}\gamma + \mathrm{E}(\omega_{it} \mid \omega_{it-1}) + \xi_{it} + \varepsilon_{it} \\
&= \alpha_0 + X_{it}\gamma + g(\omega_{it-1}) + e_{it}
\end{aligned} \tag{4-10}
$$

将等式两边进行调整，可以进一步推导得出新式：

$$
e_{it} = \xi_{it} + \varepsilon_{it} \quad \omega_{it} = \hat{\Phi}_{it} - X_{it}\gamma \tag{4-11}
$$

上式被估测完成后，生产函数中的各个系数都能够获得相应的估测数值。再进一步拟合生产函数中残差的对数值，得到全要素生产率：

$$
e_{it} = y_{it} - W_{it}\hat{\beta} - \alpha_0 - X_{it}\gamma^* - g(\hat{\Phi}_{it-1} - X_{it-1}\gamma^*) \tag{4-12}
$$

其中，e_{it} 代表的是企业全要素生产率，γ^* 代表的是过程向量 γ 的估计量，$\hat{\Phi}_{it}$ 代表的是过程向量 Φ_{it} 的估计量。

同时，运用各个省份工业品出厂价格指数对销售额和中间投入价格进行平减，运用固定资产投资价格指数对资本价格进行平减。

本章的企业数据来源于工业企业数据库，是比较完整的 1998 ~ 2010 年的工业企业数据。本章进一步按照 TFP 的中位数对企业进行划分，对 TFP 的中位数以上企业和中位数之下企业分别进行回归分析，计算结果见表 4-13。

表 4-13   企业生产率异质性分析结果

变量	中位数之上	中位数之下
$time$	-4.3021 *** (0.5203)	5.0311 *** (0.3156)
$\ln(inc)$	7.0008 *** (0.4220)	-4.0710 *** (0.2440)
$[\ln(inc)]^2$	-0.1627 *** (0.0441)	5.1826 *** (0.5522)
$\ln(emp)$	3.0332 *** (0.2047)	0.4420 *** (0.0147)

变量	中位数之上	中位数之下
ln（erg）	7.4331 *** （0.0068）	5.1887 *** （0.3770）
Δln（inc）	4.6133 *** （0.2495）	1.4526 *** （0.2025）
Δln（emp）	-3.0211 *** （0.7400）	3.0357 *** （0.6630）
Δln（erg）	-1.3883 *** （0.1369）	2.3945 * （1.0742）
R^2	0.2257	0.2334
控制变量	控制	控制
时间效应	控制	控制
地区效应	控制	控制

　　由表 4-13 可知，企业生产率本身对新能源产业发展具有决定性意义，高效率企业具有更先进的生产和环境保护技术，也有着更先进的一般性生产技术，收入水平呈现明显的倒"U"形曲线特征，而低效率企业收入水平呈现明显的正"U"形曲线特征；环境法规的影响效应恰好相反，高效率企业具有显著的负向抑制效应，低效率企业具有显著的正向促进效应；从长期来看，环境规制和失业率确实形成了实质性减排压力，所以整体处于一种正向促发作用，但从短期来看，高效率企业的反应是抑制性的，低效率企业的反应是促进性的。低效率企业不具有先进的生产和环境保护技术，环境规制的要求会对他们造成强烈的减排压力，当企业的减排压力达到一定程度的时候，企业就会寻求技术创新以减少排污费用。

　　综上所述，本章在文献综述的基础上，首先，从外部推动力（自然资源禀赋约束、能源政策支持、制度供给体系因素）和内部驱动力（经济社会发展、生态环境需求）对新能源产业发展的影响因素进行总结，并分别构建了评价指标体系。其次，本章依据经典的环境库兹涅茨曲线理论，证实了三个主要的促发因素（收入水平、失业率、环境规制）对新能源产业发展具有明显的影响效应，单就长期效应而言，收入水平、失业率呈现明显的正"U"形曲线特征，而无论长短期效应，环境规制对新能源产业发展都有最为显著的促进效应；新能源法规的促发效应明显。最后，将32个省区市按东部地区、中部地区和西部地区三个行政区划进行划分，新能源企业按照全要素生产率进行划分，分别采用面板回归模型和OP方法进行实证分析和估测，结果证实两类异质性效应明显。

5 新能源产业发展模式的维度界定

在全球气候变化、碳排放交易和可持续发展等不断影响和推行的背景下，随着经济发展水平的不断提高，各国对优美生态环境的需要和能源消费的政治性要求不断升级，既要保障能源的充足供应，又要不增加环境负担和国际政治负担，此时，新能源产业被赋予重任。以美国、意大利、德国等为首的西方国家和中国、韩国、日本等亚洲国家纷纷将新能源产业发展作为国家整体战略规划的一个不可或缺的组成部分，开始对其进行大力扶持，制定和出台了从完整的发展战略和规划到具体的新能源企业财政补贴、税收优惠等一系列相关政策（张晓娣、刘学悦，2015）。因为在新能源产业发展方面，全球基本站在同一起跑线上，对中国来说，这是一次难得的战略机遇。中国如果能够充分发挥自身所拥有的经济基础和政治体制优势，构建新能源产业体系，就有可能进入新能源领域的世界领先行列（张国有，2009），进而缓解经济发展、环境污染和能源供应之间的矛盾。而对新能源产业的高质量发展来说，发展模式的确立是其关键的一环。

5.1 新能源产业发展模式的界定

5.1.1 产业发展模式的界定

5.1.1.1 产业发展模式的概念

（1）产业发展

《产业经济学》一书对"产业"进行了多种界定，并提出随着社的不断发展、分工的不断复杂化，"产业"成为一个随着时间变化而变化的概念。本书将其界定为"产业是宏观经济与微观经济之间的中观经济，是具有某种同类属性的企业活动的集合"。究其本质，产业是一个经济整体的子集，有产生和消亡的过程。虽然本书的研究方向主要是"能源产业"，但是我们有必要把产业放在经济系统整体中进行动态分析（苏东水、苏宗伟，2021）。

《辞海》中对"发展"一词给出的相关定义为"事物由小到大、由简单到复杂、由低级到高级的变化"，也就是说，发展的本质就是一种变化过程，这种变化的特点是事物由小到大、由简到繁、由低级到高级、由旧质到新质的转变过程。我们可以对该定义从三个方面进行理解：发展是一个时间的概念，随着时间的推移，事物发生了改变；发展是一个量与质的概念，事物的发展随着社会的进步、量的积累发生了质的跨越；发展还是一个有方向的过程，即事物的上升过程。

从产业角度来看，在进步的过程中，产业难免会出现"新陈代谢"，当某一个企业消亡时，对于整个产业而言，是淘汰了落后产能，这是有利的；而某一个产业的消亡会促进资源的优化配置，促进生产力等的整体发展，对整个产业结构来说，这也是有利的（温茜茜，2013）。上述内容被列入广义的"发展"范畴。"产业发展"与"产业结构"关系密切，却又不尽相同，《产业经济学》一书将"产业结构"指代为各个产业之间的相互关系结构，而产业发展是一个从低级到高级不断演进、具有内在逻辑、不以人的意志为转移的客观历史过程，一个内生提高的过程，一个以价值发展为实质、以主导产业群为载体、以经济长波为形式的历史过程（胡建绩、张锦，2009）。

（2）产业发展模式

"模式"一词在《现代汉语词典》（第7版）中的解释是：某种事物的标准形式或使人可以照着做的标准样式。从马克思主义哲学的角度来看，"模式"还可以被定义为事物内在机理的展开，它以各种不同的方式系统地体现着事物的本质属性。综合来看，"模式"主要有三层含义和特征：一是内在性，即模式是一个事物内在本质的展现；二是外在性，即模式有许多外在的表现形式；三是可借鉴性，即模式可以供人们借鉴和学习。因而，"产业发展模式"就是研究与回答"一个产业是怎样发展起来的，其发展过程呈现什么特点"这个问题，也就是研究产业发展的推动力、发展规律等一切与之相关的问题，而针对这个"如何"的解释就可以推证出"战略利基基础"。

结合以上关于"发展"的三种定义进行分析，我们发现产业发展模式就是：受某种驱动力（如劳动密集型的劳动、技术密集型的技术、地域根植型的地理特征）作用，经过一段时间（观点一），其产品产量或质量发生上升变化（观点二），进而呈现某种有规律、有特色的演化过程（观点三）。在现有研究中，大部分研究学者使用"产业发展模式"的某一部分进行定义，或是单独提取某种类型的已成型模式进行研究分析（查建平等，2015；李泳慧，2017）；或是对某种产业现有模式进行评述与优化分析（李俊华，2015；杨瑞兰，2017）。教材中也更偏向于测度方法研究和优化分析，而对其模式的总结与定义仍显不足。

5.1.1.2 产业发展模式的研究对象

如今许多研究将产业结构发展与产业发展混为一谈，文章中所引用的同一概念的研究对象也是千差万别（谢燕娜等，2013），大部分研究对象是针对国家或是国家中的各个产业的集合。其中，强调为了整体大局，应采取一二三产业融合发展者有之（欧阳胜，2017；Mazur et al.，2019）；抓住机遇，重点发展部分新能源产业者有之（贾根良，2013）。但是，其关注点大都是强调产业与产业之间的配置关系如何改变，进而达到整体产业集合的经济或环境等效益的最优化，而非本产业的最优化，所以本书将这类概念定义为"产业结构发展"而非"产业发展"。产业结构发展所关心的是由于单个产业自身的发展状况在不断改变，因而这个产业在多个产业之间的地位发生改变，最终改变各个产业的整体关系，达到产业结构的升级。上述研究无论如何简化产业发展的界定和模型，都很难避开这个问题。但是在单纯的产业发展模式研究中，我们应尽量避免上述问题，对其进行一个清晰的界定。

综上所述，从时间的角度来看，本书所讨论的产业发展模式的研究对象仅仅是针对个体产业而言，并不涉及产业与产业之间的相互碰撞所引起的冲突或是合作，并引入产业经济学中"生命周期理论"的概念，即一个特定产业从萌芽状态逐渐成长起来，最终走向衰亡的整个过程，经过"初创期、成长期、成熟期、衰退期"四个阶段，这期间不断通过政策、创新等对自身进行有益的积累，实现成长性的改革，进入下一个成长阶段。因此，拥有这一系列过程的产业本身就是我们所研究的对象。从"质"和"量"的角度来看，本书所研究的产业发展的重点是产业从自身的、内部的角度进行升级换代，是产业通过对自身内部各方面资源和要素的弃旧换新来实现的。

5.1.2 产业发展的时间维度特征

产业生命周期理论是在产品生命周期理论基础上发展而来的。1966年，Vernon 提出了产品生命周期理论。1975 年，Abernathy 和 Utterback 等以产品的主导设计为主线将产品的发展划分为流动、过度和确定三个阶段，进一步发展了产品生命周期理论。在此基础之上，1982 年，Gort 和 Klepper 通过对 46 个产品最多长达 73 年的时间序列数据进行分析，按产业中的厂商数目进行划分，建立了产业经济学意义上第一个产业生命周期模型。1990 年，John Londregan 构建了产业生命周期不同阶段企业竞争的理论模型。1997 年，Michael Porter 论述了新兴产业、成熟产业和衰退产业中企业的竞争战略。其后，许多学者从不同角度对产业生命周期进行了深入研究，主要集中在以下几个方面：一是从实证的角度来考察产业生命周期曲线的形态；二是考察产业生命周期不同阶段企业的进入、退出以及进入壁垒和退出壁垒等；三是分析推动产业生命周期演化的动力；四是研究如何根据产业生命周期来制定相应的产业政策。

根据产业生命周期理论（Gort and Klepper，1982），产业的生命周期可以分为四个阶段，即初创期（导入期/幼稚期）、成长期、成熟期和衰退期。事实证明，进入"衰退期"后，产业一般会进入"衰而不亡"的状态，很少有产业真的在这之后消失或瓦解，而且很可能出现"起死回生"的现象。经典的以公司数量进行表达的产业生命周期见图 5 - 1。

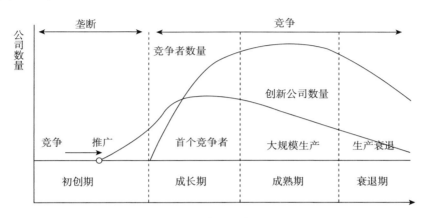

图 5 - 1　产业生命周期

（1）初创期（导入期/幼稚期）

在初创期，新产业刚刚诞生，只有少数创业公司进入投资，产品研发费用高昂，市场需求小，销售收入低，亏损概率高，投资风险大。同时，在初创阶段，产品、市场、服务等潜力巨大。随着市场需求扩大、生产成本降低，新产业逐步由高风险低收益转向高风险高收益。

（2）成长期

在成长期，拥有一定竞争力的企业逐渐主导市场。新产业产品逐渐赢得欢迎或偏好，市场需求上升，新进入厂商大量增加，产品向多样、优质、低价发展，开始形成激烈竞争的局面，但同时伴随高收益，这也因此被称为投资机会期。生产厂商选择由原来的生产量和市场份额竞争模式转变为生产技术和研发创新模式。

（3）成熟期

在成熟期，少数厂商开始垄断整个市场，市场份额发生变化的程度较小，产业增长速度变得缓慢。产业逐渐从价格竞争模式转向质量、性能和服务等竞争模式。产业盈利能力下降，但利润很高，新企业进入壁垒高，产品价格相对比较稳定。

（4）衰退期

在衰退期，产品需求逐渐减少，市场销售量开始下降，厂商利润下降、数量逐渐减少。按衰退的原因进行分类，一般存在资源型、效率型、收入低弹性、聚集过渡性四种衰退类型。

在产业生命周期里，充分利用阶段性优势，避开阶段性劣势，及时创新是产业进行战略制定、选择发展模式的重要依据。

5.2　产业发展模式界定的战略利基基础

5.2.1　利基战略

"利基"（Niche）是拾遗补阙或见缝插针的意思；在市场中指被大企业忽略的细分市场。利基战略强调专业化战略的基础性，指企业选定一个利基细分市场后，集中力量成为领先者，并且从当地市场逐步到全国市场，再到全球市场，同时建立壁垒，形成持久竞争优势。它强调的是市场细分和集中后发，与 Porter（1980）的目标集聚化战略相比，两者虽然都是在目标细分市场的经营，但是前者侧重于选择那些强大竞争对手忽略的领域，而后者强调占领所选领域的持续性。

理想的利基市场需要具有足够的市场需求规模、发展潜力，没有强大的在位者；进入公司要具备为这一细分市场提供优质服务所必需的能力和资源、建立良好的声誉，抵制入侵。克利弗德和现伍纳通过深入研究证实市场利基战略的共同特征是在一个新的细分市场，创造新的经验曲线，提供高品质产品和服务，获得"高边际收益"，建立良好的企业形象等。从市场营销角度来看，利基战略的关键就是市场细分、再细分，选择一个利基市场进行深耕，做大市场，最终成为领先者。从竞争战略角度来看，集中/聚焦战略包含利基战略思想，在一个相对狭窄的市场，集中资源进行低成本或差别化竞争，尤其适用于衰退期企业。从创业战略角度来看，利基战略分为三大类型（收费关卡战略、专门技艺战略和专门市场战略）。利基战略适用于中小企业，凝聚了四条突出的战略思想与原则，即避实击虚、局部优势、集中原则和根据地原则，集中全力持续成为更大市场的冠军企业。

5.2.2　产业发展的战略利基基础

利基战略是从选择一个合适的利基业务开始，从小到大，逐步成为小区域—大区域—全国乃至全球的细分市场冠军，重点是有明确的目标和切实有效的战略行动等。

（1）业务发展起点

产业发展是从一个狭窄范围的细分市场业务，即利基业务开始的。尤其是产业初创期，其特点主要包括对市场进行细致调研，精确划分，选择一个狭窄业务，规模不大；没有大企业和垄断者，竞争程度一般；研发投入较小，技术变革较慢；客户需求稳定增长；具有全球范围深耕的潜力。

（2）动态发展目标

一个产业可以被划分为多个细分市场，企业根据自身的优势、资源禀赋，以细分市场的全球单项冠军为最高目标，以区域市场占有率第一为战略目标；在初创期，必须选择狭小的业务范围，避开强大的竞争对手，利用细分市场，成为小利基业务范围的单项冠军。不断拓展和扩大业务的深度和服务的范围，不断成为更大区域的市场冠军，并以此为阶段性目标，最终成为全球冠军。这是一个标准的先做强、再做大的产业发展战略。区域市场拓展是由小及大、由近及远、由易及难，从本地市场开始，成为冠军后，到开拓更大的区域市场。利基业务的选择一定是一个艰难的过程，但战略意义非凡，必须形成独占优势，成为冠军。同时，为了巩固独占的利基地位，防止强有力的竞争者进入，利基者必须适时通过多种途径，设置竞争壁垒（技术壁垒、能力壁垒和文化壁垒等）。

（3）专注与创新

产业发展的利基者选择好利基业务，确立了冠军目标，就需要长期地、执着地聚焦利基业务，并把创新作为日常工作的中心。利基战略的专注主要是指专注于利基业务和专注于冠军目标。在这方面，德国和日本有很多隐形冠军，他们专注于利基业务，坚持不懈。在如今大力倡导自主创新和创新引领的背景下，中国产业更需要专注于创新，不断进行老产品改进和新产品开发，从技术、制度、管理、文化等多方面开始创新行动。据统计，成功的利基战略企业对创新高度重视并卓有成效。

5.2.3　新能源产业发展的利基基础

新能源产业是一个战略性新兴产业，正在经历从无到有，从小到大，从弱到强的过程，因此，利基战略非常适合中国新能源产业发展。

（1）新能源产业状况与利基战略起点相符

利基战略的起点是针对一个细分市场，新能源产业还没有形成强有力的垄断状态，很多企业比较弱势，后发规模小。从全球竞争视角来看，中国的新能源企业是弱势企业、后发企业，大而不强，这是现实状况。因此，每个企业都应避开激烈竞争，在全产业链上进行各自的深耕，各个企业争做细分市场的第一，培育诸多细分市场的隐形冠军，提高技术水平，所以说，新能源产业，尤其是中国的新能源产业十分适合利基战略。

（2）新能源产业特质与利基战略要求相符

新能源产业在"源网荷储"一体化各个方面都需要进行深入的专业化发展。利基战略企业集中在一个狭小范围的利基市场内，只有形成和提高专业化能力，成为市场的冠军，才能成功进入下一个更大的区域市场；企业不断地设置壁垒，无论是技术壁垒、能力壁垒、人才壁垒，还是文化壁垒和制度壁垒等，都要求进行专业化的聚焦发展，这是对中国新能源产业大而不强的最好补充。

（3）新能源产业基础与利基战略思维相符

在新能源产业发展中，中国新能源企业在"做什么"和"怎么做"两个战略层面出现了严重的同质化现象，各个区域布局基本相同。因此，采取利基战略，有助于中国新能源企业设计差别化战略。企业可选择一个特定的细分市场成为领先者，集中力量提供优质的产品或服务，构筑持久的竞争优势和行业壁垒。新能源产业起步较晚，其市场还可以进行更加细化的分割，企业应强调专业化发展，采取利基战略。

对于中国新能源企业来说，一方面，其与跨国大企业差距较大，尤其是在核心技术方面的竞争力不足；另一方面，国际市场的竞争环境残酷，中国新能源企业无力与跨国企业进行技术竞争，但可以先集中资源，在一些狭小的细分市场成为冠军，不断积蓄竞争力和管理经验以及人才、资金和技术能力，然后再进入更大的市场。

5.3　新能源产业发展模式的维度界定方法

5.3.1　时间维度的判断

根据产业生命周期理论，产业发展经历被分为四个阶段，本章分别从产业规模、产品质量、企业数量、产品价格、市场结构等方面进行讨论。

5.3.1.1　判断与分析依据

在产业发展的初创期，企业相继进入，但只有少数企业占有一定的优势，各个企业的创新导向、技术范式等不尽相同，产品之间相似度比较高，替代现象明显，竞争性相对较小，主要是关于技术创新的竞争。

在产业发展的成长期，新的技术、新的品牌模式等不断涌现，厂商和资金大量进入，企业数量不断增多，存量企业规模不断加大，生产成本差异明显，同时，相关的供应链配套企业也会随之不断壮大，部分具有一定优势的、掌握和控制主流技术的大企业为进一步争取主导地位，占有更大的市场份额。这些企业会从各个方面进行努力，提高产业的产品质量，商品价格由初期的较高价格开始下降，由于技术进步，生产产品成本下降，市场价格竞争空间收窄，进而采用跟随定价的方式，总体趋稳，企业间的竞争重心转为垄断竞争，产生垄断雏形。但受到市场容量约束，大企业垄断波动不断，企业对产品和服务积极创新，竞争日趋激烈。同时，很多技术落后的中小企业无法生存，将会选择退出或被吞并。由此，渐渐出现寡头垄断现象。

在产业发展的成熟期，产品质量、市场结构、产品价格等方面的提速逐渐放缓。产业内陆续产生具有垄断地位的领导型企业，并在资本实力、技术创新、企业规模、专业化和资源管理等方面占据优势。产业中的厂商数量、对象多元性、网络密度趋于饱和。每个企业的供应链位势、价值链水平、利润空间、产品价格和市场规模等都波动较小，基本达到相对均衡的态势。部分企业开始对更加高端的产品进行研发，市场结构出现缓慢变化。因为这些寡头企业优势明显，新企业进入市场的壁垒较高。

在产业发展的衰退期，在经历了较长的成熟稳定阶段之后，由于新产品和大量替代品的出现，原产业出现了厂商数量减少，利润下降的萧条景象，整个产业进入生命周期的最后阶段。在衰退阶段，市场增长率下降，厂商的数量逐步减少，市场需求下降，逐渐萎缩，产品品种及竞争者数量减少，利润率停滞或不断下降。当正常利润无法维持或现有投资折旧完毕后，整个产业便逐渐解体。

随着时间的变化，产业经历了从初创期到衰退期的阶段性发展。但如何确定每个阶段的分界点是非常重要的。

5.3.1.2 判断与分析的方法

为相对准确地直接判断产业的发展阶段，现有的方法主要是从组织和规模两个方面进行研究测度。

（1）厂商"净进入率"法

这是一个相对比较古老却常用的测度方法，主要是从产业组织方面对产业发展的阶段进行区分。以企业"净进入率"进行衡量，因为处于产业发展的不同时期，企业进入数量不同。阶段间的拐点主要是根据企业净进入数量增长率与前一期比较差值进行判断。为避免出现临时波动的假象，所以"净进入率"一般采用移动平均法进行计算。但是"净进入率"法对企业数量波动性大、进入退出频繁的产业阶段来说，即便采用移动平均法进行计算，误差也会较大。

（2）创新识别法

采用创新主体和创新活动程度相结合的方法进行判断，先后对各阶段和阶段间的区分进行定量和定性的区别。具体的判断标准见表 5 - 1。

表 5 - 1　创新识别法判断标准

创新主体	创新活动程度	
	高创新	低创新
小企业	初创期	衰退期
大企业	成长期	成熟期

由表 5 - 1 可知，采用创新主体和创新活动程度相结合进行判断，其中创新主体规模大小的划分是以员工数量为依据的，创新活动程度的高低根据创新率平均水平进行划分，但具体的创新主体规模和创新活动程度的标准要依据每个国家的统计界定进行调整后才能使用。

（3）产业集中度识别法

2001 年，Deans 等人首次采用产业集中度的衡量指标对产业发展阶段进行区分。他们以 53 个国家、24 个行业及 25000 多家上市公司为样本，提出"所有产业都遵循同样的整合路径"。产业演进路径可以划分为初创期、规模化、集聚及平衡与联盟四个阶段。产业集中度在这四个阶段分别是：10% ~ 30%（初创期阶段）、30% ~ 45%（规模化阶段）、45% ~ 70%（集聚阶段）和 70% ~ 80%（平衡与联盟阶段）。利用产业集中度进行识别，方法简单，易于判断，但由于产业不同，各个产业的生命周期时段的长短不同，集聚的程度也会有所差异。

其他采用的还有产出增长率法和生长曲线预测法。前者能够有效排除经济整体增长趋势对产业产出增长的短期冲击影响。但为避免其他因素对判断结果的影响，最好与实际情况相结合进行判断，这样会比较准确。后者是比较精确的一种衡量方法，对产业产出（销售）的时间序列建立数学模型，其中最常用的是 Logistic 生长曲线，因为每个产业的发展有其固有的本质特征，所以在使用生长曲线预测法进行判断前，要模拟验证曲线的适用性（姚诚、徐枫，2020）。

5.3.2　特征维度的初步判断

从驱动因素特征角度来看，自然资源，尤其是战略性稀缺资源，有利于形成某些特殊产业的发展特色；但依据"资源诅咒"理论，就自然资源对单个产业的发展推动来说，对自然资源依存度高的产业会因为资源的发现而兴起，也会随着资源的枯竭而衰亡，甚至波及整个区域的可持续发展。自然资源的储量会随着资源的开发而下降，主要是非再生矿产资源，同时开采成本不断上升，资源优势降低。产业通过技术创新和工艺改进，也有可能更加有效地利用资源，提升使用效率，或者寻求替代资源，以此继续促进发展。同时，随着区域间贸易的不断增强，自然资源，尤其是非战略性矿产资源对产业发展的影响作用日渐减小。在能源资源方面，随着新能源的发现和技术进步，对自然资源的依存度逐渐降低，将推动一系列产业资源的替代与转变。因此，针对新能源产业，产业发展主要体现的是资源禀赋的存量、产量和流量的计算。政府资源和市场需求作为产业发展必不可少的要素，前者一般以政府的政策制度供给数量和质量来表示，后者是以市场规模来表示。市场规模与产业发展之间产生的双向互动以及资源配置优化作用，对产业发展发挥着比物质资本更为重要的作用。当政府制度水平和市场需求水平提高时，它们可以更快地促进产业接受新工艺、适应新技术、提高劳动生产率，促进产业发展，减少同等条件下的劳动力数量投入（邓永翔，2008）。Oliver Williamson（1997）在交易成本经济学理论中提出，影响交易成本因素的核心维度有三个，包括频率、不确定性和资产专用性。具有不同属性的交易和不同成本与能力的治理结构以一种可相互区别的方式（主要是节约交易成本）相匹配。制度环境汇集了转换参数，其变化会引起治理成本（特别是比较成本）的变化。无论在什么情况下，交易成本经济学都是被应用于比较制度分析。政府行为决定了非正式和正式的制度体系安排。创新是企业进行发展的最根本动力，现有的衡量指标更多的是 R&D、专利数等。因此，本章关于特征维度的判断初步拟采用以上分析的自然资源、政府、市场和创新等因素。

5.3.3　基于文献计量的维度构建

本章遵循从可靠来源检索数据的系统过程。一个系统的文献计量从定义合适的关键词开始，这些关键词用于从数据库中搜寻和检索文献，并对文献进行分析。文献计量的目的是确定文献中的空白以及知识的局限性。此外，文献计量是基于关键主题和对未来工作的建议来总结与分类现有研究成果的一种重要工具。基于这些概念，本章在内容分析的基础上，采用系统的方法对文献进行检索和分类；并通过识别数据、筛选初始数据、确定合格性以及最终包含数据的步骤进行研究。我们收集这些数据的目的是综合诸多相关研究提供的见解和结论，提出更具普适性的建议。这项研究在外文的 ScienceDirect 平台和中国知网数据库平台上进行数据收集。

5.3.3.1　数据选择

（1）数据来源

借鉴 Apriliyanti 和 Alon（2017）、Tian 等（2019）的研究，依据科学数据库（ScienceDirect），搜索时间范围未设定开始时间，涵盖至2019 年发表的论文。使用 "industrial development model" 和 "industrial development pattern" 作为主题词，在标题、关键词和摘要中进行搜索，有 7225 篇论文进入选择。具体情况如表 5 - 2 所示。

表 5 - 2　初级检索论文情况

单位：篇

主题词	搜索结果	限定范围
industrial development model	1380	主题词（包括标题、关键词和摘要）
industrial development pattern	5845	

（2）数据初步筛选

我们在进行元数据分析时发现，上述的 7225 篇论文中有 798 篇论文重复，对其进行了删除。删除后，本章对保留的 6427 篇论文进行文献计量分析。

1）按照发表年份

按照发表年份形成的论文分布时间序列如图 5 - 2 所示。最早的一篇论文发表于 1953 年，且在 1995 年及之前保持每年个位数的发表量。1996 年论文发表数量开始进入两位数（31 篇）阶段，1997 年增长到 100 篇，直至 2010 年达到 198 篇，在此期间以每年约 10 篇的速度缓慢增长；2011 年跃升至 332 篇，随后开始快速增长模式，并于 2016 年达到 641 篇的顶峰数量，2017 年达到 634 篇。

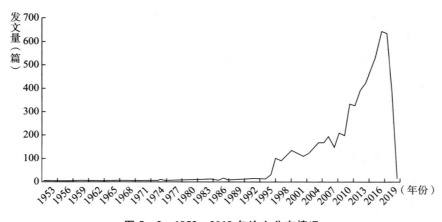

图 5 - 2　1953～2019 年论文分布情况

2）按照期刊来源

6427 篇论文共来自 896 个期刊，刊出数量最多的是 SCI 期刊 *Jour-*

nal of Cleaner Production（影响因子为 9.297，JCR1 区），共 351 篇；排名第 2 的是 *IFAC Proceedings Volumes*（会议论文），共 337 篇，其余排名第 3 至第 5 的都是能源类相关期刊（*Energy Procedia*、*Energy Policy* 和 *Applied Energy*），发表的论文共 208 篇。具体见图 5 - 3。

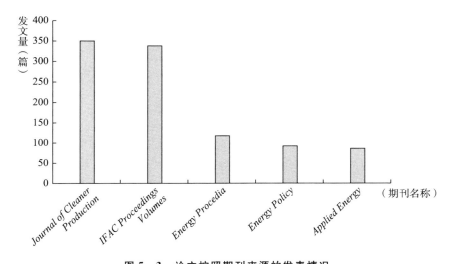

图 5 - 3　论文按照期刊来源的发表情况

3）按照关键词

在关键词汇总排序中，按照从多到少的顺序，出现最多的关键词为 sustainable development（154 次），后面依次是 China（150 次）、simulation（130 次）、modelling and control（122 次）、optimization（73 次）、industry model（70 次）、energy efficiency（53 次）、innovation（48 次）、industrial ecology（44 次）、process control（44 次），排名前 10 的关键词具体见表 5 - 3。

表 5 - 3　关键词排名前 10 情况

单位：次

排序	关键词	数量	排序	关键词	数量
1	sustainable development	154	3	simulation	130
2	China	150	4	modelling and control	122

排序	关键词	数量	排序	关键词	数量
5	optimization	73	8	innovation	48
6	industry model	70	9	industrial ecology	44
7	energy efficiency	53	10	process control	44

由表 5 - 3 可知，在产业发展模式中，文献研究十分关注模拟仿真和优化的研究方法、中国、可持续发展的目标，以及能源效率、创新和产业生态、过程控制等。

5.3.3.2 指标选择

对剔除 798 篇重复文献后留下的 6427 篇论文进行再次筛选，首先，根据发表期刊的名称，将期刊名中包含"化学""医学""药"等不相关关键词的文献（5279 篇）排除。其次，对保留的 1148 篇文献按照摘要和篇名进行筛选，去除完全不相关的文献 354 篇，保留 794 篇文献。再次，根据研究目标和研究对象，将保留的 794 篇文献分为 38 个不同种类（因有的文献属于不同种类，有重复分类），主要种类分别为城市群（160 篇）、技术创新（161 篇）、电力产业（40 篇）、共建"一带一路"国家（6 篇）、纺织业（3 篇）、钢铁产业（6 篇）、工业 4.0 标准（5 篇）、供应链管理（18 篇）、核工业（12 篇）、环境协同发展（23 篇）、废物回收与利用（5 篇）、建筑业（2 篇）、节能减排（9 篇）、可持续发展（7 篇）、可替代能源（39 篇）、空气污染（198 篇）、垃圾处理（7 篇）、粮食与食品行业（14 篇）、林业（11 篇）、绿色制造（2 篇）、能源消费总量（37 篇）、碳排放许可（1 篇）、区块链（1 篇）、生态园区（32 篇）、石油和天然气产业（86 篇）、水环境和用水安全（210 篇）、碳生产（39 篇）、土地利用（89 篇）、新能源产业（40 篇）、医药产业（20 篇）、噪声问题（4 篇）、人工智能（4 篇）、中小企业（1 篇）。最后，通过文献综述和标题进行筛选，初步确认可用的相关文献有 23 篇、不确认是否可用的文献有 17 篇。

进一步通过对文献进行全文分析，23 篇论文中有 13 篇是高度相关且可用的，不确定是否可用的 17 篇文献中有 2 篇可用，共计有 15 篇文献可以进行备选变量析出，具体见表 5 - 4。

表 5 - 4　文献变量析出情况汇总

作者（时间）	影响因子	变量选择	显著性结论
Zhu 等 （2019）	产业结构	三次产业增加值占比	0.0073 *** /0.1926 *** / 0.1381 ***
	产业效率	SBM 生产效率	0.0332 ***
	人力资本	三次产业就业人数	0.0121 *** /0.0006 *** 0.0073 ***
	政府影响	财政支出与 GDP 比率	- 0.1969 ***
Hidayatno 等 （2019）	产业集群程度	创新收入/集聚收入/供应收入/人力资源收入	
	环境保护程度	能源成本降低/产业集群运行和其他成本降低	
Huang 等 （2018）	宏观环境	政府政策文件/市场报告/资金报告	
	公众和 私人地位	核心机构分析	
	创新程度	科学出版物出版情况/专利申请	
	市场前景 和信心	面试人数情况	
Jiang 等 （2018a）	技术标准化	R&D 投资/专利数/专利增长率	
	技术开发	技术开发程度	
Lin 和 Xu （2018）	新能源产业规模/GDP/能源价格/农业产量/能源结构/产业进步		0.825 *** /0.690 ** / 0.821 *** /0.362 * / 0.653 ** /0.954 ***
Stojčić等 （2019）	经营情况	制造业就业比重/制造业增加值比重/中间产品进口与产值比例	
	宏观经济环境	GDP/农村、城市有互联网接入家庭数/区域人口密度/FDI	
	R&D	R&D 投入	
	政治环境	补贴占 GDP 的比重/企业利得税率	

续表

作者（时间）	影响因子	变量选择	显著性结论
Tian 等（2019）	投入情况	市场需求情况/城市农村消费/政府消费/政府投资/国内和国际进口	
	产出情况	二氧化碳排放量/产业产出比重/进出口	
Wang 和 Zhao（2017）	经济发展水平	人均 GDP	
	产业结构	有色金属 IVA 与地方 GDP 比值	
	人口密度	各省年末人口/面积	
	能源价格	原燃料采购价格指数	
Mi 等（2017）	交通基础设施	公路密度	-0.0642^{***}
	工业集聚情况	产出密度	0.0465^{***}
Yan 等（2017）	自然处置下的投入	就业/能源消费量	
	管理倾向下的投入	总资产	
	产出	GDP/二氧化碳排放量	
Görg 和 Strobl（2002）	产业发展	工业增长率/最小工业规模/工业规模的大小/现有工厂的平均年龄	$0.060^{**}/-0：522^{**}/$ $0.254/-0.105$
	跨国公司	外国跨国公司的存在性	0.042
Bekhet（2013）	产业结构变化	IO 表系数变化/产出总值变化	
Charoenrat 等（2013）	资本	GDP/固定资产净值/员工总数/是否处于市政区	$5.457^{***}/-0.443^{***}/$ $5.457^{***}/2.949^{***}$
	人口	人力资源规模	0.233^{***}
Moore 和 Manring（2009）	人口	雇佣人口数	
	可持续性战略	外部融资金额/收购并购金额	
Chen 等（2011）	创新	专利数	
	产业结构变化	新产业培育生命周期/产业核心竞争力/产业发展战略转变	

15 篇析出文献的影响因子中，可以归类为宏观层面的有宏观环境、宏观经济环境、GDP、政治环境、可持续性战略、产业结构、政府影响、

人力资本、环境保护程度、能源价格、能源结构、资本、人口、人口密度、交通基础设施、工业集聚情况等；归类为产业基础层面的有产业效率、产业集群程度、产业发展等；归类为技术创新层面的有创新程度、技术标准化、技术开发、R&D、创新等；归类为产业自身层面的有产业本身的市场前景和信心、新能源产业规模、产业进步、经营情况、投入情况、产出情况等；其他的还有公众和私人地位、自然处置下的投入、管理倾向下的投入、产出、跨国公司等方面。由此可见，新能源产业的发展与经济、社会的方方面面具有高度关联性。

5.4　新能源产业发展模式的维度界定

5.4.1　产业发展的时间维度界定

我们将"产业发展模式"作为主题词在中国知网的 CSSCI 和 CSCD 期刊中进行检索，共得到相关文献 227 篇。上述文献按照时间顺序的年度发表趋势具体见图 5－4。

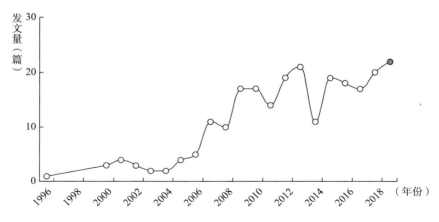

图 5－4　1996～2019 年中文期刊年度发表情况

由图 5－4 可知，最早的一篇论文发表于 1996 年，1996～2019 年，论文发表数量整体上呈现上升趋势，并且在 2008 年之后，约 10 年间，论文发表数量一直处于波动上升状态中。我们通过进一步划分可知，其中，关于生命周期的论文有 32 篇、关于产业生命周期的论文有 28 篇、关于战略新兴产业的论文有 26 篇。本文对有关战略新兴产业生命周期的论文（共 18 篇）进行分析，具体情况见表 5 – 5。

表 5 – 5　中文相关文献分析情况 （时间维度）

发展阶段	选择策略/模式	文献数（篇）	产业	发表时间	分析方法
初创期	独立研发战略	3	中国 493 个工业子行业；所有产业；数字出版行业	2019 年；2014 年	增长率产业分类法；Logistic 生长曲线模型
成长期	独立研发战略；竞争防御混合型专利研发战略；财政补贴模式；企业联合模式；技术推动模式	8	中国 493 个工业子行业；所有产业；第三产业；文化创意产业；葡萄酒产业；地理信息产业；战略性新兴产业；风电产业	2019 年；2018 年；2017 年；2016 年；2014 年	增长率产业分类法；参数估计；龚伯兹曲线法；皮尔生长曲线法；Logistic 生长曲线模型；Malmquist 生产力指数法
成熟期	适当扩大产业规模；竞争防御混合型专利研发战略；企业联合模式	4	中国 493 个工业子行业；所有产业；第一产业；地理信息产业	2019 年；2018 年；2016 年	增长率产业分类法；参数估计
衰退期	适当扩大产业规模；合作研发战略；创新驱动模式	3	中国 493 个工业子行业；所有产业；大数据产业；煤炭行业	2019 年；2018 年；2016 年	增长率产业分类法

由表 5 – 5 可知，在不同的产业生命周期，产业采用的发展策略和模式具有一定的差异，但均十分关注技术研发和创新模式。在初创期，产业以独立研发战略为主；在成长期，采用多种技术研发策略（如独立研发战略、竞争防御混合型专利研发战略），同时强调财政补贴、企业联合以及技术推动；到成熟期和衰退期，适当扩大产业规模，注重合作研发以及深入的创新驱动模式。文献所采用的研究方法主要是增长率产业分类法、参数估计、龚伯兹曲线法、皮尔生长曲线法、Logistic 生长曲线模型和 Malmquist 生产力指数法等表达产业发展和成长的经典曲线分析方法。因此，本章经过初步判断后认为，中国的新能源产业整体上

处于初创期的后期和成长期的初期，还未进入成熟期。

5.4.2 特征维度分析

关于产业发展的空间维度研究，本章通过主题词搜索"产业发展模式"和"地理"或"区域"或"空间"或"布局"或"人力资源"，从 CSSCI 和 CSCD 期刊中一共检索出 27140 个结果，最早的文献见于1992 年，2007～2011 年，文献数量较多，每年均在 1800～2000 篇，在2010 年达到顶点（1981 篇），随后开始下降，具体见图 5－5。

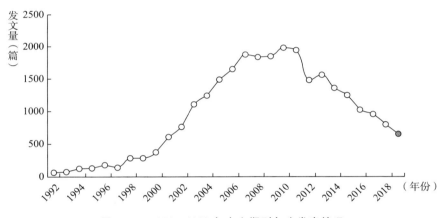

图 5－5　1992～2019 年中文期刊年度发表情况

再次加入"战略性新兴产业"或"新能源产业"的限定后，仅余 6 篇相关的学术论文，发文数量自 2011 年开始增加，具体分析情况如表 5－6 所示。

表 5－6　中文相关文献分析情况（特征维度）

分析维度	分类	文章数量（篇）	产业	发表时间	分析方法
驱动要素	人力资源可分为生存力、竞争力和发展力；依托产业集聚区建设，培养相应可对接的人才；战略性新兴产业是产业、技术、市场、时间四维特征的集合体	4	新能源产业	2019 年；2016 年；2014 年；2011 年；	传导效应

分析维度	分类	文章数量（篇）	产业	发表时间	分析方法
地理空间	产业核心竞争力包括管理竞争力、创新技术竞争力和营销竞争力；战略性新兴产业发展分为产业基础依托型、资源依托型、混合发展型和研发能力依托型	2	区域战略性新兴产业；西部战略新兴产业	2016 年；2013 年；	核心竞争力作用机理理论模型

由表 5 - 6 可知，对"战略性新兴产业"或"新能源产业"发展模式进行研究的文献有 6 篇，相对比较集中。在 6 篇文献中，有的强调产业发展的基础条件，如资源禀赋；有的强调产业发展的主要条件是人力资源；有的强调产业发展的核心要素是技术创新；有的强调产业发展的产业、技术、市场、时间四维特征的系统性和协同性。在已有研究成果的基础上，本书提出可以从时间、地理和推动力的角度对发展模式的维度进行界定。其中，时间维度主要变量选择新能源产业的生命周期；地理维度主要考量空间上各个区域的划分；推动力维度包含资源禀赋、经济环境、产业政策、技术创新等多个对新能源产业和企业的成长起显著促进作用的因素，按照驱动主体划分为政府拉动、市场驱动、创新发展和资源禀赋。

5.4.3 新能源产业发展模式的维度

基于表 5 - 4 和表 5 - 6 的分析情况，本书共有 52 个统计指标。在对产业发展模式确定时，本书对 52 个指标进一步梳理，并将经典模式（如"德国模式""中国模式""美国模式""日本模式""韩国模式""丹麦模式""荷兰模式"等以国家为样本的模式）以及次区域发展模式（如德国"鲁尔模式"、美国"加州模式"、"美国西部模式"和中国"苏南模式"等）进一步整合后发现，文献在进行模式命名和关键点梳理时，基本是采用关键动力主体进行总结的，主要包括四种，即政府拉动、市场驱动、创新发展和资源禀赋，具体情况见表 5 - 7。

表 5 - 7　维度分析确定情况

文献作者（时间）	影响因子	驱动因素特征维度			
		政府拉动	市场驱动	创新发展	资源禀赋
Zhu 等（2019）	产业结构	√	√		
	产业效率	√	√		
	人力资本			√	
	政府影响	√			
Hidayatno 等（2019）	产业集群程度		√		√
	环境保护程度	√	√		√
Huang 等（2017）	宏观环境	√			
	公众和私人地位	√			
	创新程度			√	
	市场前景和信心		√		
Jiang 等（2018b）	技术标准化			√	
	技术开发			√	
Lin 和 Xu（2018）	新能源产业规模/GDP/能源价格/农业产量/能源结构/产业进步	√	√	√	√
Stojčić 等（2019）	经营情况		√		
	宏观经济环境	√	√		
	R&D			√	
	政治环境	√			
Tian 等（2019）	投入情况	√	√		√
	产出情况		√		
Wang 和 Zhao（2017）	经济发展水平	√	√		
	产业结构	√	√		
	人口密度	√			
	能源价格	√	√		√
Mi 等（2017）	交通基础设施	√			
	工业集聚情况	√	√		

文献 作者（时间）	影响因子	驱动因素特征维度			
		政府 拉动	市场 驱动	创新 发展	资源 禀赋
Yan 等 （2017）	自然处置下的投入	√			
	管理倾向下的投入		√		
	产出				
Görg 和 Strobl （2002）	产业发展			√	√
	跨国公司			√	
Bekhet （2013）	产业结构变化			√	
Charoenrat 等（2013）	资本			√	
	人口				
Moore 和 Manring（2009）	人口				
	可持续性战略	√			
Chen 等 （2011）	创新			√	
	产业结构变化	√	√		√
中文文献， 驱动要素， 4篇	人力资源可分为生存力、竞争力和发展力；依托产业集聚区建设，培养相应可对接的人才；战略性新兴产业是产业、技术、市场、时间四维特征的集合体。	√	√	√	√
中文文献， 地理空间， 2篇	产业核心竞争力包括管理竞争力、创新技术竞争力和营销竞争力；战略性新兴产业发展分为产业基础依托型、资源依托型、混合发展型和研发能力依托型。	√	√	√	√

由表5-6和表5-7可知，我们在对新能源产业发展模式进行确定时，对时间维度来说，可以从产业发展周期四个阶段（初创期、成长期、成熟期、衰退期）进行界定；对特征维度来说，可以从四个方面，即四种具体的发展模式（政府拉动模式、市场驱动模式、创新发展模式和资源禀赋模式）进行界定。

综上所述，本章首先在对文献梳理和产业发展模式界定的战略利基基础上，提出新能源产业与利基战略起点相符、要求相符、思维相符。其次，基于文献计量对新能源产业发展模式进行维度构建，对时间维度来说，可以从产业发展周期四个阶段（初创期、成长期、成熟期、衰退期）进行界定；对特征维度来说，可以从四个方面，即四种具体的发展模式（政府拉动模式、市场驱动模式、创新发展模式和资源禀赋模式）进行界定。

6 新能源产业发展模式效应的
统计测度模型

近年来，我国以风电、太阳能光伏发电为代表的新能源产业发展成效显著，装机规模稳居全球首位，发电量占比稳步提升，成本快速下降，已基本进入平价无补贴发展的新阶段。2022 年，我国提出要实现到 2030 年风电、太阳能发电总装机容量在 12 亿千瓦以上的目标，加快构建清洁低碳、安全高效的能源体系，更好地发挥新能源在能源保供增供方面的作用，助力扎实做好碳达峰、碳中和工作。[①] 由此可见，新能源产业被认为是现阶段我国完成节能减排和"双碳"目标的重要手段，被赋予重要的战略任务。那么，在新能源产业发展中，模式如何？应该怎样进行选择？也就是要对比不同模式的效应如何，首先需要确认的就是新能源产业发展效应如何测度。本章通过定性分析，构建新能源产业发展效应的测度指标体系，并提出统计测度模型。

6.1 新能源产业发展效应的定性分析

2021 年，在疫情冲击和全球政治经济局势动荡的形势下，国际社

[①] 《国务院办公厅转发国家发展改革委 国家能源局关于促进新时代新能源高质量发展实施方案的通知》，中华人民共和国中央人民政府网，2022 年 5 月 30 日，http://www.gov.cn/zhengce/zhengceku/2022 - 05/30/content_5693013. htm。

会发展新能源的决心和行动没有改变和停滞，实现气候变化目标继续成为能源行业发展和转型的指引。2021 年 11 月，《联合国气候变化框架公约》第二十六次缔约方大会在英国格拉斯哥落下帷幕，近 200 个国家共同达成了旨在加强气候行动和落实《巴黎协定》实施细则的《格拉斯哥气候公约》，重申了《巴黎协定》确定的将全球平均气温升幅控制在工业化前水平之上 2℃ 以内并向 1.5℃ 努力的目标，并在科学性与紧迫性、适应、减缓、资金、技术转让和能力建设等方面达成了各缔约方均能接受的规定（李强，2022）。习近平主席在向《联合国气候变化框架公约》第二十六次缔约方大会世界领导人峰会致辞时提出维护多边共识、聚焦务实行动和加速绿色转型三点建议，并强调，中国秉持人与自然生命共同体理念，坚持走生态优先、绿色低碳发展道路，加快构建绿色低碳循环发展的经济体系，持续推动产业结构调整，坚决遏制高耗能、高排放项目盲目发展，加快推进能源绿色低碳转型，大力发展可再生能源，规划建设大型风电光伏基地项目。① 会议首次将煤炭转型的表述纳入联合国气候协议，各缔约方承诺加快减少无减排措施的煤电。其中，由英国发起的《全球煤炭向清洁电力转型声明》获得 46 个国家支持，这些国家承诺停止新建无减排措施的煤电厂；中美两国还签署了《中美关于在 21 世纪 20 年代强化气候行动的格拉斯哥联合宣言》，提出加强并加速旨在缩小差距的气候行动与合作。这些共识和成果充分体现了各国在发展绿色低碳能源及减排方面的决心。气候目标的实现和路径选择在很大程度上依赖能源转型，尤其是新能源产业，在可预见的未来其会占据话语权，呈快速发展的态势。再次可见，新能源产业发展具有从属性、战略性和政治性。因此，新能源产业发展要服从国家整体规划目标、能源规划目标，以及新能源规划目标。

---

① 《习近平向〈联合国气候变化框架公约〉第二十六次缔约方大会世界领导人峰会发表书面致辞》，中华人民共和国中央人民政府网，2021 年 11 月 1 日，http://www.gov.cn/xinwen/2021 - 11/01/content_5648312. htm。

6.1.1 国家整体规划目标

依照《中华人民共和国国民经济和社会发展第十三个五年规划纲要》编制的《能源发展"十三五"规划》，明确了我国能源发展的指导思想、基本原则、发展目标、政策导向和重点任务，是"十三五"时期我国能源发展的总体蓝图和行动纲领。该规划的主要内容见表6-1。

表6-1 《能源发展"十三五"规划》主要内容

章序	题目	内容
第一章	发展基础与形势	发展基础 发展趋势 主要问题与挑战
第二章	指导方针和目标	指导思想 基本原则 政策取向 主要目标
第三章	主要任务	高效智能，着力优化能源系统 节约低碳，推动能源消费革命 多元发展，推动能源供给革命 创新驱动，推动能源技术革命 公平效能，推动能源体制革命 互利共赢，加强能源国际合作 惠民利民，实现能源共享发展
第四章	保障措施	健全能源法律法规体系 完善能源财税投资政策 强化能源规划实施机制

由表6-1可知，按照《能源发展"十三五"规划》的总体要求，新能源产业发展不仅综合考虑了安全、资源、环境、技术、经济等方面，而且还规定了2020年的能源发展主要目标[①]。从国际层面来看，新

---

① 1）能源消费总量。能源消费总量控制在50亿吨标准煤以内，煤炭消费总量控制在41亿吨以内。全社会用电量预期为6.8万亿~7.2万亿千瓦时。2）能源安全保障。能源自给率保持在80%以上，增强能源安全战略保障能力，提升能源利（转下页注）

能源产业发展会对国家的国际关系、国际地位、国际贸易产生影响；从国内宏观层面来看，新能源产业是国家战略层面的产业，其发展事关未来的经济增长、社会稳定、环境健康、国家安全等各个重要考量方面；从直接的效应考量层面来看，新能源产业的发展就是新能源和能源的效应，如能源消费总量、能源安全保障、能源供应能力、能源消费结构、能源系统效率、能源环保低碳和能源普遍服务。我国实现《能源发展"十三五"规划》的主要目标，自然会带来能源布局的优化、能源效率的全面系统提升、能源需求的响应能力提升等有关能源体系和整体能源产业的效应，也进一步会促进国家经济社会健康发展和国际贸易质量与合作治理。

《中华人民共和国国民经济和社会发展第十四个五年规划和 2035 年远景目标纲要》①是我国开启全面建设社会主义现代化国家新征程的宏伟蓝图。"十四五"时期，我国要统筹推进经济建设、政治建设、文化建设、社会建设、生态文明建设的总体布局，坚定不移贯彻创新、协调、绿色、开放、共享的新发展理念，以推动高质量发展为主题，以满足人民日益增长的美好生活需要为根本目的，实现经济行稳致远、社会安定和谐。展望 2035 年，广泛形成绿色生产生活方式，碳排放达峰后稳中有降，生态环境根本好转，美丽中国建设目标基本实现，参与国际

（接上页注①）用效率，提高能源清洁替代水平。3）能源供应能力。保持能源供应稳步增长，国内一次能源生产量约 40 亿吨标准煤，其中煤炭 39 亿吨，原油 2 亿吨，天然气 2200 亿立方米，非化石能源 7.5 亿吨标准煤。发电装机 20 亿千瓦左右。4）能源消费结构。非化石能源消费比重提高到 15% 以上，天然气消费比重力争达到 10%，煤炭消费比重降低到 58% 以下。发电用煤占煤炭消费比重提高到 55% 以上。5）能源系统效率。单位国内生产总值能耗比 2015 年下降 15%，煤电平均供电煤耗下降到每千瓦时 310 克标准煤以下，电网线损率控制在 6.5% 以内。6）能源环保低碳。单位国内生产总值二氧化碳排放比 2015 年下降 18%。能源行业环保水平显著提高，燃煤电厂污染物排放显著降低，具备改造条件的煤电机组全部实现超低排放。7）能源普遍服务。能源公共服务水平显著提高，实现基本用能服务便利化，城乡居民人均生活用电水平差距显著缩小。

① 《中华人民共和国国民经济和社会发展第十四个五年规划和 2035 年远景目标纲要》，中华人民共和国中央人民政府网，2021 年 3 月 13 日，http：//www. gov. cn/xinwen/2021 – 03/13/content_5592681. htm。

经济合作和竞争新优势明显增强。"十四五"时期经济社会发展主要目标中，经济发展取得新成效，生态文明建设实现新进步。生产生活方式绿色转型成效显著，能源资源配置更加合理、利用效率大幅提高，单位国内生产总值能源消耗和二氧化碳排放分别降低 13.5%、18%，主要污染物排放总量持续减少，森林覆盖率提高到 24.1%，生态环境持续改善，生态安全屏障更加牢固，城乡人居环境明显改善。发展壮大战略性新兴产业，着眼于抢占未来产业发展先机，培育先导性和支柱性产业，推动战略性新兴产业融合化、集群化、生态化发展，战略性新兴产业增加值占 GDP 比重超过 17%。构筑产业体系新支柱，聚焦新一代信息技术、新能源、高端装备、新能源汽车、绿色环保等战略性新兴产业。专门提出要"构建现代能源体系"，推进能源革命，建设清洁低碳、安全高效的能源体系，提高能源供给保障能力。加快发展非化石能源，坚持集中式和分布式并举，大力提升风电、光伏发电规模，加快发展东中部分布式能源，有序发展海上风电，加快西南水电基地建设，安全稳妥推动沿海核电建设，建设一批多能互补的清洁能源基地，非化石能源占能源消费总量比重提高到 20% 左右。推动煤炭生产向资源富集地区集中，合理控制煤电建设规模和发展节奏，推进以电代煤。有序放开油气勘探开发市场准入，加快深海、深层和非常规油气资源利用，推动油气增储上产。因地制宜开发利用地热能。提高特高压输电通道利用率。加快电网基础设施智能化改造和智能微电网建设，提高电力系统互补互济和智能调节能力，加强"源网荷储"衔接，提升清洁能源消纳和存储能力，提升向边远地区输配电能力，推进煤电灵活性改造，加快抽水蓄能电站建设和新型储能技术规模化应用。同时，专篇提出要"推动绿色发展 促进人与自然和谐共生"，实施能源资源安全战略。

按照"新能源产业—能源产业、能源体系—国家经济社会—国际贸易治理"的影响传递逻辑链条，新能源产业发展直接影响"能源产业、能源体系"，再向外传递，但能源只是国家经济社会的重要一环，整体国民经济社会发展还受到诸多因素的影响，到国际层面就更是如此，如果将所有的效应因素都考量在内，效应计算难免会有失偏颇，统计效应测度不精确，因此，本书只考量新能源产业发展的直接效应，秉承做好"未来战略布局"下的新能源产业，支持能源系统发展；做优"发展大局"下的新能源产业，保障国家安全（王林秀等，2009）。

6.1.2 新能源产业的重要作用效应

从《能源发展"十三五"规划》和"十四五"规划入手，新能源产业作为能源产业的后起之秀，对能源产业整体具有重要作用，也是未来担当能源产业发展和国家经济社会发展的投入要素。因此，新能源产业发展也应该贯彻国家整体的新发展理念，坚持新能源产业创新、技术革命、绿色开放共享的战略思想；要提升能源发展质量和效益，优化能源系统，补齐资源环境约束、质量效益不高、基础设施薄弱、关键技术缺乏等短板，着力培育能源领域四新（新技术、新产业、新业态、新模式）发展，构建清洁低碳、安全高效的现代能源体系，所以本书首先明确新能源产业发展的作用，其作用主要有以下五点。

（1）战略布局作用

促进能源行业绿色发展。发展新能源产业，提高新能源消费比重。一方面，新能源作为能源结构调整的主攻方向，坚持非化石能源对高碳化石能源的逐步替代；另一方面，新能源也是未来的战略能源，是国家可持续发展的能源基础，新能源产业发展事关国家未来的战略布局，大幅降低二氧化碳等污染物排放水平和排放强度，有利于促进国家生态文明建设。

（2）协同发展作用

促进不同产业效能提升。坚持非化石能源与化石能源产业的有序发展，把协同贯穿于发展全过程，推行大数据赋能发展，推动全社会能源生产方式和消费模式的变革。以智能高效为目标，统筹协调两大品类能源的优势互补，集成优化能源系统，协同各类能源发展，大幅提升不同产业的能源系统效率。

（3）创新引领作用

促进整体社会清洁低碳。在《能源发展"十三五"规划》中，能源革命是能源发展的核心任务，创新是引领能源发展的第一动力。在新能源产业发展过程中，其作为一个战略性新兴产业，要想清洁低碳发展，达成最初的设计目标，一定要随着体制机制创新、技术研发创新、商业模式创新，充分发挥自身的无限潜力，促进整体社会清洁低碳。

（4）开放发展作用

促进国内国际合作循环。加强新能源资源的开发利用，增强能源安全治理能力，保障多轮驱动的能源供应，形成充足稳定的能源供应体系。积极培育国内市场，深化能源国际合作战略，促进技术和装备制造出口贸易，推进国内、国际能源互联互通，提升能源合作贸易水平，积极促进全球能源治理。

（5）安全发展作用

促进国民经济健康可持续发展。能源安全是现代经济社会发展的底线。秉承国家总体安全和危机意识，必须牢牢把握主动权。利用新能源产业发展，增强国内能源供给保障能力，加快新能源替代，推进重点领域新能源和化石能源战略技术储备，统筹利用"新能源和化石能源"，构建多元安全供应和环保健康使用的国家能源安全体系，促进国民经济的健康可持续发展。

综上所述，新能源产业发展主要的直接的目标期望效应可以分为三大类，即国家能源的供应安全和能源环境保护，以及未来的战略布局（邹艳芬，2015）。

6.2 新能源产业发展效应统计测度的指标体系构建

6.2.1 指标构建原则

本书先确定新能源产业发展效应指标选取原则和目标，再依此进行测度指标体系的构建。为了更科学合理地选取指标，更准确地测度新能源产业发展效应，本书须依据以下原则进行。

（1）科学性和针对性原则

指标的选取首先要坚持科学原理，以一定的学科理论为依据。本书选取研究指标时主要以资源科学、环境科学、经济学、管理学和社会学等学科的理论为基础。

新能源产业涉及的范围广、内容多，如果面面俱到，不仅工作量大，而且有可能使评价的结果过于空泛。本书选取指标的范围尽管很广，但所选择指标紧紧围绕新能源产业这个主题，具有很强的针对性。

（2）可比性和可量化原则

选取的统计测度指标须具有双向（纵向和横向）的可比性，即指标不仅可以进行不同时间段（纵向）的新能源产业发展效应的对比，而且可以进行不同国家、不同地区之间（横向）新能源产业发展效应的对比。

所选的统计测度指标要尽可能精确量化；不能精确量化的统计指标，可以被采用多种方式进行分级评分量化。比如，在评估政府拉动能源产业发展中一些较难量化的制度性指标时，采用定性和定量相结合的方式，先定性分级，再分级赋值。

（3）实用性和目的性原则

选择的各种指标尽可能来自现有的或可获得的统计资料，以保证其具有实用性。有些指标尽管可以很好地反映新能源产业发展效应状况，但数据很难获取或无法获取，就只能被舍弃。如对新能源产业发展造成影响的部分行为习惯因素，资料很难获取，而且评价标准不统一，最终只能被舍弃。

选择的各种指标必须服务于现有的国家整体目标和依此而确定的能源环境目标，以保证指标具有目的性和导向性，反映国家未来的发展趋势。

6.2.2 具体指标体系构建

本书按照《能源发展"十三五"规划》和"十四五"规划中有关

新能源、能源的发展要求，提出了整体的新能源产业发展效应的统计测度评价指标体系，按照以上的指标选取原则，尤其是数据的精确可得性，将七个方面（能源消费总量、能源安全保障、能源供应能力、能源消费结构、能源系统效率、能源环保低碳和能源普遍服务）进行整合，归纳为能源总量、能源安全、能源结构、能源环保和能源体制五个方面。指标体系以及《能源发展"十三五"规划》中已经做出规定的指标值一并列示参考，具体见表6-2。

表6-2　新能源产业发展效应评价指标体系

类别	指标	单位	2015 年	2020 年	年均增长
能源总量	一次能源生产量	亿吨标准煤	36.2	40	2%
	电力装机总量	亿千瓦	15.3	20	5.5%
	能源消费总量	亿吨标准煤	43	<50	<3%
	煤炭消费总量	亿吨原煤	39.6	41	0.7%
	全社会用电量	万亿千瓦时	5.69	6.8～7.2	3.6%～4.8%
能源安全	能源自给率	%	84	>80	
能源结构	非化石能源装机比重	%	35	39	[4]
	非化石能源发电量比重	%	27	31	[4]
	非化石能源消费比重	%	12	15	[3]
	核能消费比重	%			
	水能消费比重	%			
	单位国内生产总值能耗降低	%			[15]
	电网线损率	%	6.64	<6.5	
能源环保	单位国内生产总值二氧化碳排放降低	%			[18]
能源体制	新能源国际项目	亿元人民币			
	新能源普遍服务	%			

注：[　] 内为五年累计值。
资料来源：国家能源局。

由表6-2可知，能源总量和能源安全最主要针对的是能源供应安全的目标效应，能源环保主要关注的是环境友好的目标（张征宇、朱平芳，2010），能源体制主要关注的是经济社会效应目标，而能源结构则是兼具能源供应安全、环境友好和经济社会效应三个目标。因为非化石能源装机容量、发电量和消费比重的上升意味着能源自给率的提高，能源供应安全性的提高；风能、太阳能、水能、核能等的温室气体排放近乎为零，地热和生物质的排放量也很低，所以新能源产业的发展对环境保护有着巨大的作用，易于达成环境友好的目标；同时，新能源产业发展水平的提高、国际综合竞争力的增强也更易于达成国际合作和产业服务，如比较典型的新能源产业扶贫等。

6.2.3 指标说明

（1）一次能源生产量

在统计年鉴中，一次能源生产量统计数据是指我国企业在报告期内对自然界现存的能源资源经过开采加工而产出的合格能源产品，如煤矿企业采掘的原煤，油田企业开采的原油，气田企业开采的天然气，水电、风电、光伏等企业的发电等的数量。

（2）电力装机总量

电力装机容量是指化石能源或新能源企业装有的全部汽轮、核能、水力、风力和太阳能光伏发电机组的额定功率的总和。从设计建设角度表征了化石能源和新能源产业的发电设施建设规模和电力生产能力（单位是"亿千瓦"）。在国家或区域的整个电力系统内，所有化石能源（火电）和非化石能源（水电、风电、核电、太阳能光伏等及其他类型）发电企业发电设施的装机容量总和，称为"电力装机总量"。

（3）能源自给率

能源自给率是能源自产总量与能源消费总量的百分率。表示一个国家或地区能源生产满足消费的程度。能源自给率越高，对外依存度就越小，能源供应的安全性越高。

（4）单位国内生产总值能耗降低

单位国内生产总值（GDP）能耗降低指产品单位 GDP 所需投入能

源降低的比重，单位 GDP 能耗的计算公式为：

$$单位\,GDP\,能耗 = \frac{能耗总量}{GDP}$$

该指标越小说明获得单位产品所需消耗的能源越少，也是国际上较为通用的一个测度能源利用效率的指标。这一指标属于衡量能源利用效率的物理指标，通常是比能源强度更详细的界定。其降低比重为：

$$单位\,GDP\,能耗降低 = \frac{当期\,GDP - 上一期\,GDP}{上一期\,GDP}$$

（5）电网线损率

供电企业发电后，要将电能从发电厂通过六级变压输送至用户，在这一电能输送和分配过程中，电网各个元件产生的损失被统称为线损。线损电量的供电量与售电量之差占供电量的比重被称为线损率。[①] 具体的计算公式是：

$$线损率 = \left(1 - \frac{售电量}{供电量}\right) \times 100\%$$

（6）单位国内生产总值二氧化碳排放降低

单位 GDP 二氧化碳排放降低是指生产单位 GDP 所产生的二氧化碳排放与基期相比的降低比例，单位 GDP 二氧化碳排放的计算公式为：

$$单位\,GDP\,二氧化碳排放 = \frac{二氧化碳排放总量}{GDP}$$

---

① 供电企业的任务是将电能从发电厂输送到工业、农业、居民等电力、照明用户去使用。电能是通过各级升压变压器、各级输电线路、各级降压变压器来输送的。在我国较多的通过六级变压输送，才能将电能从发电厂（站）输送到四面八方去消费。六级变压都是电能和磁能相互转化，这两种形式能量的转换效率是很高的，但还是有电能损失，且服从能量守恒定律，此外，还有电阻中的能损和供电企业管理不善所造成的各种能量损失。综上所述，在输送和分配（变压）电能过程中，电力网中各个元件所产生的功率损失和电能损失以及其他损失被统称为线路损失（供电损失），简称线损。线损电量包括从发电厂主变压器一次侧（不包括厂用电）至用户电能表上的所有电能损失。线损电量不能直接计量，它是用供电量与售电量相减计算出来的。线损电量占供电量的百分比被称为线路损失率，简称线损率。

该指标越小说明取得单位产品所需排放的二氧化碳越少，也是国际上较为通用的一个测度污染排放率的指标。其降低比例的计算方式为：

$$单位 GDP 二氧化碳排放降低 = \left(\frac{考察期单位 GDP 二氧化碳排放}{基期单位 GDP 二氧化碳排放} - 1 \right) \times 100\%$$

在能源体制的两个指标中，新能源国际项目主要是国内企事业单位承担和完成的境外新能源项目，以完成的总价值表示。新能源普遍服务是能源发展的三大目标之一，是发展中国家必须面对并且需要着力解决的问题。对于任何国家来说，一个有效的能源系统应该为所有人提供可持续、安全、可负担和可获得的能源，能源"可负担"和"可获得"是能源普遍服务的基本要求，需要合理的政策设计和资金支持，是一国政府执政业绩的重要方面（林伯强，2019），以新能源的电力普及、电气化等的服务覆盖率进行表示。

在数据资料核算中，我们还有一项需要说明，即在进行价值型指标计算时，为使各国之间具有可比性，必须统一核算。自 1995 年起，为使各国的国内生产总值具有可比性，世界银行发展年报同时公布两套数据，一套按照汇率法核算，另一套按照购买力平价（PPP）法核算。在这两套排名中，中国的排名前后差别很大（邹艳芬、陆宇海，2013）。鉴于以上两种方法的优缺点，在指标计算过程中，为使各个国家的数据具有可比性，本书拟使用两种核算方式对采用 2005 年不变价的各国 GDP 进行国际比较，可以预见的是，购买力平价法核算方式一定比汇率法核算方式测度的中国新能源产业发展效应更高，与发达国家的差距也更小。

6.3 新能源产业发展效应的统计测度

6.3.1 测度指标的赋权计算

各地区新能源产业发展效应的测度必须综合考虑能源效应的指标情

况，而每个指标的完成对总体新能源产业来说，重要程度是不同的。因此，本书按照这些指标的重要性和对国家整体经济社会发展的影响程度，依据一定的数学方法对指标权重做出计算。

（1）权重计算方法

对指标体系权重的确定，现有两大类方法（主观赋权法、客观赋权法）。综合考虑多目标决策中指标权重系数确定的特点和新能源产业指标体系的实际，为尽量做到评价结果的科学公正，本书决定主要采用熵权法来确定指标权重（邹艳芬，2013）。在熵权法中，指标数值差异性越大，赋权越高。特别地，当某项指标下的数据完全相等时，差异性系数最小。熵权法是一种利用熵值构造权重的方法，设各指标分别为 x_1，x_2，$\cdots$，x_n，新能源产业效应指标数据矩阵为：

$$\mathbf{X} = \begin{bmatrix} X_{11} & X_{12} & \cdots & X_{1n} \\ X_{21} & X_{22} & \cdots & X_{2n} \\ \vdots & \vdots & & \vdots \\ X_{m1} & X_{m2} & \cdots & X_{mn} \end{bmatrix} \tag{6-1}$$

其中，$x_{ij} \geq 0$（$i = 1, 2, \cdots, m$；$j = 1, 2, \cdots, n$），表示第 i 个国家第 j 个指标数据，熵权法的基本步骤如下。

1）求出第 j 项指标下第 i 个国家的指标值比重 f_{ij}

$$f_{ij} = \frac{x_{ij}}{\sum_{i=1}^{n} x_{ij}}, i = 1, 2, \cdots, m; j = 1, 2, \cdots, n \tag{6-2}$$

2）计算第 j 项指标的熵值 e_j

$$e_j = -k \sum_{i=1}^{m} f_{ij} \ln f_{ij}, i = 1, 2, \cdots, m; j = 1, 2, \cdots, n \tag{6-3}$$

其中，$k > 0$，为待定常数，$e_j > 0$。

3）计算第 j 项指标的差异性系数 g_j

$$g_j = 1 - e_j \tag{6-4}$$

指标的差异性系数反映了各指标下各个国家新能源产业发展效应指

标数据值的差异性大小。某指标下的数据差异性越大，则 g_j 的值也越大，该指标的权重也越大，特别地，当某项指标下的数据完全相等时，差异性系数最小，即 $g_j = 0$，而 $e_j = 1$，$f_{ij} = \dfrac{1}{m}$，因此，$k = \dfrac{1}{\ln 32} = 0.2885$。

4）确定各项指标的权重 w_j

$$w_j = \frac{g_j}{\sum\limits_{j=1}^{n} g_j}, \ j = 1,2,\cdots,n \qquad (6-5)$$

（2）权重的计算

通过以上分析，新能源产业发展效应评价的测度指标体系已经建立，接下来本书利用中国 30 个省区市（不含港、澳、台、西藏）官方公布的资料及国际权威机构的有关数据，采用熵权法进行指标的赋权，对指标国家或地区的新能源产业发展效应状况进行测度。效应指标权重的计算结果见表 6-3。

表 6-3　效应指标权重

类别	权重	指标	权重	指标性质
能源总量	0.15	一次能源生产量	0.17	区间
		电力装机总量	0.28	区间
		能源消费总量	0.12	负向
		煤炭消费总量	0.10	负向
		全社会用电量	0.33	负向
能源安全	0.19	能源自给率	1.00	正向
能源结构	0.31	非化石能源装机比重	0.16	正向
		非化石能源发电量比重	0.13	正向
		非化石能源消费比重	0.15	正向
		核能消费比重	0.11	正向
		水能消费比重	0.18	正向
		单位国内生产总值能耗降低	0.21	正向
		电网线损率	0.06	负向

续表

类别	权重	指标	权重	指标性质
能源环保	0.23	单位国内生产总值二氧化碳排放降低	1.00	正向
能源体制	0.12	新能源国际项目	0.65	正向
		新能源普遍服务	0.35	正向

由表 6-3 可知，在新能源产业发展效应的五个方面，能源结构所占的权重（0.31）最高，其次是能源环保（0.23），再次是能源安全（0.19）和能源总量（0.15），权重最低的是能源体制（0.12）。对比分析显示，权重之间的差异较大，新能源产业的发展最主要、最直接的促进效应是能源结构的改进，其次是发展新能源产业的战略考量，就是新能源的绿色环保效应和对能源供应安全和使用安全的正向效应。在每一个子指标中，高权重的有电力装机总量和全社会用电量、能源自给率、单位国内生产总值能耗降低和单位国内生产总值二氧化碳排放降低等指标。从新能源产业发展的角度来看，国家或地区比较关注新能源产业的基础设施建设、发电量和能源供应保障，以及能源体系的节能减排等方面。

6.3.2 发展效应的统计测度

通过对国内的 30 个省区市（不含港、澳、台、西藏）进行资料收集和整理，借鉴邹艳芬和陆宇海（2013）的文献，按照正向指标、负向指标和区间指标的不同性质，对指标进行标准化处理，再按照熵权法，计算得出 2014~2019 年我国及各省区市的新能源产业发展效应的统计测度值，具体见表 6-4。

表 6-4　2014~2019 年中国及各省区市新能源产业发展效应测度结果

国家或地区	2014 年	2015 年	2016 年	2017 年	2018 年	2019 年
全国	8.2044	8.4683	10.1702	11.8424	11.9713	12.1370
北京	3.3890	3.3875	3.4806	3.4571	4.3824	4.8708

国家或地区	2014 年	2015 年	2016 年	2017 年	2018 年	2019 年
天津	4.3363	4.1395	5.0368	4.2709	3.8101	5.2250
河北	4.0494	4.4421	4.7143	4.5134	4.5206	5.5265
山西	1.9349	1.9183	2.1077	2.0133	2.0371	2.3436
内蒙古	1.7913	1.7118	1.8796	2.0296	2.0360	2.0523
辽宁	1.0792	0.9922	1.2874	1.0045	0.9179	0.9290
吉林	7.8164	7.8589	7.2769	7.4159	7.5762	9.5498
黑龙江	6.4565	6.6151	6.6500	6.9094	8.4378	9.2127
上海	1.1597	1.1726	1.2830	1.3749	1.4472	1.7378
江苏	6.0851	7.2386	8.1467	6.4530	5.6503	7.0308
浙江	2.8263	3.2329	3.7127	3.1592	2.9285	2.8868
安徽	0.7148	0.7433	0.8965	0.7469	0.7031	0.8475
福建	4.4865	4.9941	4.6047	3.6375	3.1809	3.9942
江西	1.5329	1.9006	2.4517	2.3836	2.5830	2.8198
山东	0.5908	0.6323	0.6142	0.6417	0.7117	0.7701
河南	1.0534	1.0261	1.0641	1.0911	1.0478	0.9774
湖北	7.8538	8.1123	7.9286	7.6243	6.7626	6.9960
湖南	3.6266	4.0435	3.8737	3.8393	4.1353	4.9177
广东	7.9156	9.0356	8.0141	7.6168	6.7536	5.8516
广西	3.4043	2.7647	3.2263	3.2117	3.1067	2.3222
海南	5.6885	5.6262	5.7673	5.8498	5.3127	5.2178
重庆	1.3780	1.4601	1.4374	1.4379	1.4158	1.4031
四川	8.9062	9.3857	8.4371	8.5242	7.9775	8.4067
贵州	1.1973	1.2515	1.2047	1.2243	1.1825	1.1817
云南	1.8837	1.7821	1.7431	1.6910	1.5879	1.5673
新疆	5.8509	5.9460	5.7957	5.9260	5.9151	5.7408
陕西	5.1079	4.9074	4.7953	5.2565	5.2381	5.3573
甘肃	0.9873	0.9378	0.8613	0.8155	0.9668	0.9443
青海	0.2051	0.2085	0.2418	0.2076	0.2153	0.2261
宁夏	0.3400	0.3240	0.3157	0.3254	0.3051	0.3321

由表 6 – 4 可知，各省区市的新能源产业发展效应是明显逐年向好的趋势，但各区域之间的差异明显。为进一步展示各区域之间的差异对比，下面用图的形式进行表达，具体见图 6 – 1。

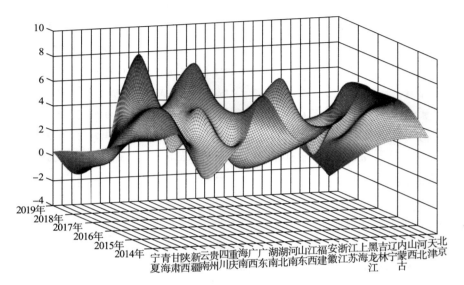

图 6 – 1　2014 ~ 2019 年中国各省区市新能源产业发展效应测度结果

由表 6 – 4 和图 6 – 1 可知，从时间维度来看，新能源产业的发展效应提高明显，但从空间维度来看，各个省域之间差异较大。效应相对较为显著的是吉林省、黑龙江省、四川省、江苏省和湖北省，5 个省份2019 年的测度值分别为 9.5498、9.2127、8.4067、7.0308、6.9960。这些省份的特征比较明显，具体分析如下：吉林省、黑龙江省、四川省的自然资源丰富，地域面积辽阔，农业发达，发展新能源产业条件优越；江苏省是经济最为发达的省份之一，但化石能源匮乏，是能源最大的输入省份之一，该省对新能源发展十分重视，同时得益于技术水平和经济基础的优越条件，新能源产业发展效应明显；湖北省地处中部地区，水资源等十分丰富，在经济实力和技术水平等方面又处于中间层次，对新能源产业发展也十分重视，其效应较好。效应相对不够显著的省区是甘肃省、辽宁省、安徽省、山东省、宁夏回族自治区和青海省，

6 个省区 2019 年的测度值分别为 0.9443、0.9290、0.8475、0.7701、0.3321、0.2261。这些省区的特征也比较突出，具体分析如下：甘肃省、宁夏回族自治区和青海省的化石能源资源丰富，地域面积辽阔，能源消费以化石能源为主，发展新能源的条件虽然比较优越，但发展的动力不足；辽宁省、安徽省和山东省都是工业经济相对非常发达的省份，化石能源也比较丰富，对新能源产业发展的重视程度相对较弱，产业结构比较高碳，因此，对新能源产业的投入相对不足，效应不是很好。

6.3.3　发展效应的区域对比分析

按照上一章确定的新能源产业发展效应评价模型，在此，本书对中国新能源产业发展效应评价进一步进行统计描述，首先，对常见的地理分区进行统计描述。现阶段我国常见的地理分区有三种：三大区域、四大区域和八大区域。① 因为本书以研究经济问题为主，所以不分析依据地形划分的四大区域的划分方法，只保留三大区域和八大区域的划分方法。本书对三大区域进行测度分析的结果见表 6 - 5。

表 6 - 5　2014 ~ 2019 年中国新能源产业发展效应统计描述（三大区域）

年份	区域	指标							
		极差	最小值	最大值	均值	标准差	方差	偏度	峰度
2014	东部	7.3248	7.9156	0.5908	3.7509	2.0910	4.7695	0.2508	- 0.2820
	中部	2.7861	7.1390	7.8538	0.7148	2.6824	7.1951	1.7731	3.0861
	西部	8.7011	8.9062	0.2051	2.8229	2.7349	7.4798	1.2926	1.0452

① 按照经济分为东中西三大区域；按照地形分为西北地区、北方地区、南方地区、青藏地区四大区域；按照区域划分为华东地区（上海市、江苏省、浙江省、安徽省、福建省、江西省、山东省）、华南地区（广东省、海南省、广西壮族自治区）、华北地区（北京市、天津市、山西省、河北省、内蒙古自治区中部）、华中地区（河南省、湖北省、湖南省）、西南地区（重庆市、四川省、贵州省、云南省、西藏自治区）、西北地区（陕西省、甘肃省、青海省、宁夏回族自治区、新疆维吾尔自治区、内蒙古自治区西部阿拉善盟）、东北地区（黑龙江省、吉林省、辽宁省、内蒙古自治区东部）、港澳台地区（香港特别行政区、澳门特别行政区、台湾地区）八大区域。

年份	区域	指标							
		极差	最小值	最大值	均值	标准差	方差	偏度	峰度
2015	东部	8.4033	9.0356	0.6323	3.9715	2.4248	6.4142	0.5539	-0.0222
	中部	2.9574	7.3690	8.1123	0.7433	2.7778	7.7163	1.6503	2.5428
	西部	9.1772	9.3857	0.2085	2.7891	2.8362	8.0438	1.5069	1.8324
2016	东部	7.5325	8.1467	0.6142	4.1573	2.3317	5.9309	0.2485	-0.5540
	中部	3.0537	7.0321	7.9286	0.8965	2.6194	6.8613	1.6262	2.7230
	西部	8.1953	8.4371	0.2418	2.7216	2.6017	6.7687	1.2635	0.9061
2017	东部	6.9751	7.6168	0.6417	3.7659	2.0635	4.6451	0.2230	-0.5453
	中部	2.9498	6.8774	7.6243	0.7469	2.5356	6.4295	1.5593	2.4617
	西部	8.3166	8.5242	0.2076	2.7863	2.6774	7.1684	1.1927	0.5619
2018	东部	6.0419	6.7536	0.7117	3.5602	1.8168	3.6007	-0.0457	-0.7692
	中部	2.8782	6.0595	6.7626	0.7031	2.2603	5.1090	1.1316	0.8377
	西部	7.7622	7.9775	0.2153	2.7224	2.5560	6.5334	1.1028	0.1291
2019	东部	6.2607	7.0308	0.7701	3.8636	1.9895	4.3180	-0.2287	-1.2914
	中部	3.1503	6.1485	6.9960	0.8475	2.3957	5.7395	0.8588	-0.3144
	西部	8.1806	8.4067	0.2261	2.6849	2.6365	6.9514	1.2977	0.7503

由表 6-5 可见利用熵权法计算的 2014~2019 年中国三大区域的新能源产业发展效应统计描述结果。从纵向对比来看，在东部地区，5 个统计指标值，包括极差、标准差、方差、偏度和峰度，基本都是先升后降，除偏度和峰度外，每个统计指标的两个极值点差异都不大；而在中部地区，6 个统计指标值是波动变化的；在西部地区，6 个统计指标值表现各异，极差是波动向下，标准差和方差是先升后降，小幅波动，偏度和峰度则是呈明显的先上升后下降趋势。从横向比较来看，在极差方面，中部地区的极差最小，其次是东部地区，西部地区最大，但东部和西部地区的差异很小；在均值方面，东部地区的均值最大，中部地区的均值最小；在标准差和方差方面，除 2016 年外，西部地区最大，东部地区相对较小；偏度和峰度的最大值（1.7731 和 3.0861）均在 2014 年

中部地区，偏度和峰度的最小值（－0.2287 和－1.2914）均在 2019 年东部地区。

接下来，本书进一步对七大区域进行分析，因为港澳台地区数据缺乏，所以在此不进行统计（见表 6 – 6）。

表 6 – 6　2014 ~ 2019 年中国新能源产业发展效应统计描述（七大区域）

区域	2014 年							
	极差	最小值	最大值	均值	标准差	方差	偏度	峰度
华东	5.4943	6.0851	0.5908	2.4852	2.1003	4.4113	0.9865	－ 0.3491
华南	4.5113	7.9156	3.4043	5.6695	2.2557	5.0882	－ 0.0380	
华北	2.5450	4.3363	1.7913	3.1002	1.1815	1.3959	－ 0.2669	－ 2.9111
华中	6.8004	7.8538	1.0534	4.1779	3.4336	11.7893	0.7039	
西南	7.7089	8.9062	1.1973	3.8432	3.4126	11.6456	1.0154	－ 0.8659
西北	4.9028	5.1079	0.2051	1.6863	2.0133	4.0534	1.7373	3.0620
东北	6.7372	7.8164	1.0792	5.1174	3.5626	12.6924	－ 1.4525	

区域	2015 年							
	极差	最小值	最大值	均值	标准差	方差	偏度	峰度
华东	6.6063	7.2386	0.6323	2.8449	2.4858	6.1791	1.0508	0.0525
华南	6.2709	9.0356	2.7647	5.8088	3.1394	9.8561	0.2609	
华北	2.7303	4.4421	1.7118	3.1198	1.2536	1.5715	－ 0.2401	－ 2.8586
华中	7.0862	8.1123	1.0261	4.3940	3.5561	12.6457	0.4392	
西南	8.1342	9.3857	1.2515	3.9651	3.5955	12.9278	1.0842	－ 0.5575
西北	4.6989	4.9074	0.2085	1.6179	1.9334	3.7382	1.7477	3.0967
东北	6.8667	7.8589	0.9922	5.1554	3.6587	13.3859	－ 1.5096	

区域	2016 年							
	极差	最小值	最大值	均值	标准差	方差	偏度	峰度
华东	7.5325	8.1467	0.6142	3.1014	2.6729	7.1442	1.2179	1.2402
华南	4.7878	8.0141	3.2263	5.6692	2.3954	5.7380	－ 0.1839	
华北	3.1572	5.0368	1.8796	3.4438	1.4478	2.0963	－ 0.0163	－ 2.8176

续表

区域	2016 年							
	极差	最小值	最大值	均值	标准差	方差	偏度	峰度
华中	6.8645	7.9286	1.0641	4.2888	3.4510	11.9096	0.5334	
西南	7.2324	8.4371	1.2047	3.7236	3.2405	10.5012	0.9540	−1.2555
西北	4.5535	4.7953	0.2418	1.6187	1.8925	3.5815	1.6483	2.5857
东北	5.9895	7.2769	1.2874	5.0714	3.2920	10.8374	−1.6617	

区域	2017 年							
	极差	最小值	最大值	均值	标准差	方差	偏度	峰度
华东	5.8113	6.4530	0.6417	2.6281	2.0431	4.1743	1.1123	1.1806
华南	4.4051	7.6168	3.2117	5.5594	2.2169	4.9145	−0.5793	
华北	2.5001	4.5134	2.0133	3.2569	1.1937	1.4250	−0.1805	−2.9448
华中	6.5332	7.6243	1.0911	4.1849	3.2803	10.7603	0.4688	
西南	7.2999	8.5242	1.2243	3.7607	3.2974	10.8730	0.9359	−1.3841
西北	5.0489	5.2565	0.2076	1.7269	2.1008	4.4132	1.6621	2.5952
东北	6.4114	7.4159	1.0045	5.1099	3.5644	12.7051	−1.6928	

区域	2018 年							
	极差	最小值	最大值	均值	标准差	方差	偏度	峰度
华东	4.9472	5.6503	0.7031	2.4578	1.7369	3.0169	0.9468	0.9588
华南	3.6469	6.7536	3.1067	5.0577	1.8368	3.3738	−0.6128	
华北	2.4846	4.5206	2.0360	3.3572	1.2347	1.5245	−0.4123	−3.1254
华中	5.7148	6.7626	1.0478	3.9819	2.8605	8.1824	−0.2406	
西南	6.7950	7.9775	1.1825	3.6158	3.1299	9.7961	0.8391	−1.9394
西北	5.0228	5.2381	0.2153	1.7523	2.0800	4.3263	1.6315	2.5523
东北	7.5199	8.4378	0.9179	5.6440	4.1155	16.9374	−1.6470	

区域	2019 年							
	极差	最小值	最大值	均值	标准差	方差	偏度	峰度
华东	6.2607	7.0308	0.7701	2.8696	2.1741	4.7268	1.2376	1.6853
华南	3.5294	5.8516	2.3222	4.4639	1.8816	3.5405	−1.5136	
华北	3.4742	5.5265	2.0523	4.0036	1.6678	2.7816	−0.5388	−3.1109
华中	6.0186	6.9960	0.9774	4.2970	3.0569	9.3448	−0.8760	

区域	2019 年							
	极差	最小值	最大值	均值	标准差	方差	偏度	峰度
西南	7. 2250	8. 4067	1. 1817	3. 6599	3. 2587	10. 6190	0. 9643	- 1. 2461
西北	5. 1312	5. 3573	0. 2261	1. 7824	2. 1261	4. 5202	1. 6604	2. 6521
东北	8. 6208	9. 5498	0. 9290	6. 5638	4. 8828	23. 8419	- 1. 7228	

由表 6 - 6 可见利用熵权法计算的中国七大区域新能源产业发展效应的统计描述结果。

从纵向对比来看，在极差方面，华东地区、华北地区、西北地区和东北地区是小幅波动向上，在其余的三个区域（华南地区、华中地区、西南地区）是小幅波动向下；在均值方面，华东地区、华北地区和东北地区是小幅波动向上，华南地区是小幅波动向下，在其余的三个区域（华中地区、西南地区、西北地区）基本没有变化；在标准差和方差方面，华东地区、西南地区和西北地区是基本没有变化，华南地区和华中地区是小幅波动向下，其余的两个区域（华北地区和东北地区）波动向上；在偏度方面，华东地区是小幅波动向上，西南地区和西北地区基本没有变化；其余的四个区域（华南地区、华中地区、华北地区和东北地区）是波动向下。

从横向对比来看，在极差方面，除 2018 年和 2019 年是东北地区最大外，2016 年是华东地区最大，2014 ~ 2015 年、2017 年均是西南地区最大而华北地区最小，华中地区、华南地区、西北地区相对较大；在均值方面，除 2019 年是东北地区最大外，其他年份华南地区最大，西北地区最小；在标准差和方差方面，华中地区（2014 年）、东北地区（2015 年、2017 ~ 2019 年）、华中地区（2016 年）最大，华北地区最小；偏度和峰度的最大值（1. 7477 和 3. 0967）均在 2015 年的西北地区，偏度最小值（- 1. 7228）在 2019 年的东北地区；峰度的最小值（- 3. 1254）在 2018 年的华北地区。

综上所述，首先，本章从《能源发展"十三五"规划》和"十四五"规划入手，分析新能源产业对能源产业整体的重要作用；其次，从能源总量、能源安全、能源结构、能源环保和能源体制五个方面构建新能源产业发展效应的测度指标体系，体系包括 16 个指标；再次，运用熵权法进行指标赋权，并提出统计测度模型，能源结构的权重（0.31）最高，其后依次是能源环保（0.23）、能源安全（0.19）和能源总量（0.15），权重最低的是能源体制（0.12）；最后，对中国新能源产业发展模式效应进行统计测度，从时间维度来看，中国新能源产业的发展效应提升明显，从空间维度来看，各个省域之间差异较大。

7 国际新能源产业发展模式的历史镜鉴

无论是物质产品还是精神产品，其生产都离不开能源的投入，在社会发展的一定阶段，能源需求与日俱增已经是一个不争的事实。传统化石能源（煤炭、石油、天然气）是不可再生资源，即便其取之不尽、用之不竭，人类社会也无法承受化石能源消费带来的环境污染，因此，发展新能源产业成为当务之急（Keii et al.，2020）。目前我国的新能源产业作为战略性新兴产业，其投入需求是迫切的，其迅速发展是急需的，但规模的快速扩张不可避免地会产生一系列问题（Key et al.，2007）。例如，我国光伏产业存在严重的产能过剩和市场低端无序竞争的问题，部分地区的光伏产业达不到清洁生产的标准。我国新能源产业普遍面临市场、成本、资金、技术、制度、环境等多方面的发展压力和结构性失衡问题。因此，本书深入研究国际成功经验，希望以此为我国新能源产业的高质量发展提供镜鉴。

7.1 典型国家新能源产业发展

《BP世界能源统计年鉴2022》显示，在系统成本下降的背景下，全球风能和太阳能装机容量在过去五年呈现稳定增长趋势。2021年，全球可再生能源新增装机容量超过256吉瓦，并且成为各类电源总装机中唯一发电量有所净增长的能源类型，累计装机容量约为3064吉瓦，年均增长率约为 8% ~ 10% 。同时，全球储能市场也保持高速增长，新增装机容量 29.6 吉瓦时，同比增长 72.4% 。预计未来 5 ~ 10 年全球储能市场将迎来快速发展，新增装机容量约 362 吉瓦时。2021 年，全球一次能源需求同比增长 5.8% ，已经超过 2019 年的水平，创历史最大涨幅。其中风能、太阳能增长幅度成为所有能源中最高的，达到 15% 。全球能源转型的步伐逐步加快，可再生能源在一次能源消费中的占比逐步加大，尤其是风能和太阳能，占可再生能源的 79.1% 。近年来，太阳能和风能发电量持续增长。2021 年全球太阳能发电量涨幅为 19% ，利用最多的是中国、美国和德国。全球新增装机容量达 139 吉瓦，累计装机容量达 760 吉瓦左右，新增光伏前三大市场分别是中国、美国和越南。与此同时，屋顶分布式光伏成为投资热点，越南、澳大利亚、德国和美国屋顶分布式光伏市场份额出现明显增长。风能发电量增长 15.8% ，利用量最多的是中国，其次是美国，在发电结构中占据较大份额的国家还有丹麦、乌拉圭、爱尔兰和英国。在海上风电方面，全球 35.3 吉瓦的总装机容量中，近 6.1 吉瓦成功并网。凭借发电规模大、容量系数高、出力平稳以及成本下降等优势，海上风电正在吸引各方资本进行投资。

7.1.1 德国新能源产业发展状况

德国一直重视新能源产业发展，1991 年，为保证来自小型发电厂的可再生能源供应商的最低收入，德国政府出台《可再生能源电力上网法》（StrEG），要求电网运营商以固定价格收购可再生能源电力。2000 年 3 月，德国正式出台《可再生能源法》，引入优先原则和全德境内均衡补偿机制，并将水电、垃圾填埋气和沼气的限制大幅提高，实施差异化、可长期执行和定期调整的固定电价政策。此后，在施罗德政府"十万屋顶计划"的推动下，德国风电和光伏发电装机快速增长，同时，为落实欧盟有关促进可再生电力能源的要求，德国于 2004 年进行《可再生能源法》修订。从 2005 年到 2021 年，德国又先后五次修订《可再生能源法》（EEG2009、EEG2012、EEG2014、EEG2017 和 EEG2021），对可再生能源发电量占比的要求不断提高。EEG2014 引入直接销售机制、以市场为导向的竞标机制等，确定了能源转型的新起点。EEG2017 旨在实现固定上网电价市场向市场招标程序模式的系统性转变。EEG2021 取消了部分可再生能源附加费，并提出到 2050 年，所有电力行业与用电终端应实现碳中和等目标（李昕蕾、张宁，2021）。

《可再生能源法》从 2000 年正式出台到 2021 年，先后经历了六次修订，德国政府一直在不断探索能源转型的道路，促进电力市场在"经济性"和"环保性"之间的平衡。时隔一年多，面对能源短缺和价格高企，为加速提升可再生能源发展的"优先级"，2022 年 7 月 7 日，德国联邦议会通过了《可再生能源法》（EEG2023）修正案等一揽子能源法案，500 多页的四项法案详细阐明了未来十余年可再生能源的发展规划。为更快地摆脱对传统化石能源的依赖和加速绿色能源的发展，德国所下的决心和力度明显更大。法案要求可再生能源在电力供应中的比例由 65% 提高到 80%，电力供应"基本实现碳中和"从 2050 年显著提前到 2035 年，并从大幅提高装机目标、税收等政策优惠程度、降低融资成本、简化程序和审批标准化等多个方面，加大推进能源转型力度。用德国议会的原话，就是"我们正在将可再生能源的发展速度提高三倍"。

2021 年，德国能源消耗中，石油和天然气总共占比接近 60%，可再生能源的比例只有 16%。但可再生能源发电占总发电量的 40% 以上，最主要来源是海上及陆上风电、光伏和生物质能。新法案的多数条款将于 2023 年起实施，其中明确了具体的装机目标：陆上风电装机容量从 2024 年的 69 吉瓦增加到 2040 年的 160 吉瓦；光伏系统从 2024 年的 88 吉瓦提高到 2040 年的 400 吉瓦；2040 年陆上风能、太阳能和生物质能的累计发电量将达到 568.4 吉瓦。同时，未来德国每个州都必须分配 2% 的土地用于安装风电装机（目前平均占比约为 0.8%）；太阳能地面装机的招标数量，每年新增装机 22 吉瓦，其中屋顶光伏和地面光伏应各占一半，并向光伏电力供应商提供补贴，太阳能电力上网的报酬大幅增加，而且德国本土能源公司将在 5 年内无须开展公开招标程序。① 2011～2019 年德国的风电和光伏发电装机容量变化见图 7－1。

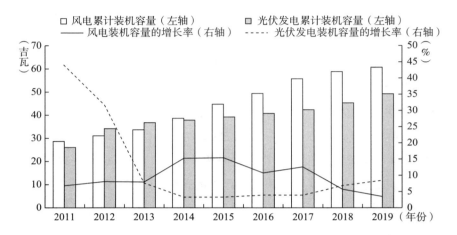

图 7－1　2011～2019 年德国的风电和光伏发电装机容量变化
资料来源：历年《BP 世界能源统计年鉴》。

由图 7－1 可知，德国 2011～2019 年的风电和光伏发电累计装机容量处于一直上升的态势，但增长率基本处于平稳波动状态。风力发电的累计装机容量从 2011 年的 28.7 吉瓦到 2019 年的 60.7 吉瓦，光伏发电累计装机容量也从 2011 年的 25.9 吉瓦到 2019 年的 49 吉瓦。2011～2019 年，德国风电和光伏发电装机容量的平均增长率分别为 9.54% 和 12.54%。

2021 年，德国的风电和光伏产业制造端、应用端、装备技术都取得了快速增长。风能发电量和光伏发电量较上年增加较快（见图 7－2）。

由图 7－2 可知，德国 2011～2019 年的风能发电量一直处于上升的态势，光伏发电量增速较慢，基本是平稳发展。年均风能和光伏的发电量（增长率）分别为 79.38 太瓦时（15.63%）和 35.72 太瓦时（18.03%），发电量也分别从 2011 年的 46.5 太瓦时和 19.6 太瓦时增加到 2019 年的 125.9 太瓦时和 46.4 太瓦时。

---

① 《德国通过可再生能源法　能源转型步入全新阶段》，"新浪财经"百家号，2022 年 7 月 13 日，https://baijiahao.baidu.com/s? id＝1738168066019608820&wfr＝spider&for＝pc。

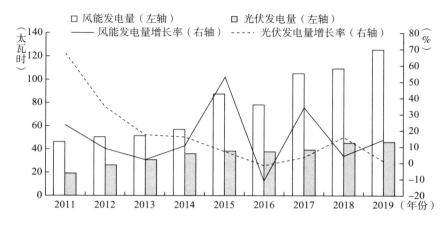

图 7 - 2　2011～2019 年德国的风能发电量和光伏发电量变化
资料来源：历年《BP 世界能源统计年鉴》。

7.1.2　美国新能源产业发展状况

美国能源信息署（U. S. Energy Info Administration）公布，2022 年 4 月，美国可再生能源（风能、水力发电和太阳能等碳中和能源）发电量占比达到 28%，核能发电量占比下降至 18%，这一具有突破性的数字表明，可再生能源已成为美国能源市场的重要组成部分。美国利用风能、太阳能和水力等可再生能源发电的比例一直在稳步上升，从 2001 年 4 月的 8.6% 上升至 2022 年 4 月的 28%，主要是因为风能和太阳能的设施建设和价格引导。2021 年，生产 1 兆瓦时电能的价格，全新风力涡轮机为 26～50 美元，而高性价比的纯汽油厂为 45～74 美元。在联邦、州及地方政府的大力推动及政策帮助下，美国的可再生能源，包括风力、太阳能电力迅猛发展，成为 21 世纪以来能源领域增长最快的部门，2000～2021 年增长了 102%，而同一时期化石燃料增长了 35%、核能增长了 3%。2021 年，可再生能源占整个能源产业的 13%。此外，据美国能源信息署（EIA）统计，2019 年美国开始成为能源净出口国，这是在 1952 年成为能源净进口国之后的最大改观。美国的能源进口量从 20 世纪 50 年代中期开始增长，到 2007 年达到峰值，能源净进口总量约占能源消费总量的

30%。从 2007 年起，能源进口量开始下降，2021 年创历史新低。

拜登政府的主要施政目标是发展可再生能源，保护环境，这也是联邦政府的优先事项之一。拜登政府制定了到 2035 年以 100% 清洁电力运行全国电网的目标。据美国事实学会（USA Facts Institute）的年度报告统计，2020 年美国人均温室气体排放量下降了 9.9%，而在此之前，从 2000 年到 2019 年平均每年下降 1.4%。美国能源部于 2022 年 4 月发出公告，就一项约 23 亿美元用于清洁电网的计划征求公众意见。这项新计划的资金来自国会通过的《基础设施投资及就业法》（Infrastructure Investment and Jobs Act），由能源部通过"建设更好电网倡议"施行管理，该计划的实施对提供清洁、负担得起、可靠的电网将起到积极作用，对实现 2035 年全国电网全部以清洁电力运行的目标至关重要。在可再生能源中，风能、太阳能和水能的温室气体排放量被认为是零，地热的排放量很低，生化物质的排放量为中，因此，大力提倡与推广可再生能源对环境保护有着巨大的作用。[①] 2011～2019 年美国的风电和光伏发电装机容量变化见图 7 - 3。

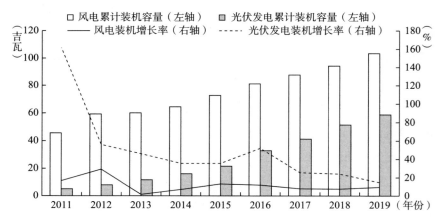

图 7 - 3 2011～2019 年美国的风电和光伏发电装机容量变化
资料来源：历年《BP 世界能源统计年鉴》。

---

① 雾谷飞鸿 Xiaolu：《美国可再生能源发展迅速》，"美国驻华大使馆"微博，2022 年 7 月 27 日，https://card.weibo.com/article/m/show/id/2309404795886080229875。

由图 7-3 可知，美国 2011~2019 年的风电和光伏发电累计装机容量处于一直上升的态势，风电装机增长率基本处于平稳波动状态。风力发电的累计装机容量从 2011 年的 45.7 吉瓦增加到 2019 年的 103.6 吉瓦，光伏发电累计装机容量也从 2011 年的 5.2 吉瓦增加到 2019 年的 58.9 吉瓦。2011~2019 年，风电和光伏发电装机容量的平均增长率分别为 11.67% 和 49.88%。

2022 年 4 月，美国可再生能源与核能发电量占比在 46% 以上，其中，风能和光伏发电量总和占比达 19.6%，较上年有突破性增加。美国 2011~2019 年的风能发电量和光伏发电量变化见图 7-4。

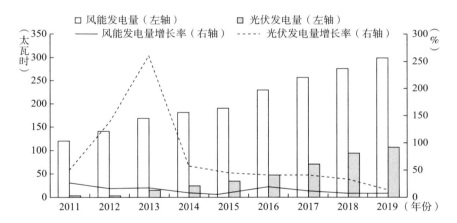

图 7-4 2011~2019 年美国的风能发电量和光伏发电量变化
资料来源：历年《BP 世界能源统计年鉴》。

由图 7-4 可知，美国 2011~2019 年的风能发电量一直处于上升的态势，光伏发电量增速较慢，基本是平稳发展。年均风能和光伏发电量（增长率）分别为 206.94 太瓦时（13.84%）和 45.07 太瓦时（75.75%），发电量也分别从 2011 年的 120.18 太瓦时和 1.82 太瓦时增加到 2019 年的 298.9 太瓦时和 108 太瓦时。

7.1.3 日本新能源产业发展状况

2021 年 10 月 22 日，日本政府正式发布第六版《能源基本计划》，首次提出"最优先"发展可再生能源，并将 2030 年可再生能源发电所占比例从此前的 22% ~24% 提高到 36% ~38%。2019 年，在日本的电力生产结构中，煤炭发电占比为 27.6%，可再生能源发电占比约为 18%。11 年的时间，日本可再生能源发电占比提高约 1 倍。与 2018 年日本发布的第五版《能源基本计划》相比，核电占比目标依然是到 2030 年维持在 20% ~22%。2011 年福岛核事故前，日本核能发电占比曾达约 1/3。近 10 年来，日本核能发电占比大幅下降，至 2019 年其比例仅为 6%；化石能源发电设定目标是到 2030 年占比从 56%（主要包括天然气和煤炭发电，占比分别为 27% 和 26%）下降至 39%（天然气和煤炭发电占比分别降至 20% 和 19%）。日本政府于 2020 年 10 月宣布到 2050 年实现碳中和的目标，并制定太阳能发电用地、创造新市场等各种对策。采用可再生能源固定价格收购制度（FIT 制度），大型电力公司从发电企业收购可再生能源电，与火力、原子能等电力一起输送。2021 年 4 月，日本政府表示，力争 2030 年度温室气体排放量比 2013 年度减少 46%。日本经济产业省发布的资料显示，目前在日本的二氧化碳排放量中，发电站等能源行业的排放占比为 37%，远远超过其他行业，因此能源行业的减排至关重要。同时，为了方便调配太阳能和风力等可再生能源的电力，2022 年，日本新建了专用的交易市场，由公共机关发行使用可再生能源发电的"证明书"，普通企业也可以购买。在脱碳趋势日益强烈的情况下，企业更容易宣传自己的事业并使用可再生能源的电力。同时，日本业界人士呼吁推动跨境氢能供应链建设，为未来推广应用提供条件。日本原本在汽车燃料电池等的应用技术方面领先，综合实力排在首位，但最近 10 年的相关专利申请件数却比以前减少三成。目前，日本的氢能相关技术专利数量居于首位，把氢能用于汽车、住宅、工厂等核心技术，申请数量较多的氢燃料电池专利成为日本的优势，要打造氢能供应链，以低成本推进实用化和普及化框架正成为其目标方向。①

---

① 《日本发布第六版能源计划　可再生能源"最优先"》，"新华网"百家号，2021 年 10 月 22 日，https://baijiahao.baidu.com/s?id=1714329465560094854&wfr=spider&for=pc。

《能源基本计划》是日本中长期能源政策指导方针，最初在 2003 年发布，此后历经多次修订。自 1965 年以来，在全球氢能产业技术发展方面，在能源安全、气候变化和技术进步三大动力驱动下，日本、美国、欧盟、韩国等在氢能和燃料电池发展方面走在世界前列。1973 年，石油危机爆发，日本政府相继开启《月光计划》和《能源与环境领域综合技术开发计划》，出资支持氢能和燃料电池技术研发。2003 年 10 月，日本第一版《能源基本计划》中首次提出建设未来"氢能源社会"，通过采取进口海外氢气资源、利用燃料电池进行终端利用领域革命等措施，改变日本能源供需结构和消费方式。日本政府对内将氢能作为核心二次能源。2007 年 3 月的第二版《能源基本计划》和 2010 年 6 月的第三版《能源基本计划》持续加强对燃料电池和氢能技术的研发支持，通过示范项目验证相关技术产业化推广可行性。受福岛核泄漏事故影响，日本政府提前加快"氢能源社会"建设步伐。2012 年，日本开始进入氢能产业化加速期。在 2014 年 4 月第四版《能源基本计划》的推动下，2014 年 7 月，日本发布《氢能与燃料电池战略路线图》，并先后两次修订完善。2017 年 12 月，日本又发布《氢能基本战略》，以 2030 年目标为基础，提出工业界、学术界和政府共同致力于建设"氢能源社会"的 2050 年目标和方向。2018 年 7 月，日本发布第五版《能源基本计划》。第一版和第二版将氢能定位为"环保的二次能源"，将燃料电池技术与太阳能发电技术并列为战略领域；第三版将氢能定位为民用、产业部门分布式电力和运输用能重要来源之一，首次细化了推动"氢能源社会"建设具体措施，提出了从 2015 年开始普及的目标；第四版将氢能定位为"未来与电力、热力共同发挥核心作用的二次能源"，发展重点依次是固定式家用燃料电池、移动式燃料汽车电池和氢能发电；第五版将氢能描述为一种新的脱碳替代能源，提出了更加具体的发展路径和激励措施。在 5 版《能源基本计划》中，提及"氢"的次数从 2003 年的 20 次增加至 2018 年的 138 次，对"氢能源社会"建设的表述也从最初的"实现"增强到"加快实现",更在第五版《能源基本计划》中提出"从根本上加强实现"。这表明随着燃料电池技术的逐渐成熟,日本政府正在逐步细化政策内容,加强供应链建设和产业化推广,加快建设"氢能源社会"。在过去的 20 年内,日本政府先后投入超过 46 亿美元用于氢能及燃料电池技术的研发和推广,研发资金预算在 2005 年和 2015 年分别高达 3.54 亿美元、4.07 亿美元。2002～2015 年,日本研发投入在日本、美国和欧盟的总投入中占比达 56%。日本各大能源企业服务于国家能源战略,开拓氢能业务,投入数倍于政府的资金用于氢能和燃料电池技术研发。[①] 2011～2019 年日本的风电和光伏发电装机容量变化见图 7－5。

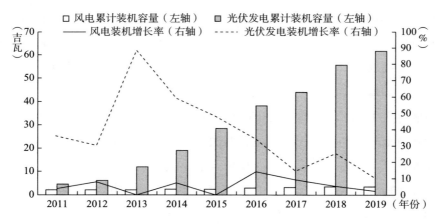

图 7－5 2011～2019 年日本的风电和光伏发电装机容量变化
资料来源:历年《BP 世界能源统计年鉴》。

由图 7－5 可知,日本 2011～2019 年的光伏发电累计装机容量处于一直上升的态势,但增长率基本处于波动下降状态。风力发电的累计装机容量从 2011 年的 2.4 吉瓦增加到 2019 年的 3.8 吉瓦,光伏发电累计装机容量从 2011 年的 4.9 吉瓦增加到 2019 年的 61.5 吉瓦。2011～2019 年,风电和光伏发电装机容量的平均增长率分别为 5.83% 和 38.80%。

———————

① 刘原林:《研究报告 | 世界能源技术创新方向及发展趋势》,能源网,2020 年 7 月 28 日,http://www.nengyuancn.com/solar/281532.html。

2011～2019 年日本的风能发电量和光伏发电量变化如图 7－6 所示。日本 2011～2019 年的风能发电量一直处于上升状态，光伏发电量增速较快。年均风能和光伏发电量及增长率分别为 5.59 太瓦时、6.48％ 和 36.8 太瓦时、41.49％，发电量也分别从 2011 年的 4.35 太瓦时和 5.16 太瓦时增加到 2019 年的 6.7 太瓦时和 72.3 太瓦时。

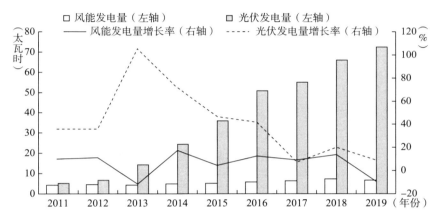

图 7－6　2011～2019 年日本的风能发电量和光伏发电量变化
资料来源：历年《BP 世界能源统计年鉴》。

7.2　典型国家新能源产业的发展模式界定

尽管各国新能源产业各有特色，效应不同，但从整体情况分析，全球新能源产业发展，从宏观驱动来说，遵循市场机制与政策导向相结合、限制性与鼓励性措施相结合的特定推进模式。在发展过程中，新能源产业发展不同程度地体现了各国新能源发展模式的差异。但国家战略规划、政策制定导向、新能源禀赋和技术创新等对产业发展至关重要，驱动要素的不同体现了新能源产业发展模式的不同。

在此，本书按照前述的新能源产业发展模式界定的时间维度（初创期、成长期、成熟期和衰退期）和特征维度（政府拉动、市场驱动、创新发展和资源禀赋）对典型国家的新能源产业发展模式进行分析。

7.2.1 德国新能源产业发展模式

从 20 世纪 80 年代起，德国就明确提出为了应对气候变化、实现能源安全、促进可持续发展，新能源产业发展是最主要的实现路径。新能源产业发展方式转型的核心目标是可再生能源成为 2050 年的主导能源。因此，德国通过一系列措施不断提升可再生能源的比重。在政府拉动方面，如低息贷款、税收扶持、固定上网电价政策和投资补贴等；在市场驱动方面，如提升可再生能源电力市场消纳能力、推广可再生能源的非电领域应用。总结德国的新能源发展历史及其发展中的时间维度和特征维度，本书对德国新能源产业发展模式的分析见表 7-1。

表 7-1 德国新能源产业发展模式分析

国家	时间维度	时间段	特征维度			
			政府拉动	市场驱动	创新发展	资源禀赋
德国	初创期	19 世纪末至 20 世纪初	√			√
	成长期	20 世纪 30 年代至 80 年代	√	√		
	成熟期	20 世纪 90 年代至今			√	√

由表 7-1 可知，德国新能源产业发展在初创期（19 世纪末至 20 世纪初），主要依靠政府拉动和资源禀赋进行驱动；在成长期（20 世纪 30 年代至 80 年代），德国开始十分重视市场培育，推动新能源的快速和规模化发展；在成熟期（20 世纪 90 年代至今），德国极其重视新能源科技创新，认为这是新能源产业可持续发展的动力。2006 年，德国结合长期发展战略和阶段性规划，颁布了《高科技战略》，每四年更新一次。至 2022 年，德国已进行了三次修订（2010 年、2014 年和 2018 年），形成并充分体现了突出的新能源产业发展特色。

（1）政府拉动作用

德国非常重视战略层面的顶层设计，为推动能源转型的顺利开展，先后制定了一系列中长期发展目标和战略规划，对转型路径进行科学部署和宏观指导。在 2000 年举行的"能源对话"确立了能源转型的三大目标（能源安全、经济效率和环境可承受）；2010 年又颁布了《能源规划纲要：致力于实现环境友好、安全可靠与经济可行的能源供应》，正式提出能源转型国家战略（可再生能源为主导能源、提高能源效率、降低能耗）。

（2）市场驱动作用

2005 年，德国为打破电力垄断局面，对《能源经济法》进行修订，将发电、输电、配电和售电业务进行拆分，实现市场竞争、成本透明、独立核算，打破市场准入壁垒，实现电网的无歧视开放。

7.2.2　美国新能源产业发展模式

美国新能源产业发展历程可以明显划分为三个阶段，也可以说是产业发展的三个时期。分别是初创期（20 世纪 40 年代中期至 70 年代）、成长期（20 世纪 80 ~ 90 年代）、成熟期（自 21 世纪以来）。在每一个时期，美国的新能源产业发展都具有明显的特色（唐志良、刘建江，2013）。

初创期（20 世纪 40 年代中期至 70 年代）是能源自由发展期。随着美国的经济飞速发展和马歇尔计划的实施，石油对外依存度逐年增加（1948 年美国成为石油净进口国），石油供应安全问题日益严重。但此时能源供应廉价、充足，能源供需缺口矛盾不大，美国政府主要强调石油安全。20 世纪 70 年代，受两次石油危机的影响，美国逐渐形成系统性能源政策。主要是实行新能源补贴，取消价格管制，强化能效标准，提高战略石油储备；开始发展新能源产业，保障国家能源安全。

在成长期（20 世纪 80 ~ 90 年代），美国能源结构调整，供需矛盾缓和，能源政策弱化。加强与产油国、消费国合作，提高能源供应安全。实行新能源发电市场强制政策，进行风电项目投资补贴，推动风电项目的启动。1992 年的《美国能源政策法》规定，按发电量进行生产补贴，有效促进了新能源项目发展。

在成熟期（自 21 世纪以来），美国大力促进清洁能源发展与能源独立。为增加国内能源供给，降低能源对外依存度，美国大量使用清洁能源。在奥巴马执政时期，美国能源政策基调就是强调提升能源利用效率，限制化石能源使用，鼓励新能源开发，清洁能源政策成效显著。奥巴马政府制定《清洁能源与安全法案》，一方面，强调大力发展新能源，扩大新能源投资规模；另一方面，加强新能源技术创新，以科技发展稳固新能源产业领导地位，如一系列的光伏创新和市场发展促进计划①。

纵观历史，美国新能源产业发展是一个循序渐进的演变过程，政府拉动政策日臻完善，具有显著的事件驱动特征，通过政府拉动与市场驱动，最终塑造了强大的新能源产业和先进的科技实力。美国新能源产业发展模式分析见表 7 - 2。

表 7 - 2　美国新能源产业发展模式分析

国家	时间维度	时间段	特征维度			
			政府拉动	市场驱动	创新发展	资源禀赋
美国	初创期	20 世纪 40 年代中期至 70 年代				√
	成长期	20 世纪 80~90 年代	√		√	
	成熟期	自 21 世纪以来	√	√	√	

由表 7 - 2 可知，美国新能源产业发展在初创期（20 世纪 40 年代

---

① 2011 年，能源部提出的"Sunshot 重大挑战计划"，旨在实现大型光伏系统平价上网。在实施过程中，能源部通过"下一代光伏技术""国家实验室多年合作""光伏研究和开发""技术到市场"等项目，围绕"基础研究—应用开发—技术转化"创新链条部署了一系列研究；组建了多个能源前沿研究中心、光伏组件耐用材料联盟、旧金山湾区光伏联盟、量子能量和可持续太阳能技术工程研究中心等，推动协同创新。2017 年，美国提前 3 年实现 2020 年目标，新的目标是到 2030 年将大型光伏系统发电成本再降低一半。

中期至 70 年代），主要依靠资源禀赋进行驱动；在成长期（20 世纪 80 ~ 90 年代），美国开始十分重视政府拉动，积极创新发展；在成熟期（自 21 世纪初以来），美国极其重视新能源科技创新，"有形的手" 和 "无形的手" ——政府与市场双管齐下，共同推动新能源产业高质量的快速发展。美国能源信息署公布的数据显示，截至 2019 年底，美国发电总装机容量为 12.43 亿千瓦，其中风电、太阳能发电装机容量分别为 1.05 亿千瓦、0.75 亿千瓦，装机占比分别为 8.5%、6.1%，总发电量约为 4.14 万亿千瓦时，其中风电、太阳能发电量分别为 2943 亿千瓦时、1306 亿千瓦时，发电量占比分别为 7.1%、3.2%。2021 年的火力发电量为 25594.53 亿千瓦时，占比 62.19%，火力发电主要依赖天然气作为燃料（61.5%），煤炭次之（35.11%）；核能发电量为 7781.52 亿千瓦时，约为全社会发电量的 18.91%；之后是风电（9.23%）、水电（6.2%），太阳能等的发电量为 283.73 亿千瓦时。美国各州的新能源政策以及电力市场有较大差异。得克萨斯州作为美国新能源发展典范，风电装机居美国首位，太阳能发电装机居美国第二。本书以得克萨斯州为例进行以下分析。

（1）政府拉动作用

得克萨斯州电力可靠性委员会（Electric Reliability Council of Texas, ERCOT）是州内的独立系统运营商（ISO，Independent System Operator），负责北美三大同步交流电网之一的运营管理，全州 75% 的地域和 90% 的负荷由其调度运行管理。ERCOT 在州层面首批通过实施可再生能源配额制（RPS，Renewable Portfolio System），推动新能源发展，并且配套采用绿证制度，以及享受联邦政府出台的税收抵免政策。具体的税收抵免标准因可再生能源发电类型、投运时间等而不同。

（2）市场驱动作用

在机构设计方面，新能源电力市场采用调度与交易一体化方式。电网公司投资电网资产，电力市场中长期合约以金融性质为主，交易量主要在日前、实时市场、辅助服务市场等计算。在系统平衡方面，主要通过日前、实时市场的双结算机制，促进各市场主体保持平衡。新能源企业主要采用两种方式参与电力市场。一是由售电公司与新能源企业签订长期购电协议，代表新能源企业参与电力市场。二是新能源企业直接参与电力市场，并通过签订金融合约等方式规避市场风险。新能源企业以其边际成本低的优势获得优先发电机会。

（3）创新发展作用

美国一直以创新发展见长，2005 年美国国家科学院发表一份题为《未雨绸缪：开创美国经济的光明未来》的报告，该报告认为美国需要激励创新，开发清洁、低廉且可靠能源，建议政府成立先进能源研究计划署（Advanced Research Projects Agency-Energy，ARPA-E），以此推动革命性能源技术的开发。2007 年，美国国会根据《美国竞争法案》授权能源部创建了 ARPA-E。2012 年，美国宣布计划未来 5 年投入 1.2 亿美元，建立一个新能源创新中心（New Energy Innovation Hub），将使科学家、工程师和行业公司连在一起，研究先进的电池技术和储能技术，加快电气化学能量储存方面的研究。2015 年，奥巴马政府宣布了有史以来最重大的能源政策——《清洁能源计划》，提高以风电和光伏为代表的清洁能源发电比重，以替代火电。2017 年，美国联邦政府投入 73 亿美元支持 RD&D，较前一年增长 9%，大部分 RD&D 资金用于清洁能源技术研究。2018 年和 2019 年签署《2017 年核能创新能力法（NE-IC）》和《核能创新和现代化法（NEIMA）》两份法案。2022 年，美国新能源技术创新企业"Princeton NuEnergy"宣布完成近千万美元种子轮融资，主要用于产品迭代、市场拓展以及团队扩充。

7.2.3 日本新能源产业发展模式

日本能源一直秉持的核心理念是开源和节流，开源是通过国家支持新能源发展，支持各行各业的新能源技术研究；节流通过注重节能，提高传统能源效率，减少能源浪费。1997 年，日本制定《促进新能源利用特别措施法》，明确新能源的利用范围；2003 年，日本政府制定了

《电力设施利用新能源特别措施法》，对新能源发电、上网等进行支持，政府设立专项电子账户进行新能源使用情况跟踪管理，鼓励新能源（风能、太阳能、地热能、水力发电能源、生物质能发电以及其他能源）替代发电。2017 年 7 月，为促进合理适当利用核能，日本政府通过《核能利用的基本原则》；12 月，日本又发布了《氢能基本战略》，旨在建设稳定、商业化低成本的氢供应链，研发氢关键技术，推动氢燃料电池和氢气站应用。在落实新能源政策方面，日本最大的公立研发管理机构 NEDO（新能源产业技术综合开发机构）发挥了重要作用。[①] 纵观日本的新能源发展历史，其新能源产业发展模式分析见表 7 - 3。

表 7 - 3 日本新能源产业发展模式分析

国家	时间维度	时间段	特征维度			
			政府拉动	市场驱动	创新发展	资源禀赋
日本	初创期	20 世纪 70 年代	√			
	成长期	20 世纪 80 ~ 90 年代		√	√	
	成熟期	自 21 世纪初以来	√	√		

由表 7 - 3 可知，日本新能源产业发展在初创期（20 世纪 70 年代），主要依靠政府拉动；在成长期（20 世纪 80 ~ 90 年代），日本开始十分重视市场驱动，积极创新发展；在成熟期（自 21 世纪初以来），日本极其重视政府的政策推动和新能源市场的培育和壮大，共同推动新能源产业成长。日本是能源极度匮乏的国家，所需石油的 99.7%、煤炭的 97.7%，以及天然气的 96.6% 都依赖进口。为了保障能源供应，

---

① 以光伏发电为例，为落实 2014 年 4 月制定的第四版《能源基本计划》，NEDO 于当年 9 月发布了最新版《光伏发电开发战略》，重申了 2020 年和 2030 年光伏发电成本指标，上调了光电转换效率目标。NEDO 还设立了"高性能/高可靠性光伏发电成本降低技术""光伏发电系统效率提高和维护管理技术开发""光伏发电系统回收技术开发"等研发项目，组织大学、企业、科研机构等联合开展研发，积极推动企业应用、示范、推广技术。

日本制定和实施了一系列能源战略规划，大力发展新能源产业便是其中的重要一环。近年来，日本更是持续推进氢能与燃料电池技术。在经历福岛核事故之前，日本大力发展核能，福岛事故之后，日本将氢能作为应对气候变化和保障能源安全的重点。

（1）政府拉动作用

为促进氢能发展，日本政府制定了建设"氢能源社会"的基本战略目标，2017年12月制定的《氢能基本战略》从战略层面设定了氢能的中长期发展目标。2018年7月，日本第五次发布《能源基本计划》，定调未来发展方向是压缩核电发展，降低化石能源依存度，加快发展可再生能源，以氢能作为二次能源结构基础，同时充分融合数字技术，构建多维、多元、柔性能源供需体系，实现2050年能源全面脱碳化目标。2019年3月，日本更新《氢能与燃料电池战略路线图》，提出到2030年的技术性能、成本目标。同年9月，政府出台《氢能与燃料电池技术开发战略》，确定燃料电池、氢能供应链、电解水产氢三大技术领域10个重点研发项目的优先研发事项。从最初的发展氢能的基本战略，一直到最近的技术开发战略，日本从战略到战术再到具体项目执行层面，稳步推进氢能和燃料电池的新能源技术发展与应用。[①]

（2）市场驱动作用

1973年和1978年的两次石油危机给日本经济以严重冲击，也迫使日本政府从此大力发展新能源产业。从能源安全、经济发展和生态环境考虑，日本制定了详细而切实可行的新能源产业扶持政策，在官、产、学一体化积极推动下，新能源产业发展取得了巨大成就。新能源在一次能源供给中所占的比例逐年增加，并使日本石油消费量逐步降低，大气污染也相应减少。2003年4月，《关于电力公司利用新能源的特别处置法》规定了新能源电力的购买义务。该法规规定须完

---

① 《日本的氢能发展战略及启示》，"全国能源信息平台"百家号，2021年1月15日，https://baijiahao.baidu.com/s？id=1688915584608384368&wfr=spider&for=pc。

成采购新能源电力任务的电力公司是以东京电力公司为首的日本十大电力公司、新成立的电力公司及在规定区域内供电的"特定电气事业者"。电力零售商有义务在下一年的 6 月 1 日前，向 METI 汇报新能源利用情况。如有未完成定额，且无正当理由而又不服从改进指令的，将会被罚款，最高可达 100 万日元；政府通过税收优惠、培育人才等形式，提高新能源产业竞争力。

7.3　典型国家和地区新能源产业发展效应

新能源产业主要是对风电、太阳能、生物质能、地热能、海洋能等可再生能源的开发和利用。从全球范围看，新能源蕴藏量巨大，发电整体装机容量增长迅速，发电量也不断攀升。尤其是随着技术创新水平的提高和利用，市场不断扩大，新能源产业发展达到了前所未有的速度和规模。

7.3.1　基于汇率法的典型国家和地区新能源产业发展效应

按照前章节的测度模型和方法，接下来本章对不同新能源产业发展的典型国家和地区的效应进行测度，典型国家和地区共有 22 个，分别为 17 个国家和 5 个地区（北美洲地区、其他中南美国家、中南美地区、其他欧洲国家、欧洲地区）。

7.3.1.1　基于汇率法的发展效应测度

根据汇率法对 22 个国家和地区进行效应测度，结果见表 7 – 4。

表 7 – 4　典型国家和地区新能源产业发展效应测度（汇率法）

国家和地区	2014 年	2015 年	2016 年	2017 年	2018 年	2019 年
加拿大	8.2749	8.2737	8.0806	8.2334	8.3782	8.4074
墨西哥	6.1068	6.1418	6.2180	6.3206	6.2173	5.9711
美国	70.4427	69.1270	68.0770	67.5150	69.7209	68.1316

续表

国家和地区	2014 年	2015 年	2016 年	2017 年	2018 年	2019 年
北美洲地区	84.8245	83.5426	82.3756	82.0690	84.3164	82.5100
阿根廷	2.5707	2.6177	2.6030	2.5870	2.5511	2.3876
巴西	7.2837	7.0752	6.6314	6.7336	6.5839	6.6230
哥伦比亚	1.1629	1.1734	1.2402	1.2236	1.2402	1.2641
其他中南美国家	1.1691	1.1842	1.2485	1.1911	1.2177	1.2934
中南美地区	0.5124	0.5024	0.4793	0.4710	0.5056	0.4935
澳大利亚	0.4127	0.3996	0.3634	0.3637	0.3489	0.3451
比利时	2.3922	2.3750	2.0629	2.0216	1.6650	1.2797
芬兰	0.8405	0.9210	0.9581	0.9585	0.9649	1.0679
法国	1.3537	1.3950	1.4434	1.3949	1.4393	1.4884
德国	0.5549	0.5676	0.5972	0.6082	0.6316	0.6216
意大利	18.9138	18.9043	18.3816	18.3005	17.9339	17.6502
波兰	0.8386	0.8608	0.8782	0.9135	0.8841	0.9114
日本	1.5379	1.6119	1.6576	1.6824	1.7508	1.7207
西班牙	0.5705	0.6066	0.5707	0.6016	0.5680	0.5500
瑞典	0.2215	0.2235	0.2302	0.2354	0.2280	0.2278
英国	0.0934	0.0957	0.1037	0.1063	0.1054	0.1050
其他欧洲国家	1.3426	1.3456	1.3626	1.3538	1.3425	1.3057
欧洲地区	0.5364	0.4981	0.5112	0.4836	0.4867	0.4460

为进一步显示 22 个国家和地区根据汇率法对新能源产业发展效应的测度结果，下面以图形的方式表示（见图 7-7）。

由表 7-4 和图 7-7 可知，22 个国家和地区的新能源产业发展效应差异很大，2019 年，测度值最高的国家美国（68.1316）是测度值最低的国家瑞典（0.2278）的 299.09 倍。测度值最高的地区北美洲（82.5100）是测度值最低的欧洲地区（0.4460）的 185 倍。

7.3.1.2 基于汇率法的发展效应测度结果分析

为进一步对 22 个国家和地区的测度结果对比分析，本书进行了相

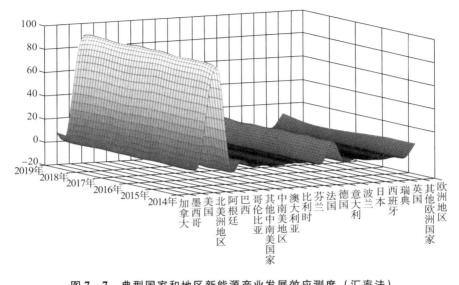

图 7 - 7 典型国家和地区新能源产业发展效应测度（汇率法）

应的统计描述，结果见表 7 - 5。

表 7 - 5 基于汇率法的发展效应测度结果统计描述

国家和地区	指标							
	最小值	最大值	极差	均值	标准差	方差	偏度	峰度
加拿大	8.0806	8.4074	0.3268	8.2747	0.1164	0.0135	- 0.7497	0.8021
墨西哥	5.9711	6.3206	0.3495	6.1626	0.1194	0.0142	- 0.5164	0.6329
美国	67.5150	70.4427	2.9277	68.8357	1.1195	1.2533	0.3804	- 1.3882
北美洲地区	82.0690	84.8245	2.7555	83.2730	1.1319	1.2811	0.4092	- 1.9536
阿根廷	2.3876	2.6177	0.2301	2.5529	0.0843	0.0071	- 2.0387	4.4490
巴西	6.5839	7.2837	0.6998	6.8218	0.2890	0.0835	1.0673	- 0.6553
哥伦比亚	1.1629	1.2641	0.1012	1.2174	0.0404	0.0016	- 0.5513	- 1.5598
其他中南美国家	1.1691	1.2934	0.1243	1.2173	0.0466	0.0022	0.8990	- 0.1015
中南美地区	0.4710	0.5124	0.0414	0.4940	0.0161	0.0003	- 0.5138	- 1.3506
澳大利亚	0.3451	0.4127	0.0676	0.3722	0.0276	0.0008	0.7503	- 1.3371
比利时	1.2797	2.3922	1.1125	1.9661	0.4297	0.1846	- 0.7708	- 0.2688
芬兰	0.8405	1.0679	0.2274	0.9518	0.0736	0.0054	0.1193	1.7747

国家和地区	指标							
	最小值	最大值	极差	均值	标准差	方差	偏度	峰度
法国	1.3537	1.4884	0.1347	1.4191	0.0474	0.0022	0.1321	-0.3609
德国	0.5549	0.6316	0.0767	0.5969	0.0302	0.0009	-0.4379	-1.4799
意大利	17.6502	18.9138	1.2636	18.3474	0.5082	0.2583	-0.1261	-1.3744
波兰	0.8386	0.9135	0.0749	0.8811	0.0290	0.0008	-0.2867	-0.9244
日本	1.5379	1.7508	0.2129	1.6602	0.0770	0.0059	-0.6353	-0.0777
西班牙	0.5500	0.6066	0.0566	0.5779	0.0218	0.0005	0.3924	-1.2110
瑞典	0.2215	0.2354	0.0139	0.2277	0.0049	0.0000	0.3687	0.0377
英国	0.0934	0.1063	0.0129	0.1016	0.0056	0.0000	-0.9458	-1.4538
其他欧洲国家	1.3057	1.3626	0.0569	1.3421	0.0195	0.0004	-1.5518	3.2850
欧洲地区	0.4460	0.5364	0.0904	0.4937	0.0302	0.0009	-0.2834	0.9438

由表 7-5 可见利用汇率法计算的典型国家和地区新能源产业发展效应测度的统计描述结果。无论是最大值、最小值，还是均值，美国及其所在的北美洲地区都是遥遥领先，最大值分别为 70.4427 和 84.8245，最小值分别为 67.5150 和 82.0690，均值分别为 68.8357 和 83.2730；英国的最小值为 0.0934；最大值为 0.1063；极差为 0.0129，均值为 0.1016，都是同期最低的；而意大利（最小值为 17.6502，最大值为 18.9138，均值为 18.3474）、加拿大（最小值为 8.0806，最大值为 8.4074，均值为 8.2747）、墨西哥（最小值为 5.9711，最大值为 6.3206，均值为 6.1626）和巴西（最小值为 6.5839，最大值为 7.2837，均值为 6.8218）4 个国家新能源产业发展效应测度值是相对较高的；澳大利亚（最小值为 0.3451，最大值为 0.4127，均值为 0.3722）、中南美地区（最小值为 0.4710，最大值为 0.5124，均值为 0.4940）、芬兰（最小值为 0.8405，最大值为 1.0679，均值为 0.9518）、德国（最小值为 0.5549；最大值为 0.6316，均值为 0.5969）、波兰（最小值为 0.8386，最大值为 0.9135，均值为 0.8811）、西班牙（最小值为 0.5500，最大值为 0.6066，均值为 0.5779）、瑞典（最小值为 0.2215，

最大值为 0.2354，均值为 0.2277）和欧洲地区（最小值为 0.4460，最大值为 0.5364，均值为 0.4937）8 个国家和地区新能源产业发展效应测度值是相对较小的。

进一步对 22 个国家和地区在每一年的发展效应的测度结果对比分析，分年度的统计描述见表 7 - 6。

表 7 - 6　汇率法测度结果年度统计描述

年份	指标							
	最小值	最大值	极差	均值	标准差	方差	偏度	峰度
2014	0.0934	84.8245	84.7311	9.6344	22.5259	507.4154	2.9339	7.7818
2015	0.0957	83.5426	83.4469	9.5201	22.1491	490.5819	2.9316	7.7793
2016	0.1037	82.3756	82.2719	9.3670	21.8214	476.1718	2.9375	7.8108
2017	0.1063	82.0690	81.9627	9.3349	21.6992	470.8539	2.9376	7.8244
2018	0.1054	84.3164	84.2110	9.5037	22.3387	499.0193	2.9490	7.8664
2019	0.1050	82.5100	82.4050	9.3091	21.8499	477.4189	2.9469	7.8601

由表 7 - 6 可知，利用汇率法计算的典型国家和地区新能源产业发展效应测度的极差分别为 84.7311、83.4469、82.2719、81.9627、84.2110、82.4050；均值分别为 9.6344、9.5201、9.3670、9.3349、9.5037、9.3091；标准差分别为 22.5259、22.1491、21.8214、21.6992、22.3387、21.8499；方差分别为 507.4154、490.5819、476.1718、470.8539、499.0193、477.4189；偏度分别为 2.9339、2.9316、2.9375、2.9376、2.9490、2.9469；峰度分别为 7.7818、7.7793、7.8108、7.8244、7.8664、7.8601。本章为了更加直观地表达年度统计描述结果，采用图的形式进行展示，具体见图 7 - 8。

7.3.2　基于购买力平价法典型国家和地区新能源产业发展效应

按照上文的测度模型和方法，根据购买力平价法，接下来对不同新能源产业发展的典型国家和地区的效应进行测度。

| ○ 最小值 | ● 最大值 | ● 极差 | ● 均值 |
| ● 标准差 | ○ 偏度 | ● 峰度 | |

图 7 − 8　汇率法测度结果年度统计描述

7.3.2.1　基于购买力平价法的发展效应测度

根据购买力平价法对 22 个国家和地区进行测度，结果见表 7 − 7。

表 7 − 7　典型国家和地区新能源产业发展效应测度（购买力平价法）

国家和地区	2014 年	2015 年	2016 年	2017 年	2018 年	2019 年
加拿大	8.3607	8.3595	8.1644	8.3188	8.4650	8.4945
墨西哥	6.2320	6.2677	6.3453	6.4500	6.3446	6.0935
美国	72.5590	71.2038	70.1223	69.5434	71.8155	70.1785
北美洲地区	88.2204	86.8873	85.6736	85.3547	87.6920	85.8134
阿根廷	2.7022	2.7516	2.7362	2.7193	2.6817	2.5100
巴西	7.7238	7.5027	7.0323	7.1406	6.9820	7.0234
哥伦比亚	1.2473	1.2585	1.3300	1.3122	1.3300	1.3555
其他中南美国家	1.2656	1.2819	1.3513	1.2894	1.3181	1.3998
中南美地区	0.5615	0.5506	0.5255	0.5164	0.5541	0.5409
澳大利亚	0.4570	0.4425	0.4028	0.4030	0.3868	0.3826
比利时	2.6583	2.6392	2.2928	2.2469	1.8511	1.4235
芬兰	0.9444	1.0345	1.0761	1.0766	1.0837	1.1991
法国	1.5326	1.5793	1.6340	1.5792	1.6294	1.6849
德国	0.6356	0.6501	0.6838	0.6964	0.7230	0.7117

国家和地区	2014 年	2015 年	2016 年	2017 年	2018 年	2019 年
意大利	21.7539	21.7429	21.1419	21.0485	20.6270	20.3007
波兰	0.9758	1.0016	1.0217	1.0627	1.0285	1.0602
日本	1.8023	1.8890	1.9424	1.9714	2.0514	2.0162
西班牙	0.6762	0.7188	0.6764	0.7129	0.6732	0.6519
瑞典	0.2666	0.2690	0.2769	0.2831	0.2743	0.2741
英国	1.1511	1.1792	1.2744	1.3053	1.2944	1.2895
其他欧洲国家	1.6276	1.6312	1.6518	1.6410	1.6274	1.5829
欧洲地区	0.6574	0.6107	0.6267	0.5929	0.5967	0.5471

由表7-7可知，22个国家和地区根据汇率法和购买力平价法做出的测度结果非常接近。

7.3.2.2 基于购买力平价法的发展效应测度结果分析

为进一步对22个国家和地区的测度结果对比分析，本章对其进行统计描述，结果见表7-8。

表7-8 基于购买力平价法的发展效应测度结果统计描述

国家和地区	指标							
	最小值	最大值	极差	均值	标准差	方差	偏度	峰度
加拿大	8.1644	8.4945	0.3301	8.3605	0.1175	0.0138	-0.7507	0.8046
墨西哥	6.0935	6.4500	0.3565	6.2889	0.1217	0.0148	-0.5171	0.6371
美国	69.5434	72.5590	3.0156	70.9038	1.1531	1.3297	0.3804	-1.3881
北美洲地区	85.3547	88.2204	2.8657	86.6069	1.1771	1.3856	0.4091	-1.9537
阿根廷	2.5100	2.7516	0.2416	2.6835	0.0885	0.0078	-2.0384	4.4488
巴西	6.9820	7.7238	0.7418	7.2341	0.3064	0.0939	1.0676	-0.6543
哥伦比亚	1.2473	1.3555	0.1082	1.3056	0.0432	0.0019	-0.5520	-1.5625
其他中南美国家	1.2656	1.3998	0.1342	1.3177	0.0503	0.0025	0.8988	-0.0998
中南美地区	0.5164	0.5615	0.0451	0.5415	0.0175	0.0003	-0.5142	-1.3438
澳大利亚	0.3826	0.4570	0.0744	0.4125	0.0304	0.0009	0.7515	-1.3304

国家和地区	指标							
	最小值	最大值	极差	均值	标准差	方差	偏度	峰度
比利时	1.4235	2.6583	1.2348	2.1853	0.4769	0.2274	−0.7707	−0.2692
芬兰	0.9444	1.1991	0.2547	1.0691	0.0824	0.0068	0.1199	1.7733
法国	1.5326	1.6849	0.1523	1.6066	0.0536	0.0029	0.1319	−0.3599
德国	0.6356	0.7230	0.0874	0.6834	0.0344	0.0012	−0.4388	−1.4820
意大利	20.3007	21.7539	1.4532	21.1025	0.5844	0.3416	−0.1262	−1.3743
波兰	0.9758	1.0627	0.0869	1.0251	0.0336	0.0011	−0.2851	−0.9209
日本	1.8023	2.0514	0.2491	1.9455	0.0901	0.0081	−0.6367	−0.0731
西班牙	0.6519	0.7188	0.0669	0.6849	0.0257	0.0007	0.3898	−1.2080
瑞典	0.2666	0.2831	0.0165	0.2740	0.0058	0.0000	0.3714	0.0591
英国	1.1511	1.3053	0.1542	1.2490	0.0663	0.0044	−0.9499	−1.4314
其他欧洲国家	1.5829	1.6518	0.0689	1.6270	0.0236	0.0006	−1.5509	3.2896
欧洲地区	0.5471	0.6574	0.1103	0.6053	0.0369	0.0014	−0.2818	0.9330

由表 7-8 可见利用购买力平价法计算的典型国家和地区新能源产业发展效应测度值的统计描述结果。无论是最大值、最小值，还是均值，美国及其所在的北美地区都是遥遥领先，最大值分别为 72.5590 和 88.2204，最小值分别为 69.5434 和 85.3547，均值分别为 70.9038 和 86.6069；瑞典的最小值为 0.2666；最大值为 0.2831，均值为 0.2740，都是同期最低的；而加拿大（最小值为 8.1644，最大值为 8.4945，均值为 8.3605）、墨西哥（最小值为 6.0935，最大值为 6.4500，均值为 6.2889）、巴西（最小值为 6.9820，最大值为 7.7238，均值为 7.2341）和意大利（最小值为 20.3007；最大值为 21.7539，均值为 21.1025）4 个国家新能源产业发展效应测度值是相对较高的；中南美地区（最小值为 0.5164；最大值为 0.5615，均值为 0.5415）、芬兰（最小值为 0.9444，最大值为 1.1991，均值为 1.0691）、德国（最小值为 0.6356，最大值为 0.7230，均值为 0.6834）、波兰（最小值为 0.9758，最大值为 1.0627，均值为 1.0251）、西班牙（最小值为 0.6519，最大值为 0.7188，均值为

0.6849)、澳大利亚（最小值为 0.3826，最大值为 0.4570，均值为0.4125）和欧洲地区（最小值为 0.5471，最大值为 0.6574，均值为0.6053）7 个国家和地区的新能源产业发展效应测度值是相对较小的。

进一步对各个国家和地区每一年的发展效应的测度结果对比分析，分年度的统计描述见表 7 - 9。

表 7 - 9　购买力平价法测度结果年度统计描述

年份	指标							
	最小值	最大值	极差	均值	标准差	方差	偏度	峰度
2014	0.2666	88.2204	87.9538	10.1823	23.3393	544.7213	2.9154	7.7059
2015	0.2690	86.8873	86.6183	10.0660	22.9495	526.6810	2.9127	7.7009
2016	0.2769	85.6736	85.3967	9.9083	22.6061	511.0375	2.9195	7.7377
2017	0.2831	85.3547	85.0716	9.8757	22.4793	505.3169	2.9198	7.7529
2018	0.2743	87.6920	87.4177	10.0468	23.1375	535.3450	2.9331	7.8059
2019	0.2741	85.8134	85.5393	9.8425	22.6316	512.1892	2.9308	7.7987

由表 7 - 9 可知，利用购买力平价法计算的典型国家和地区新能源产业发展效应测度的极差分别为 87.9538、86.6183、85.3967、85.0716、87.4177、85.5393；均值分别为 10.1823、10.0660、9.9083、9.8757、10.0468、9.8425；标准差分别为 23.3393、22.9495、22.6061、22.4793、23.1375、22.6316；方差分别为544.7213、526.6810、511.0375、505.3169、535.3450、512.1892；偏度分别是 2.9154、2.9127、2.9195、2.9198、2.9331、2.9308；峰度分别是 7.7059、7.7009、7.7377、7.7529、7.8059、7.7987。为了更加直观地表达年度统计描述结果，本章采用图的形式进行展示，如图 7 - 9 所示。

7.3.3　各个国家对比分析

根据以上方法计算典型国家和地区新能源产业发展效应测度值，按

2019年
2018年
2017年
2016年
2015年
2014年

○ 最小值　　○ 最大值　　● 极差　　● 均值
● 标准差　　○ 偏度　　● 峰度

图7-9　购买力平价法测度结果年度统计描述

照经典的五分法（好、较好、一般、差、较差）进行评价，并使用聚类分析，共形成25种组合类别，定义形式为（a1，a2）。（a1，a2）中的a1分别表示好、较好、一般、较差、差，分别代表按汇率法测度的新能源产业发展效应测度评价为好、较好、一般、较差、差的5个类别；（a1，a2）中的a2分别表示好、较好、一般、差、较差，分别代表按购买力平价法测度的新能源产业发展效应测度评价为好、较好、一般、差、较差的5个类别。22个国家和地区共分为9类。评价类型基本处于对角线上，即评价为（好，好）、（较好，较好）、（一般，一般）、（较差，较差）和（差，差）5种。具体评价见表7-10。

表7-10　典型国家和地区新能源产业发展效应

	好	较好	一般	较差	差
好	Italy（意大利） United Kingdom（英国）				
较好		Australia（澳大利亚） Finland（芬兰） France（法国） Germany（德国） Japan（日本） China（中国）			Mexico（墨西哥）

	好	较好	一般	较差	差
一般		Poland（波兰）	US（美国） Spain（西班牙） Sweden（瑞典） Other Europe （其他欧洲国家）		
较差			Argentina （阿根廷）	Colombia （哥伦比亚） Other S. & C. American Countries （其他中南美国家） Belgium（比利时）	Canada （加拿大）
差					Brazil （巴西）

7.4 新能源产业发展模式及其效应的耦合研究

新能源产业的发展关系到一个国家能源结构调整的成败，关系到能源安全，关系到国家综合国力。新能源产业也是衡量一个国家或地区高技术发展水平的重要依据。由于常规能源资源有限及由其引起的环境问题日益突出，环境友好型、可再生的新能源越来越受到各国的重视（Ma et al.，2021）。世界各国都认识到，积极发展新能源产业，是解决能源消费增长与二氧化碳排放减少之间矛盾的关键，越来越多的学者开始关注新能源产业发展的模式与有效途径。

一些发达国家和少数发展中国家的新能源产业取得了较大的发展，但发展模式有所侧重。比如，从能源安全、经济发展和生态环境相互协调的角度，日本制定了详细而切实可行的新能源产业扶持政策，在官、产、学一体化积极推动下，新能源产业发展取得了巨大的成就（井志忠，2007）。考虑到各国的资源禀赋、政治、经济、社会文化、环境制度不尽相同，新能源产业的发展模式虽具有可借鉴性，但也具有唯一性。是采取自上而下模式还是自下而上模式或者混合推进模式，取决于各国的实际情况，因此，新能源产业的发展模式值得各国进行深入研究。

7.4.1　理论分析与研究假设

综合前章节研究，本章选择与新能源产业发展密切相关的政府拉动、市场驱动、创新发展和资源禀赋四个特征驱动要素进行分析。

7.4.1.1　政府拉动

政府在新能源产业发展模式中发挥着不可忽视的重要作用（Hillring，2012；Black，2012），政府可以通过财政政策解决新能源产业发展资金方面的问题，如对新能源产业进行补贴等（姚诚、徐枫，2020）。新能源产业作为新兴产业的特殊性，需要政府给予大力的支持，保护其发展。从作用对象来看，政府拉动的作用主要有五个方面的体现：其一，弥补市场失灵的缺陷；其二，推动资源优化配置；其三，促进企业有效竞争；其四，引导产业技术升级；其五，科学调整产业布局。从角色演进来看，政府拉动在不同阶段的角色不同：一是，在新兴产业导入阶段，对缺少竞争优势的弱势产业进行必要的培育和扶持，以促使它们快速发展；二是，在新兴产业增长阶段，建立科技管理制度，颁布旨在促进新兴产业培育、资助、扶持与保护等各项政策措施，组合高技术产业发展要素，推动和引导战略性新兴产业发展；三是，在培育成熟期，则应加强不同产业的融合，通过整合资源、延伸产业链、调整结构和优化布局等，加强新兴产业发展和传统产业升级之间的互动，提高产业整体水平（肖兴志，2011）。

此外，政府拉动在新能源消费观念的调整、技术瓶颈的突破以及相应的配套设施的建设方面都需要发挥作用（Hill and Hadley，1995；Tilleman and Russo，2009；周亚虹等，2015）。一个国家政府拉动主要是通过财政拨款、税收返还、财政贴息、政府担保、法律保护等途径影响该国新能源产业发展。从静态来看，无论是财政拨款、税收优惠还是财政贴息，对企业盈利能力来说都是具有正向作用的（Raza et al.，

1994）。政府补助、银行贷款等这些便利条件可能使得新能源行业的进入壁垒降低，投资者纷纷进入该行业。若产能扩大，新能源市场需求随之扩张，则该行业蓬勃发展，这正是政府扶持的目的（Reiche and Bechberger，2004）。新能源产业作为战略性新兴产业，具有资金密集型和技术密集型的特点，发展过程中难免需要大量资金和技术的支持，为了解决新能源产业的融资问题，政府通过政策与资金对新能源建设项目进行重点扶持，使新能源产业快速增长（Polzin et al.，2015）。据此，提出以下假设。

假设1：政府拉动能够有效促进新能源产业发展。

7.4.1.2 市场驱动

市场需求是新能源产业发展的重要驱动因素。若政府拉动是一只"有形的手"，那么市场驱动则是一只"无形的手"，在新能源产业发展中发挥着关键作用（Bird and Lokey，2007）。一个国家新能源产业的市场环境，一方面，需要建立一个公平竞争的市场环境，使得新能源产业内企业面临竞争压力的同时具有平等的竞争条件，以促进新能源产业的发展（吴悦旗，2020）；另一方面，还需要通过鼓励企业产品差异化战略而避免产业内企业的无序竞争或恶性竞争等（Painuly，2001；闫晶等，2015）。

桂黄宝（2012）认为选择战略性新兴产业最重要的依据有三条：一是产品要有稳定并有发展前景的市场需求；二是要有良好的经济技术效益；三是要能带动一批产业的兴起。新能源产业作为一国的战略性新兴产业，通过市场驱动，能够培育新能源产业的市场需求，发挥市场配置资源的基础性作用，有利于将新能源产业产品潜在的市场需求转化为现实需求（齐绍洲等，2017）。一个国家越是注重市场驱动，越会营造良好的新能源产业发展氛围，聚焦产业市场培育和产品市场推广，进而越能够从需求端拉动新能源产业发展，有利于新能源产业发展、产品推广以及市场培育等形成内生动力，从而促进新能源产业的发展壮大。据此，提出以下假设。

假设2：市场驱动能够有效促进新能源产业发展。

7.4.1.3　创新发展

当今社会处于经济全球化和信息技术大变革的背景下，世界各国广泛认识到科学技术对国家可持续发展的重要性，各国从自身实际情况出发，加快科技创新发展的步伐。新能源产业作为战略性新兴产业的重要组成部分，其成功的关键也在于创新发展（尹润锋，2012；Painuly，2001）。不论是从重商主义时期到新古典时期，还是从新经济增长理论阶段到创新理论阶段，技术创新始终是一个国家经济发展的主角。一国经济实力的提升来源于社会生产的有序进行，供需平衡，产业链的合理升级与衔接，然而，归根结底，创新发展在其中起着决定性的作用（孙雷、郝雷，2012），新能源产业的发展也不例外。

根据熊彼特创新理论，创新资源在大企业内部经过垂直一体化过程形成竞争优势，即企业通过创造性破坏重组资源，不断积累技术和创新能力，从而促进新兴产业的出现。技术创新可以催生新兴技术，新兴技术是基于科研的创新，才有潜力产生新的产业或改变现有产业（Tilleman and Russo，2009；桂黄宝，2012）。新能源产业作为高技术新兴产业，其主要特征之一是以新兴技术为基础，技术研发能力是产业竞争力根本所在。新能源产业的创新发展往往体现在一个国家社会、经济以及政治实力上，直接关系到一个国家在经济发展格局甚至是世界格局中的地位，关系到国家长远发展的根本性和全局性的战略问题。而创新发展最终作用于企业层面，一个国家越重视创新发展，新能源企业往往越会加大对科学设备、厂房、实验室、技术研发等的投入，重视新能源技术转化途径、技术人员培养和新能源产品创新、工艺创新、商业模式创新等，这将有利于新能源产业的发展（He et al.，2021）。据此，提出以下假设。

假设3：创新发展能够有效促进新能源产业发展。

7.4.1.4　资源禀赋

新能源产业是衡量一个国家高新技术发展水平的重要依据，也是新一轮国际竞争的战略制高点，新能源产业发展成功的一个关键因素是要有非常良好的自然资源禀赋（Bechherger and Reiche，2006）。一个国家的资源禀赋主要体现在资源分布情况、资源丰裕程度、资源投入量、资源当前可利用程度和资源可利用潜力五个方面。一个国家新能源产业的发展更容易在新能源资源禀赋高的区域形成，区域内新能源的丰裕程度（如光照水平、风力资源等）是新能源发电集群形成的原始动力（孟浩、陈颖健，2010；尹润锋，2012）。

实际上，资源禀赋尤其是能源资源禀赋是一个国家新能源产业发展得以开始的根本，比如，具有日照强度、风速、核电的可用性等因素。依据要素禀赋理论，若一个国家的资源禀赋尤其是能源资源禀赋丰裕，则意味着这个国家在资源（能源）供给和使用成本上具有比较优势，能够影响该国资源（能源）要素的相对价格和消费数量，这将有利于该国新能源产业的集聚，从而进一步促进新能源产业发展模式的形成（Sadorsky，2009b）。据此，提出以下假设。

假设 4：资源禀赋能够有效促进新能源产业发展。

7.4.2 变量说明和数据来源

（1）相关变量及衡量

1）被解释变量：以新能源产业发展效应作为被解释变量，衡量方法与前文一致，此处不再赘述。

2）解释变量：政府拉动、市场驱动、创新发展和资源禀赋。由于这四个特征驱动要素是判断产业发展模式的维度特征，在此以虚拟变量进行表达，即当一个国家的新能源产业发展有这一项特征因素（政府拉动、市场驱动、创新发展、资源禀赋）时，其值设定为 1，否则为 0。也就是说，如果中国新能源产业发展有政府拉动这一驱动要素，则政府拉动虚拟变量等于 1，没有则为 0。

3）控制变量：将国家或地区的经济情况（人均 GDP）、国家整体失业率和环境规制作为控制变量，衡量方法与前文一致，此处不再赘述。

（2）数据来源与处理

相关数据来源于《BP世界能源统计年鉴》，由于要准确地对政府拉动、市场驱动、创新发展、资源禀赋四个虚拟变量进行判定，需要充足的资料，一些国家的资料无法做出准确判定，被删除处理。同时，因为其余数据的可得性，所以最终使用的样本包括13个国家：Canada（加拿大）、US（美国）、Brazil（巴西）、Colombia（哥伦比亚）、Australia（澳大利亚）、Finland（芬兰）、France（法国）、Germany（德国）、Italy（意大利）、Japan（日本）、Spain（西班牙）、United Kingdom（英国）、China（中国）。随后，将欧洲国家除了已有国家外的其他国家作为"Other Europe（其他欧洲国家）"，南美洲除了已有国家外的其他国家作为"Other S. & C. American Countries（其他中南美国家）"，所有北美洲国家作为"Total North America（北美洲地区）"，所有欧洲国家作为"Total Europe（欧洲地区）"，视为一个估测对象进行分析。

7.4.3 实证分析

（1）模型构建

本章以13个国家新能源产业发展模式密切相关的四个特征驱动要素分析对其新能源产业发展的耦合效应，构建的回归模型如下：

$$Y_{ij} = \alpha_i + \alpha_j + \beta X_{ij} + \gamma Z_{ij} + \varepsilon_{ij} \tag{7-1}$$

其中，Y_{ij}是被解释变量，表示新能源产业发展效应；X_{ij}是解释变量组合，分别表示新能源产业的四个特征驱动要素：政府拉动、市场驱动、创新发展、资源禀赋；Z_{ij}表示控制变量的组合，分别表示经济发展、失业率和环境规制；α_i、α_j依次表示时间效应和地区效应；ε_{ij}表示的是随机误差项。

（2）基准回归分析

为了在一定程度上能够有效地克服普通面板模型产生的内生性问题，本章引入广义矩估计法（GMM），基准回归的结果见表7-11。

表 7 - 11 产业发展模式及其效应的耦合研究

特征因素	（1）	（2）	（1）	（2）
政府拉动	0.8533 *** (0.0225)	0.4221 * (0.0988)	0.7223 *** (0.0125)	0.3226 * (0.0765)
市场驱动	0.7762 ** (0.1771)	0.2303 ** (0.077)	0.3329 ** (0.0963)	0.2012 ** (0.0201)
创新发展	0.3774 *** (0.003)	0.1134 *** (0.001)	0.2563 *** (0.0008)	0.1956 *** (0.0012)
资源禀赋	1.6635 *** (0.0113)	2.1162 *** (0.5112)	1.0067 *** (0.0096)	2.0002 *** (0.4012)
经济发展		0.9776 *** (0.2448)		0.6884 *** (0.2112)
失业率		1.0231 * (0.7771)		0.7221 * (0.3111)
环境规制		0.2003 *** (0.0301)		0.3221 * (0.2021)
时间效应	控制	控制	控制	控制
地区效应	控制	控制	控制	控制
R^2	0.3664	0.4551	0.5337	0.6773
观测值	78	78	102	102

由表 7 - 11 可知，在所有的计算结果中，四个因素均在统计学水平上显著为正，说明这四个特征要素的驱动效应明显。可见，对于 13 个被分析国家来说，政府拉动、市场驱动、创新发展和资源禀赋都是促进其新能源产业发展的主要驱动要素。

首先，就核心变量来看，即在控制了时间和地区效应后，如表 7 - 11 第 1 列和第 3 列可知，政府拉动都在 1% 的水平上显著为正，说明这 13 个分析国家的政府拉动都能够显著地促进其新能源产业发展。进一步，加入控制变量后，如表 7 - 11 第 2 列和第 4 列可知，政府拉动皆在 10% 的水平上显著为正，说明 13 个国家的政府拉动有利于新能源产业的发展。那么，假设 1 得到证实。

其次，同理，市场驱动不管加不加控制变量都在 5% 的水平上显著为正，表明 13 个样本国家的市场驱动都能促进其新能源产业发展，假设 2 成立。

最后，创新发展和资源禀赋在 4 种计算结果中均在 1% 的水平上显著为正，说明对于这 13 个样本国家来说，创新发展和资源禀赋都能够有效地促进其新能源产业的发展，假设 3 和假设 4 也成立。至此，所有假设得以验证，这意味着政府拉动、市场驱动、创新发展和资源禀赋是最主要的四个驱动维度。

7.4.4 进一步讨论

进一步，结合 13 个样本国家的实际可知，这些国家出台的相关扶持新能源产业的政策措施都比较多，上文通过基准回归得知，这些国家的政府拉动在其新能源产业发展中起着显著的促进作用，但其效果却有很大的差异性。因为，可再生能源政策的执行可以分为三种不同状态，即"强制执行"、"被修订过"和"已终止"。根据 IEA 统计，1974 ～ 2015 年中国、美国、德国、日本四个国家可再生能源政策的执行状态比较情况见表 7 - 12。

表 7 - 12　1974 ～ 2015 年中国、美国、德国、日本可再生能源政策的执行状态比较

单位：项，%

政策执行状态	中国		美国		德国		日本	
	数量	比重	数量	比重	数量	比重	数量	比重
强制执行	54	90	26	52	15	54	6	38
被修订过	1	2	11	22	6	21	6	38
已终止	5	8	13	26	7	25	4	25
合计	60	100	50	100	28	100	16	100

从表 7 - 12 可知，中国强制执行状态的政策比重高达 90%，明显高于美国、德国与日本。中国强制执行的可再生能源政策比重在四个国家中位列第一，这充分说明中国更注重保持可再生能源政策的稳定性。美

德日三国已经终止的政策比重约为 1/4，说明美德日三国具有如下共同特征：短期或临时的可再生能源政策比重较低，大部分政策具有长期性以及战略性。这也间接反映出美德日三国对可再生能源的重视。

以国际上 13 个国家的面板数据作为样本，本书分析了政府拉动、市场驱动、创新发展、资源禀赋等四个特征驱动要素对新能源产业发展的耦合效应。研究结果表明，政府拉动、市场驱动、创新发展和资源禀赋对新能源产业发展效应都有显著的推动作用。由此，为发展壮大新能源产业，本书建议我国应借鉴以下政策启示。

第一，政府拉动是前提，我国应继续对新能源产业提供政府扶持，保持可再生能源政策的稳定性、长期性和战略性，保障和增强企业创新主体地位，主要从财政拨款、税收返还、财政贴息、政府担保、法律保护等多方面促进我国新能源产业的蓬勃发展。

第二，市场驱动是动力，我国应发挥市场的驱动效应，扩展市场、扩大需求。只有实现新能源的大规模产业化和市场化，才有可能使新能源的利用成本降至具有竞争力的水平。例如，虽然我国人口众多、工商业发达，拥有全球最大的光伏发电应用市场，但目前的光伏屋顶用户不足 200 万个，未来的空间还很大。当前光伏产业已进入平价上网时代，我国更要进一步刺激市场需求，形成内生动力，以促进新能源产业的发展壮大。

第三，创新发展是基础，我国相关政府部门应继续依照"新能源企业是科技创新主体"这一战略方针，强化人才的引进和培养，为新能源产业创新发展集聚人才优势；同时应加快科技成果的再创新，随着引进国外先进技术的难度增大，我国更应加强自身的再创新能力，通过实施重大技术专项，实现新能源装备的自主化和国产化以及"源网荷储"的核心技术研发等。

第四，资源禀赋是根本，由于我国新能源分布不平衡，风能、太阳能等的富集区主要分布在西部和北部，相关政府部门应根据新能源资源禀赋的差异特征，制定种类不同、重点不同的新能源产业发展模式，根据各地的特点探索适宜的新能源发展之路。

7.5　国际新能源产业发展模式的经验借鉴

7.5.1　德国新能源产业发展模式对我国的启示

（1）政策方面更注重市场培育

德国政府起初一边采用固定上网电价鼓励褒奖可再生能源的投资建设，一边强制关停火电厂与核电厂。首先，在德国，虽然煤炭的固定成本相比可再生能源较低，但受发电小时数的影响，其变动成本会增加，导致总体发电成本较高，使燃煤发电成本居高不下，投资者减少；其次，整个欧洲通过在煤炭市场建立稳定的储备机制提升了碳排放额度的价格，促进低碳环保的同时降低了煤炭使用量。此外，政府先通过补贴可再生能源并呼吁民心的方法以全面开展分布式可再生能源发电，之后再通过制定一系列递减的可再生能源的上网补贴，降低可再生能源成本，并鼓励运营商组建市场，自行营销，使之逐渐从"计划经济"转向"市场经济"，进一步改善有可再生能源参与的能源交易市场运行。最终使得化石能源逐渐从主力能源中被淘汰，市场自动倾斜至可再生能源并以之为主导。

（2）创新方面更倾向核心技术

在德国看来，电网与能源储蓄系统和可再生能源应并驾齐驱，同步发展，这对可再生能源的实际普及与安全运行起着决定性作用。分布式发电系统决定了发电端与用电端之间必须保持信息双向流通，所以智能电网的发展逐渐遍布整个德国。电池与电动车的便携储能系统、自动化控制与调配的智能电网弥补了可再生能源发电的波动性与不可预测的缺点，解除了可再生能源入网比例增多带来的安全隐患。同时，强大自由的电力交易市场保留一部分调峰电厂作为应急电站与部分储能系统，保证了可再生能源作为基本负荷使用的安全性及可行性，同时达到节能的目的。

7.5.2 日本新能源产业发展模式对我国的启示

（1）大力完善新能源产业链

作为发展中国家，我国虽也出台了推动新能源产业发展的相关财税和监管政策，如政府补贴、税收优惠、上网电价等，但与发达国家相比，仍存在一定差距。具体而言，我国的政策体系更为完善，政府的支持力度更大，但在配套政策和贯彻执行方面与日本等发达国家仍存在一定差距，需要进一步改进。构建完善的产业链，推动新能源行业的市场化改革是新能源产业走向繁荣的必由之路。要想使新能源产业得到可持续发展，构建完善的产业链是必要环节。为确保新能源产业的进一步发展，我国要提高对设备生产制造行业的重视。还应具备专业的技术研发机构和配套零部件生产企业等，从而形成完整的新能源产业链。应对产业链的发展进行不断的优化，对产业链中的薄弱环节进一步加大投资力度。

（2）加快建立新能源专项扶持基金

新能源产业仍属于不成熟的行业，且是需要大量资金和技术支持的产业。政府对新能源产业的投入较少，导致新能源产业缺乏足够的研究资金，人才出现短缺，设备需要进口，阻碍了新能源产业的系统化、产业化、市场化的发展。对此，政府有必要建立促进新能源产业发展的专项扶持基金，同时扶持高科技研发以及相关教育和培训。鼓励新能源核心技术和设备关键零部件的研发，对相关人员和企业、高校等单位予以重点资金支持。由于新能源产业的规模较大，培育时间相对较长，研究难度较大，建立国家专项扶持基金、建立健全新能源扶持基金的管理制度有利于推动新能源产业的制度化、规范化管理。同时，政府应促进商业银行贷款投入倾斜。

（3）广泛加强研发合作

对比中日的新能源产业，我们可以发现，日本的新能源产业技术领先，起步较早，但制度落后制约着其新能源产业的发展，日本正在逐步失去新能源产业技术的世界领先地位；中国的技术总体落后，起步较晚，但是补贴力度大，制度较为完善，技术发展迅速，新能源产业正在迅速发展。在注重民众教育的同时，我国应与日本和其他在新能源技术方面取得创新专利的国家广泛展开合作。进行多边交流与合作，通过人才交换培训的方式来学习先进技术，同时展开技术合作，既节约了技术的研发成本，又进行了人才共享，最重要的就是协作进行新能源开发的技术。新能源开发技术的复杂程度比传统能源的开发技术复杂得多，涉及资源评价、材料和设备制造、工程设计、配发和管理等多个领域，需要多个领域的高精尖人才进行跨学科合作。同时可以倡导各国签订环保协议等倡议书，共同推广新能源的研发和利用，提高新能源的市场份额，限制各国企业对传统能源的购买量来提高新能源的市场竞争力，从而达到保护环境和经济发展并行的目的。在国际合作的过程中，可以发起如"气候投资基金"等来为新能源产业的发展提供资金补贴，使世界范围内的新能源产业发展都有完备的资金补贴链。

7.5.3 美国新能源产业发展模式对我国的启示

（1）综合运用行政和市场力量推动能源结构转型

我国是世界上最大的能源消费国，单位 GDP 能耗与先进发达国家相比差距还很大。因此，我国必须坚持节能优先的方针，把节能贯穿于经济社会发展全过程和各领域，推动形成注重节能的生活方式和社会风尚。能源结构转型过程易受外部环境影响，本书建议根据产业的发展实际和外部环境变化，适时对有关税收政策进行动态调整，持续发挥政策的正向效应，更好地推动能源结构转型。建议综合运用税收和碳排放交易市场制度，合理设定碳排放价格，增强可再生能源相对于煤炭和天然气的竞争力。为避免受政策利好影响导致的一拥而上，应在政策参照执行的主体认定上，通过强化技术、经济、质量、安全、环保等方面的标准体系，设置准入门槛和限定范围。

（2）清洁高效利用煤炭等化石能源

清洁高效，是继续利用煤炭支撑经济增长并不增加环境负担的唯一可行道路。我国应加快散煤综合治理，大力推进天然气、电力、可再生能源等清洁能源替代民用散煤；大幅度提高电煤比重，全面实施煤电超低排放和节能改造；加快煤炭由单一燃料向原料和燃料并重转变，要在节能环保、水源有保障的前提下，着力推动煤炭向煤制气、煤制油和煤制烯烃、芳烃等高端煤化转化，继续强化技术创新，不断扩大我国在煤炭加工转化领域的技术和产业优势。同时，加强与美国在清洁煤领域的互利合作。

（3）多方协同推进可再生能源发展

我国可再生能源发展迅速，已成为国际可再生能源发展的重要引擎，但可再生能源发电与传统电网不适应、发电成本偏高、对生物质能认识不够、原料开采破坏环境、资源耗竭、贸易争端频发等问题不容小觑。我国应加强对传统电网的升级改造，从输电环节破解可再生能源装机容量利用效率不高的问题，并结合可再生能源配额制度，切实提高可再生能源发电比重；通过科技创新，持续改善可再生能源的经济性，使其真正具有市场竞争力；积极发展生物质能，优先发展转化利用农林生物质废物、农业废物（畜禽粪便）、农产品加工废物、生活垃圾等，积极储备能源植物技术；战略储备制造可再生能源产品所必需的元素，积极回收和再利用，并注意开采过程中的环境保护；加强研究如何在扩大可再生能源产品生产的同时不违反国际贸易协定。

综上所述，本章在文献综述的基础上，首先，从时间维度（初创期、成长期、成熟期和衰退期）和特征维度（政府拉动、市场驱动、创新发展和资源禀赋）对典型国家（德国、美国和日本）的新能源产业发展模式进行界定；其次，对中国（三区域、八区域）和国际上 22个国家和地区（17 个国家和 5 个地区），根据汇率法和购买力平价法进行典型国家和地区新能源产业发展效应测度；再次，通过短面板计量分析法，证实了四项特征维度的驱动要素对新能源产业发展的显著效应；最后，总结德日美三国新能源产业发展模式及其对中国的启示。

8 新能源产业消费侧内育发展模式建构

中国新能源产业的快速发展，主要有四个特征维度的驱动要素。模式效应统计测度显示，我国新能源产业有以下特点：规模增长快，但质量有待提高；基础设施强，但协同配套不足；产业扩张快，但价值链定位低；重复建设多，但核心技术不强；产能准备总量大，但市场培育不够。本章通过研究总结和借鉴国际典型国家新能源产业发展的经验，构筑产业消费侧内育发展模式。

8.1 新能源产业发展模式的系统演化规律研究

从前文驱动因素分析和特征维度界定的角度来看，新能源产业的发展过程按时间维度可以分为四个阶段，按特征维度可以分为政府拉动、市场驱动、创新发展和资源禀赋四种具体的产业发展模式，且这四种产业发展模式之间存在一定的关联性。随着时间的推移，在不同的发展阶段，新能源产业发展模式呈现一定的发展规律。

8.1.1 新能源产业发展模式

8.1.1.1 政府拉动模式

在世界各国新能源产业发展的历史镜鉴中，我们通过对典型国家的新能源产业发展历程和发展模式等方面的研究可以清晰地发现政府的重要作用（Nor et al.，2017）。政府拉动模式是推动新能源产业发展的一个较为经典的模式，具有普遍适用性（Nurcan，2016）。政府拉动具体表现在制度体系供给的方方面面，如将新能源资源的法律界定、新能源的供应全链条（发电、输送和消费）纳入法律框架，提供财政补贴、财税支持和贷款担保，投资新能源产业的基础设施建设，加大高端人才的培养力度，支持创新技术研发，配套设施和相关产业的支持政策等（Wang et al.，2019）。中央政府不仅自身给予资金、政策、技术等方面的大力支持，同时考虑到各省域的特殊情况和资源条件等，还鼓励各地区因地制宜，出台相关的本地新能源产业发展政策，这对新能源产业发展具有显著的影响（Onno et al.，2019）。从国内新疆、青海等西北地区，以及其他省份新能源产业发展历程和突出经验可见，政府的政策拉动作用，尤其是财政补贴、财税支持、技术研发推动等在新能源产业发展中的贡献不容忽视。

在新能源产业发展方面，频频推出的各种生态发展、产业结构调整和能源革命、环境保护等一系列政策文件表明了政府对新能源产业及其相关产业发展的高度重视。尤其是在国家战略性新兴产业发展布局中，新能源产业已经是发展规划的"排头兵"。2016 年 5 月，环境保护部出台《关于积极发挥环境保护作用促进供给侧结构性改革的指导意见》，将新能源产业、节能产业等提高到国家战略层面进行顶层制度设计，绿色可持续发展成为新能源产业发展的目标和主旋律。[①] 近年来，绿色金融模式、合同能源管理、新型绿色智库、环境第三方治理、PPP 融资模式等具体应用模式在促进新能源产业发展中得到较深入的推广应用。在新能源产业发展中，政府拉动模式运行有以下三个方面的关键点。

（1）构成主体

政府拉动模式的构成主体是中央政府、地方各级政府、中央到地方

---

① 《环境保护部研究出台〈关于积极发挥环境保护作用促进供给侧结构性改革的指导意见〉》，生态环境部，2016 年 5 月 19 日，https：//www.mee.gov.cn/gkml/sthjbgw/qt/201605/t20160519_337890.htm。

的各级相关职能部门，具体的新能源产业发展执行组织是新能源产业的进入企业，包括国有企业，民营企业，外资企业，科研院所，输变电企业，相关的电网、电力服务组织和中介代理机构等多方参与者（Raza et al.，1994）。政府通过制定政策从人力、物力和财力以及技术创新等多个方面推动新能源产业发展，通过各类泛市场机构和泛社会机构的有效配合及补充开展相关产业经济活动。

（2）活动传递链

政府拉动模式下，新能源产业发展活动的传递链主要由以下六部分构成，即"相关政府政策驱动→新能源产业基础设施建设→新能源企业介入→在特定空间区域新能源开发、生产和运营→形成新能源的产品和服务→发展新能源产业集群"。从新能源产业发展的活动传递链可见，政府拉动下的新能源产业发展十分关注新能源企业的积极性和自身的竞争力培养。

（3）价值实现过程

政府拉动模式下，新能源产业价值链的实现过程是"政府财政补贴等政策推动下的企业前期介入（制度资源的供给）→生产成本投入（新能源资源禀赋的支撑）→产品和服务价值形成（价值转移的实现）→产品服务售出（商品价值的实现）→人力资本回报、企业利润和政府税收及资本增值实现→企业社会化扩大再生产（价值再分配的过程）"。

综上所述，政府拉动模式见图 8 - 1。

由图 8 - 1 可知，采用政府拉动模式的新能源产业发展的核心是在政府主导下，新能源企业、市场和社会协调发展并形成产业网络。这种模式主要是针对社会效益更大的产业，如新能源产业的发展，调动各方力量协同作用，尤其是在初创期和成长期，为发展提供关键的投入要素支撑（Zhang et al.，2019）。但在政府主导下的发展需要市场和企业的积极介入，利益分配机制和发展动力机制一般会缺乏可持续性，常常会造成政府的权力寻租，产业发展会发生"一扶就多、一撤就倒"的尴尬境况。同时，政府的相关政策还需要注重效率，如政府规制对新能源

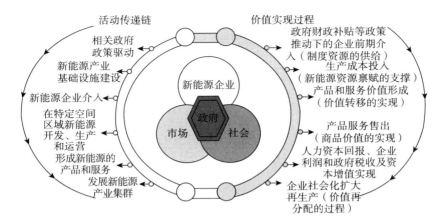

活动传递链　　　价值实现过程

相关政府
政策驱动

新能源产业
基础设施建设

新能源企业介入

在特定空间
区域新能源
开发、生产
和运营

形成新能源的
产品和服务

发展新能源
产业集群

新能源企业

政府

市场　社会

政府财政补贴等政策
推动下的企业前期介
入（制度资源的供给）
生产成本投入
（新能源资源禀赋的支撑）
产品和服务价值形成
（价值转移的实现）

产品服务售出
（商品价值的实现）
人力资本回报、企业
利润和政府税收及资
本增值实现

企业社会化扩大
再生产（价值再
分配的过程）

图 8 - 1　政府拉动模式

产业发展的影响，对两者之间的非线性关系还需要深入探讨（Zhang et al.，2017）。政府拉动产业发展的决策流程更需要严明的纪律性和果断性，以及与国际国内经济社会发展形式、新能源产业发展情况实现动态匹配。

新能源产业的政府拉动模式优点十分明显，是许多国家采用的模式之一，由国家整体支持布局，具有目标清晰、动力可持续、直接的财政支持、严密的关系网络建设等方面的优势。其劣势则在于政府政策与产业发展之间的实际匹配程度受诸多要素的影响，有时难以得到科学的保障。

8.1.1.2　市场驱动模式

根据规模经济理论分析，新能源企业要通过市场提供的产品和服务、客户的认可、规模的不断上升才能发展壮大。只要新能源产业的进入者追求利润最大化，有不断发展壮大企业的愿望，市场就会被时时追踪和经营。一方面，为了提高劳动生产率和企业利润率，新能源企业会希望通过市场刺激，加大核心竞争力，提高经营水平（Strupeit and Palm，2016）。另一方面，为了经济社会的可持续发展，政府在拉动新能源产业发展时，也会从人才培养、基础设施建设、供求平衡、宏观环境塑造、科研开发、技术进步、竞争力培育等各个方面发挥市场的"无形之手"的作用。在资源配置方面，由于市场的高效率、低成本，市场驱动模式主要是通过快速扩大企业规模、提高技术创新能力和提升市场竞争力等途径助推新能源产业发展。

近年来,新能源产业规模不断扩大,相关的绿色金融、绿色服务、产品设计等也日趋多元化。对于新能源产业来说,市场驱动模式有利于解决单位成本高、企业规模小、开发程度不深入、技术难度大等一系列问题,也有利于企业不断积聚实力,形成技术、能力和管理及文化等一系列的市场进入壁垒,提升新能源企业的整体竞争力,打造细分市场的隐形冠军(Sun et al.,2017)。尤其是在扩大规模、扩张速度、做大还是做强等方面,市场驱动模式会有助于企业迅速响应客户,形成优质服务网络,打造高水平服务平台。新能源产业市场驱动模式的优点体现在资源整合程度高、规模扩张快、竞争实力强等方面。当然,市场驱动模式也有一定的不足之处。对于新能源企业而言,市场的形成是一个相对缓慢,需要精准服务和独创性的技术、产品、流程和商业模式等来解决问题的过程。市场驱动模式见图 8 - 2。

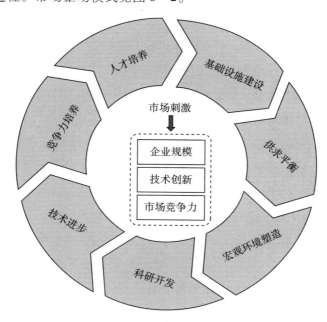

图 8 - 2　市场驱动模式

由图 8-2 可知，市场驱动模式的重点是通过市场刺激，快速扩大企业规模、提高技术创新能力和提升市场竞争力，从而突破价值链的低端固化困境。同时，一个国家新能源产业的国际地位往往取决于国内市场引力和市场活力的大小。市场引力越大，话语权越大，主动驾驭产业发展的国家意志会更坚强。中国内部拥有庞大的市场空间，可以凭借经济总量、技术垄断、货币优势，通过市场行为与政策取向，深化新能源改革，唤醒居民消费需求与民间投资需求，立足于激活国内市场、利用市场力量升级新能源产业技术水平，形成稳定的消费预期与投资预期，同时加大投资与贸易服务开放力度，增强市场对国际社会的吸引力，培育市场战略纵深发展，提高国际市场影响力（Tao et al.，2020）。在市场驱动模式下，中国要确立更加精准的新能源产业战略，确保能源安全和新能源产业链的伸展与加强、生态改善和污染减轻；发挥制造业体系健全的优势，通过加速传统能源产业的技术升级，缩小与发达国家的差距，实现能源消费结构升级；延伸新能源的普遍服务领域、产业服务领域、社会服务领域，目标市场呈现多元化格局；以开放市场、引进资本、提升产业、培育企业的国际适应力和国际竞争力为重心，以市场融合为先导，增强市场凝聚力，突出不同市场主体的需求和供给匹配性；不再追求贸易排名，更多地关注需求与供给优势的发挥。同时，中国要注重新能源产业与现代服务业的深度融合，发展节能服务业、新能源服务业、环保服务业等新能源服务业，尤其要重视金融业全面、有力的战略支持，促进产业结构升级；借助金融手段，从最初的融通资金到中间的整合资源，再到最终实现价值增值等全过程，使新能源产业与金融产业加强互动；建立完善的财税制度，加大支持力度，疏通企业融资渠道，设立专项扶持基金，提供政府贴息的专项贷款（Liang et al.，2019）；加大市场培育力度，完善市场机制，配套各种中介咨询服务机构，促进市场竞争。

8.1.1.3 创新发展模式

在新能源产业发展中，最具有活力的模式就是创新发展模式。因为，创新是"改进或创造新的事物、方法、路径、环境、元素等，并获得一定有益效果的行为总称"，现代社会发展，尤其是中国发展的最新模式，必须以创新来驱动。在各个产业，各构成因素的创新基本是被动适应和主动革新两方面的共同作用。创新活动可以改变一个产业的发展模式、盈利模式，甚至组织模式等（周德群等，2022）。

美国经济学家 Joseph Alois Schumpeter 将创新划分为五种类型，即引进新产品或丰富产品集合、运用新技术提高生产率、引入新材料提升产品质量和性能、实现生产要素新组织和打造科学管理团队。创新是社会发展最强、最活跃的动力，尤其是在科学技术领域体现得最为明显。早在 19 世纪 70~80 年代，马克思和恩格斯就敏锐地剖析了新科技革命的实质与意义。创新在推动产业发展过程中的传导机制一般是"局部的、分散的个体性创新→创新推广扩散→整个产业内的普遍创新→普遍的企业创新→企业优胜劣汰→产业成长、成熟、消亡或催生新产业"（温茜茜，2013），这是一个标准的创新从内而外的传递过程。其中，在最初，局部的、分散的个体创新是具有一定偶然性的。但当创新从个体性偶然发生向群体推广扩散时，基本是一个必然的发展过程，一旦达到扩散的临界点，就会促成整体产业组织的内部行为变化，进而诱发整个产业发展的层次跃迁（马丽梅、王俊杰，2021）。创新发展模式的关键就在于利用知识、技术、管理和商业模式等各个方面的点式创新—轴式创新—网络创新，最后推动产业优化发展和变革进步。

2016 年 12 月，国家发展改革委印发的《可再生能源发展"十三五"规划》提出，"为实现 2020 年非化石能源占一次能源消费比重15% 的目标，加快建立清洁低碳、安全高效的现代能源体系，促进可再生能源产业持续健康发展，按照《可再生能源法》要求……"，"坚持创新引领，推动转型升级。把加快技术进步和提高产业创新能力作为引导可再生能源发展的主要方向，通过严格可再生能源产品市场准入标准，促进先进技术进入市场，完善和升级产业链，逐步建立良性竞争市场，淘汰落后产能，不断提高可再生能源的经济性和市场竞争力"。由上述文字可见，创新已经成为新能源产业发展的共识。随着新能源产业的发展，资源要素和制度体系要素会出现边际效益递减的现象，为提高产业竞争力，进一步推进可持续发展，就必然要求新能源产业和企业提高自主创新能力，不断实现产业价值链的高端攀升。因此，新能源产业的创新发展模式将是一个永恒不变的有效模式（董春诗，2021）。

综上所述，新能源产业属于战略性新兴产业，是未来国家层面的竞争产业之一，与其他模式相比，创新发展模式是追求技术先进、机制灵活、高效发展的最有效的模式，但劣势在于运作周期长、投入成本高、获利风险大等方面（Maria et al.，2016）。创新发展模式见图 8 - 3。

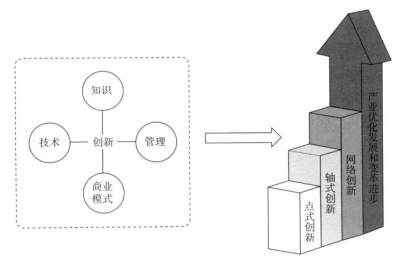

图 8 - 3 创新发展模式

由图 8 - 3 可知，创新发展模式的重点是要实现技术、知识、管理和商业模式的全面协同创新，由点上突破（点式创新）向轴上扩散（轴式创新），最后形成网络创新，推动产业优化发展和变革进步。在新能源产业发展中，创新是基础，也是重要的核心内生动力，企业要提升市场竞争力，必须重视创新，促进产业的高质量发展（Jacobsson and Johnson，2000）。同时，在产业生产过程中，推动创新技术的完全开发和焕发现有技术的生产能力，能够影响现有的生产函数，提高中间产品或者是原材料的附加值，提高生产效率和资源配置效率，并且改变产业的关联效应，影响产业的发展规模和质量，甚至改变产业结构，这是促进产业高度化和合理化发展的核心。

2021年，我国全社会研发投入达到2.79万亿元，同比增长14.2%，研发投入强度达到2.44%。在产出方面，技术合同成交额超过3.7万亿元，远超全社会研发投入2.79万亿元。国家创新指数全球排名从2012年的第34位达到2020年的第12位，提高了22个位次。[①]但在新能源产业领域，其作为一个新兴产业，核心技术创新仍显不足，需要我国继续加大企业创新激励力度，强化企业创新主体地位，持续推进关键核心技术攻关，深化产学研用结合。加大研发费用和基础研究税收优惠力度，完善设备器具加速折旧等政策，鼓励企业走创新驱动发展的道路，使企业成为创新主体。因此，为贯彻落实创新发展战略，政府应出台融资政策和税收优惠政策以提供支持，鼓励企业加快技术重大突破，营造浓厚的创新氛围，为新能源产业发展带来源源不断的创新动力，促进经济的可持续发展。

8.1.1.4 资源禀赋模式

在新能源产业发展的初期，其对自然资源禀赋的依存度往往较高。偏向资源类的产业，如新能源产业，一般只有在拥有丰富的新能源自然资源禀赋，合适的制度供给、劳动者与资金等条件下，才能开启初创阶段。在发展中国家和新兴市场，产业技术基础薄弱，一般产业的发展模式只能选择特有的资源禀赋，如对矿产资源、廉价的劳动力等依存度较高。同时，技术、知识资本、人口素质等高端要素方面的劣势决定了这些国家或地区的产业很难实现向高端攀升和上游突破。资源禀赋驱动的发展模式一般只能采取低成本战略来获取核心竞争力，但通常自然资源是可耗竭的、人力资源成本是上升的，因此，这一模式比较适合初期起步阶段，国家或地区需要快速取得细分市场的优势，

加速进入更大的市场和更加活跃的模式，如创新发展模式等。新能源产业在初创期，如果有新能源自然资源禀赋提供基础条件，有政策推动，有足够的劳动力供给等，就可以发展起来。尤其是对于偏远之地、乡村扶贫等公益新能源产业发展来说，资源禀赋模式下的新能源产业发展是一个自给自足的产业活动。资源禀赋模式的优点是投入成本低、内生动力强，但劣势在于资源禀赋的核心竞争力不强，一旦资源匮乏，产业就会难以为继。其实，新能源的利用早在数千年前就已经开始了，只是随着时代的发展、技术的进步，人类利用新能源资源从事生产活动的方式在不断改进，利用效率在不断提高（Qiao et al.，2021）。资源禀赋模式见图 8 - 4。

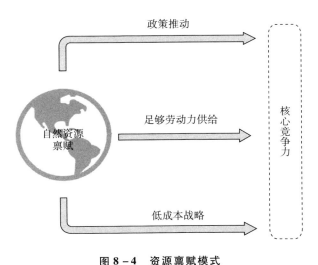

图 8 - 4　资源禀赋模式

由图 8 - 4 可知，资源禀赋模式的前提是区域丰裕的自然资源禀赋，在新能源产业发展初期，自然资源禀赋为新能源产业提供了得天独厚的自然条件，但作为初级的原材料投入品，其附加值一般较低，在国家政策推动下，又容易引发"大规模、政绩导向、投机和哄抢开发的热潮"。在新能源产业发展过程中，资源禀赋模式往往是产业在初创期、成长期采用的主流模式，到成熟期，产业一般就会更加注重附加值高的、技术更加复杂的创新发展模式。

8.1.2 新能源产业发展模式的演化

对于新能源产业而言，国家并不是每一次或每一个区域或每一个阶段只采用一种发展模式，而是根据产业发展的实际状况，选择以一种为主，其余一种或者多种为辅，共同推动产业的发展。

（1）市场驱动模式是不可或缺的

在任何一个产业的发展过程中，一定规模的市场需求是关键的动力源和发展的原动力。经济活动形成的最主要的两个方面就是需求和供给，这是经济学中永恒的话题。社会生产要素的优化配置就是由市场需求变化引导的，这也是日趋精细的社会分工得以实现的前提。在拉动经济增长和产业发展的"三驾马车"（消费需求、投资需求和外部需求）中，消费需求的贡献程度最高。市场或者消费者的需求总量和结构的变化会引起相关产业的扩张和收缩，也是导致产业成长、兴盛或者衰落的关键。改革开放以来，我国经济飞速发展，居民生活水平不断提高，社会正从"温饱型"向"小康型"发展，对洁净能源、友好生态环境和美好生活等方面的需求也不断上升，这为新能源产业发展提供了深层次的市场驱动力。

（2）创新发展模式是持续快速发展的前提

在新能源产业发展中，技术有着同样的特殊重要性，技术进步是带动产业快速发展的原动力。随着工艺技术和管理水平等的改进，生产效率持续快速上升，优化资源配置，降低产品服务成本，提高劳动收入，催生新的需求。同时，创新能够更好地创造性地满足新的需求，实现个性化发展，这是新能源产业发展，尤其是在发展的各个阶段，赢得客户、获得发展、扩大规模所必需的。在新能源产业内部，只有创新发展，才能带来新的市场、新的机会和新的客户，从化石能源的市场份额中获得转移。从空间分布来看，新能源自然资源禀赋各异，各地区市场容量和制度体系等要素也差异明显，为有效推动各地区新能源产业的发展，国家必须依据各地区的矿产资源、地理位置、新能源禀赋、自然条件、基础设施、人口分布、人力资本、工业基础等要素情况，因地制宜，利用创新的视野、不同的路径发展新能源产业。我国新能源资源目前还是以发电为主，间歇性强，其利用程度的提高需要各相关要素的科学配置、"源网荷储"各环节的协调发展。对于新能源产业来说，无论是技术，还是管理，甚至是建设，只有创新才可能发展，只有创新才会壮大，只有创新才有持续。

综上所述，新能源产业发展模式的演化见图 8 – 5。

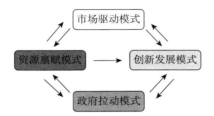

图 8 – 5　新能源产业发展模式演化

从发展演进的角度来看，根据历史、资源、体制等方面的原因，我们可以初步断定，我国新能源产业还处于从自组织向系统化发展的过渡阶段，正面临关键的整合窗口期，宝贵的机遇与较高的风险并存（Xu，2021）。

8.2　新能源产业消费侧内育发展模式的背景

新能源产业的发展和演进主要体现为信息通信技术与能源产业结合的三个阶段或者说是界限相对模糊的三个演进过程。第一个阶段为物理发展阶段。以新能源产业发展自身为主，信息通信集中于提供服务，形成方便、快捷等优势。第二个阶段为智能化阶段。以智能电网建设为主，是新能源市场匹配阶段，信息通信成为能源产业基础设施不可或缺的组成部分。第三个阶段为一体化融合阶段。表现为能源产业与信息通信产业一体化意义下的信息流与能量流相结合阶段。就中国而言，新能源产业整体是光明一片，但在核心技术突破等方面还面临困境。

8.2.1 基础建设高调行进

从全国全口径装机容量角度来看，截至 2020 年底，水电装机容量为 3.7 亿千瓦、火电装机容量为 12.5 亿千瓦、核电装机容量为 4989 万千瓦、并网风电装机容量为 2.8 亿千瓦、并网太阳能发电装机容量为 2.5 亿千瓦、生物质发电装机容量为 2952 万千瓦。非化石能源发电装机容量合计 9.8 亿千瓦，占总发电装机容量的比重为 44.8%，比上年提高 2.8 个百分点。而煤电装机容量为 10.8 亿千瓦，占比为 49.1%，首次降至 50% 以下。[①]"十三五"时期，全国全口径发电装机容量年均增长 7.6%，其中非化石能源和煤电装机年均增长分别是 13.1% 和 3.7%，前者占总装机容量的比重从 2015 年底的 34.8% 上升至 2020 年底的 44.8%；后者占总装机容量比重从 2015 年底的 59.0% 下降至 2020 年底的 49.1%，分别提升和下降近 10 个百分点。[②]

从装机增速角度来看，2020 年，火电装机容量同比增长 4.7%，较上年高出 0.7 个百分点。风电和太阳能发电装机容量同比增长分别是 34.6% 和 24.1%，较上年增速分别提升 21 个和 7 个百分点。水电装机容量低速缓增，同比增长 3.4%。从电源结构来看，十年来我国新能源和传统化石能源发电装机容量比重分别是同比例持续明显上升和下降。2020 年火电装机容量比重较 2011 年下降了 15.7 个百分点，风电、太阳能发电装机容量比重上升了近 20 个百分点，发电装机结构进一步优化。水电、风电、光伏、在建核电装机规模等多项指标保持世界第一。[③]

---

① 《中电联：2020 年全国新增发电装机容量 19087 万千瓦》，中国能源网，2021 年 2 月 2 日，http://www.cnenergynews.cn/dianli/2021/02/02/detail_2021020290193.html。

② 冉永平、丁怡婷：《"十三五"时期全国全口径发电装机容量年均增长 7.6%》，"人民资讯"百家号，2021 年 2 月 7 日，https://baijiahao.baidu.com/s? id = 16910014389 0830293&wfr = spider&for = pc。

③ 《中国能源大数据报告（2021）——电力篇》，搜狐网，2021 年 6 月 20 日，https://www.sohu.com/a/473124612_121123746。

近年来，我国大力发展新能源产业所取得的成就是有目共睹的。据《国家电网公司促进新能源发展白皮书（2016）》：截至 2015 年，我国风电、太阳能发电累计装机容量 1.7 亿千瓦，超过全球的 1/4；"十二五"期间年均增速分别为 34%、178%；国家电网调度范围风电、太阳能发电累计装机容量分别达到 11664 万千瓦、3973 万千瓦，发电量年均增速分别为 30%、219%，我国新能源产业进入世界前列。但同时我国新能源产业也面临较多困境，理论界和实业界等对其最主要的描述就是产能过剩、弃风弃光严重等，接下来，本章将从生产端产能过剩和消费端弃能严重两个方面进行困境描述。

8.2.2　生产端产能过剩

我国新能源装机容量持续快速增长，但不断扩张的产能并没有真正充分转化为实际应用。据国家能源局公布，截至 2016 年底，我国光伏发电新增装机容量 3454 万千瓦，累计装机容量 7742 万千瓦，均为全球第一。其中，光伏电站累计装机容量 6710 万千瓦，分布式累计装机容量 1032 万千瓦。全年发电量为 662 亿千瓦时，仅占总发电量的 1%。[①] 风电新增装机容量达 23.3 吉瓦，占全球风电新增装机容量的 42.7%，也高居第一。至 2020 年底，全国光伏累计装机容量达 253 吉瓦，同比增长 23.5%，增速较 2019 年（17%）有所回升，连续 6 年位居全球首位。国家电网调度范围内风电、太阳能装机容量已突破 2 亿千瓦，在 16 个省区内，新能源已经成为第二大电源。2016 年，"三北"地区装机容量合计 1.7 亿千瓦，但外送能力只有 3696 万千瓦，仅占新能源装机容量的 22%；全国并网风电装机容量 1.5 亿千瓦，设备平均利用小时数仅为 1742 小时。从省区来看，在风电装机容量超过 300 万千瓦的 13 个省区中，云南、河北、江苏、山西、辽宁、山东、内蒙古和贵州风电设备平均利用小时数超过全国平均水平，而甘肃、新疆和吉林风电平均

---

① 《2016 年光伏发电统计信息》，国家能源局，2017 年 2 月 4 日，http://www.nea.gov.cn/2017-02/04/c_136030860.htm。

利用小时数低于 1500 小时，分别仅有 1088、1290 和 1333 小时。① 从最大用电负荷对比来看，以甘肃和新疆为例，2015 年，甘肃电力装机容量约为 4531 万千瓦，最大用电负荷仅 1300 万千瓦，前者是后者的 3.49 倍，新能源装机容量为 1784 万千瓦（风电 1202 万千瓦），已经超过最大负荷 484 万千瓦；新疆电网平均用电负荷 2100 万千瓦，但 2014 年年底装机容量就达 5121.6 万千瓦，其中，新能源装机容量 1500 万千瓦，为平均用电负荷的 71.43%。②

8.2.3 消费端弃能严重

我国新能源的弃能比例已经远远超出典型国家 3% 的标准。以风能为例，据国家能源局发布的统计数据，2010～2015 年，我国弃风电量累计达到 997 亿千瓦时，相当于三峡、葛洲坝两个水电站 2015 年全年的发电量，直接经济损失超过 530 亿元。仅 2015 年的弃风电量就达到 339 亿千瓦时，直接经济损失超过 180 亿元。③ 2016 年，全国弃水、弃风、弃光电量共计近 1100 亿千瓦时，超过当年三峡水电站发电量 170 亿千瓦时。仅国网范围内弃风电量从 2015 年的 339 亿千瓦时增加到 497 亿千瓦时，超过三峡水电站全年发电量的一半，全国平均弃风率达到 17%，甘肃、新疆、吉林弃风率分别高达 43%、38% 和 30%，在出现弃风现象的 11 个地区中，陕西属于首次。2017 年第一季度，全国弃风电量为 135 亿千瓦时，平均弃风率为 16%。2011 年全国弃风电量就已达到 123 亿千瓦时，弃风率为 16%，此后愈演愈烈。根据中电联和绿色和平的数据，2010～2017 年，全国累计弃风电量达到 1500 亿千瓦时，直接经济损失在 800 亿元以上。在弃光方面，2016 年，仅西北地区弃光

---

① 《2016 年全国 6000 千瓦及以上电厂发电设备平均利用小时情况》，国家能源局，2017 年 1 月 26 日，http://www.nea.gov.cn/2017－01/26/c_136014619.htm。

② 电网君：《弃风弃光症结何在？真相令人震惊！》中国能源网，2015 年 12 月 25 日，https://www.china5e.com/news/news－928175－1.html。

③ 《发改委促新能源消纳"弃风弃光"有望缓解》，搜狐网，2016 年 4 月 14 日，https://www.sohu.com/a/69235983_160337。

电量就由 2015 年的 49 亿千瓦时增加到 70 亿千瓦时，平均弃光率近 20%，提高了 6 个百分点。新疆、甘肃弃光率分别高达 32%、30%，2017 年第一季度，弃光电量为 27 亿千瓦时，全国平均弃光率达到 13%。①

更为严重的是，2020 年，全国 6000 千瓦及以上电厂发电设备累计平均利用小时数为 3758 小时，同比减少 70 小时。水电、核电设备平均利用小时数同比提高，分别为 3827 小时和 7453 小时，同比增加分别为 130 小时和 59 小时。火电设备平均利用小时数为 4216 小时，同比减少 92 小时。并网风电平均利用小时数为 2073 小时，同比减少 10 小时。光伏平均利用小时数 1281 小时，同比减少 10 小时。从全国发电设备平均利用小时数来看，近十年总体呈下滑之势，持续降落至 4000 小时以内。②

8.2.4　原因剖析

我国新能源产业面临的困境基本被认为是由投资巨大、渠道有限和电力系统中间电网建设问题，以及背后的政策和行业技术等造成的。本章将从表观原因和根本原因两方面分别解读。

8.2.4.1　表观原因解读

（1）基础建设投融资渠道有限

中国的新能源供应商和跨界企业碎步前行，合作大多数只发生在能源服务市场，不断摸索、建设、运营新的商业模式。对需要巨额资金投入的基础设施建设来说，超过全部融资额的 50% 还是以政府补贴和银行为主，来自股市、债市、风投和私募等渠道的融资份额较小。企业自主投资态度消极，主要是因为与能源产业结合的技术和设施等的前景模式还没有一个明确的界定，企业不敢盲目涉入。如为了保证风力发电、光伏发电的可持续发展，可再生能源补贴政策实行风力发电和光伏电站

---

① 《为何会"弃风弃光"？根源在哪里？》，"能源 100"百家号，2017 年 5 月 10 日，https：//baijiahao. baidu. com/s？id = 1566695129098658&wfr = spider&for = pc。

② 《国家能源局：2020 年全社会用电量同比增长 3.1%》，"中国新闻网"百家号，2021 年 1 月 20 日，https：//baijiahao. baidu. com/s？id = 1689367374242016009&wfr = spider&for = pc。

分区固定上网电价，视风能资源条件，风电在燃煤脱硫标杆电价基础上的补贴金额分别为 0.51 元/千瓦时、0.54 元/千瓦时、0.58 元/千瓦时、0.61 元/千瓦时；视太阳能光伏资源条件，光伏电站电价的补贴金额分别为 0.9 元/千瓦时、0.95 元/千瓦时、1 元/千瓦时，分布式光伏发电则按照电量给予补贴 0.42 元/千瓦时，农林生物质发电和垃圾发电的补贴金额分别为 0.75 元/千瓦时、0.65 元/千瓦时。[①] 同时，我国明确要求建立可再生能源的费用分摊制度。2006 年 6 月，国家结合电价调整，正式开始征收可再生能源电价附加费，征收标准为 0.001 元/千瓦时。随后，工商业用电承担的可再生能源电价附加征收标准不断提高，2016 年 1 月 1 日，征收标准被提高到 0.019 元/千瓦时。传统能源生产商与输配服务提供商利用改革政策导入前的空档期和早先进入优势，仍然主导着市场格局。

（2）新能源输送端上网艰难

造成新能源生产和消费两端困境的主要原因归结为我国电力输送方面的不足，迫使装机容量不能全力释放，生产端产能严重过剩；或者产能释放了，但电力传输不出去，形成消费端的弃风、弃光、弃水等弃能现象。因此说，新能源产业问题的表观原因反映了我国现行电力运行模式、运行机制和市场体制等越来越不适应新能源产业发展的深层次矛盾。主要体现在以下几方面。首先，电力系统灵活调节能力较弱。我国电源考核一直沿用 20 世纪 80 年代初的火电调节指标和传统技术方案，调峰现状和灵活性远低于国际领先水平，需求侧响应还处于研究示范阶段，不能很好地适应新能源的间歇性特点。其次，电力运行调度方式僵化。我国电力运行调度很大程度上延续传统计划调度方式，各类电厂年发电量主要依据年初刚性计划确定，因利益之争，火电企业和地方政府不愿让出火电电量空间，以致无法保障可再生能源发电优先上网。最后，电网输送通道建设落后。新能源配套电网建设滞后于项目并网运行

---

① 《国家发改委：新能源政策挨个扶持政策该调整了》，搜狐网，2017 年 2 月 21 日，https://www.sohu.com/a/126796797_602407。

需求，适于现有发展模式的省区间和网间外送消纳受限，据《国家电网公司促进新能源发展白皮书（2016）》，2015 年，我国新能源发电输送通道能力为 1400 万千瓦，不足新能源装机容量的 10%。新能源电力跨区域消纳输送通道的建设周期比风电场、光伏电站更长，须提前核准、开工，但现实情况恰恰相反。

综上所述，我国现有以"电量计划""固定价格""电网垄断"等为特征的中间输送体系及相关机制框架，如果不考虑水电的"丰余枯缺"和风电与光伏的"波动性"特点，将影响新能源产业发展。

8.2.4.2　根本原因是消费侧与供给侧发展模式问题

新能源产业作为一种战略新兴产业，被认为是破解中国能源、环境和经济发展问题的焦点，具有低能耗、低排放、低污染的特点，但核心是技术创新、制度创新和发展观的改变。从现有发展模式和产业发展现状来看，我国新能源产业虽然受到舆论高度关注，但"叫好不叫座"，原因在于采取传统发展模式（发电—电网—客户）的利益相关者会尽量挖掘已有资产潜能，力图保持市场份额，阻碍了新能源产业的发展。供给侧发展模式中新能源产业的能源生产、信息传输和利益分配问题的三层叠加使现实变得越发复杂。上述原因主要体现在三个方面。

（1）能源生产：空间集中化布局模式

新能源最大的特点和优势就是分布式，分布于不同的区域，靠近消费者，而我国的新能源生产却是将这一分布式能源集中，通过并入大型电网输送给消费者。这种方式加上不稳定性缺憾，使得新能源没有办法与传统的稳定性火电等进行竞争。因此，我国新能源开发集中的"三北"地区，风电、光电装机容量分别占全国的 77% 和 41%，规模大，但是当地市场空间有限，难以就地消纳。弃风、弃光现象日益严重。

（2）信息传输：统一单向化流动模式

新能源产业大力发展的前提是能源流和信息流的融合，一方面，消费者接收生产端信息，调节能源消费习惯；另一方面，生产者收集消费端信息，反馈于生产端，调节能源生产节奏。通过信息流的双向反馈，促使信息对称，达到能源供给侧与消费侧协同，减少浪费，消除产能过剩。因此说，新能源产业的进步就是利用先进的传感器、控制和软件应用程序，将能源生产端、传输端、消费端的数以亿计的设备、机器、系统连接起来，借助大数据分析、机器学习和预测等生命体特征的重要技术支撑，整合运行、气象、电网、电力市场数据等，优化能源生产端和消费端效率，实时动态调整匹配能源供需信息，整合分散需求，形成能源交易和需求响应。但目前的新能源产业信息流还只是从生产端发出，基本没有消费端反馈响应的单向流动，能源消费者也只是能源和信息的被动接收者，没有体现清洁能源的最大特点和优势，即洁净性和信息的效率优化特性等。

（3）利益分配：传统规模化商业模式

新能源产业目前的商业模式还是工业经济时代的规模化经营，希望通过生产规模和市场规模的不断扩张，降低单位产品生产成本，提高利润空间。但新能源的最大缺点和劣势是间歇性。如果还是采用传统规模经济商业模式，新能源无法抗衡已有的火电和大面积电网的稳定性，这是它的弱势，而且随着光伏和风力发电规模的扩大，弱点将越来越明显，阻碍和限制也越来越大，如果政府不加以干涉，一定是必败无疑。现在可再生（新）能源（包括风能、太阳能、地热能、水力能、生物质能、潮汐能和波浪能等）从多个不同的分散点被收集起来，进行发电等形式的开发利用，采用发电形式的则再通过电网输送分配到用户，以维持社会生产和生活的能源供给与可持续投入经济发展。新能源大部分是分布式、可再生的，适合采取彼此平等协作的形式，而不是传统的垂直控制机制。新能源发展形成的新的扁平化能源机制体制将带来一场新的分布式和协作式的工业革命，并形成财富的分布式共享，促使能源生产与利用的多中心化和民主化。与此同时，商业模式也会因此发生变化，传统买卖双方的对立关系将被生产者和用户的平等协作关系所取代，买方同时也是卖方，个体利益包含在共享利益中。未来，在新能源产业中，除研发投入和部署建设的固定成本外，发电成本将趋近于零。

综上所述，新能源与传统能源相比，最大的特点就是分布式、清洁性和间歇性，新能源产业按照原有的传统能源系统或电力系统发展模式进行运作，其发展将会受到一定的限制。因为原有模式是在大规模工业化的条件下建立起来的，遵循的是规模化经济理论，通过大型集中化企业发电、覆盖式电网输送和终端规模化分发，实现垄断的规模化经营和可靠的持续性供应，完全适应传统能源的集中化和稳定性；而新能源与传统能源之间存在对立性特征差异，新能源产业如果还是按传统能源发展模式运行，需要改变分布式和间歇性等特点，还必须进行大规模电网等基础设施建设，其成本必然居高不下，最终导致其市场竞争力减弱，难以快速成长。

综上所述，新能源产业消费侧内育发展模式的背景见图 8-6。

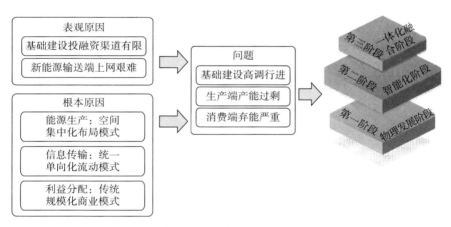

图 8-6 新能源产业消费侧内育发展模式的背景

8.3 新能源产业消费侧内育发展模式的内涵

针对我国新能源产业发展现状，本书提出消费侧内育发展模式。在该模式下，国家主要是关注培育市场、鼓励竞争、完善机制，发挥市场竞争的探索发现、知识学习、效率提高、优胜劣汰等作用，推动产业技术创新和优化资源配置；同时，完善"双碳"环境保护的法律法规和配套制度体系，完善知识产权保护机制，大力支持基础性研究，加快专业人才的培养，构建行业信息收集整理、交流研究和定期发布的网络平台；实现新能源产业市场的供应链、价值链和产业链的国内循环。

8.3.1 产业消费侧内育发展模式的内涵

新能源产业消费侧内育行为既包含对新能源企业的培育，也包括对新能源消费者的培育，同时还有对新能源市场的所有参与者的培育，目标是要形成一个新能源产业发展生态，而不仅仅是一个市场。从政府角度来看，内育行为包含培育市场的诸多政策，如财政支持政策、税收减免政策、知识产权变化政策，以及人才政策等。从消费侧角度来看，内育行为包含导向激励性、约束监督性和文化建设性三个方面。具体见图8－7。

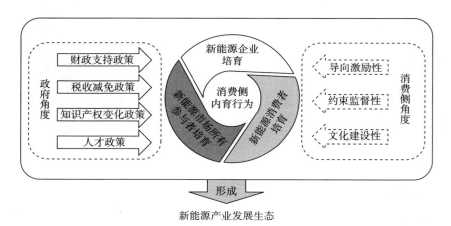

图8－7 新能源产业消费侧内育发展模式的内涵

8.3.1.1 导向激励性内涵

历史经验表明，在产业发展过程中，尤其是在初创期，产业的市场正处于形成阶段，如果得到政府的大力支持，政府拉动模式将会占主导性地位，导向性、激励性政策会成为市场发展的主驱动要素。尤其在新能源产业的产品和服务市场中，其更是需要政府的激励政策和引导性措施，以刺激市场发展，引发消费者偏好，形成消费习惯的转移。因此，在新能源市场发展的初创期，政府可以发布的各项激励政策，尤其是经济性激励政策是构筑新能源产品和服务市场的核心培育行为。我国已经具有相对较为丰富的新能源产业消费侧培育体系，实施多项财政、金融、税收等方面激励政策，意图解决新能源产业发展面临的融资、人才和技术等难题，但激励效果仍然有限，截至 2020 年 9 月，在全国从事新能源产业产品和服务业务的相关注册企业共计 423174 家，太阳能产业相关注册企业占比最多，共 137053 家，但上市公司仅 178 家，其中包括既从事传统能源（如煤炭、石油等主营化石能源）又同时开展新能源业务的企业。这说明我国新能源企业规模小，市场发展不完善。在消费侧培育过程中，政府机构、金融机构、个人消费者等都是关键环节。因此，消费侧亟须将现有的导向性激励模式落实到位，发挥各个利益相关者的作用。

为保证经济激励性和导向性培育模式的有效实施，还需要政府出台相应的配套政策措施进行协同补充，这也是导向激励性行为的重要组成部分，主要是为导向激励性行为服务。在新能源产业市场中，由于市场配置机制、政府及消费者消费习惯和基础设施准备等都是适用于原有的传统化石能源，如燃油汽车、煤电锅炉、燃煤取暖、天然气炊具设施等，新能源市场的培育首先是能源接入设施的更换和配套条件的完善，需要额外的市场协调性和配置优化性等辅助性、导向激励性行为。通过导向激励性行为，提高市场的新能源产品和服务供给质量，增强用户信心，提升信任度，提高新能源产品和服务的认可度。客户是新能源服务的最终选择者和使用者，一切导向激励性行为都是指向用户选择、使用和留住。因此，纯粹的导向激励性行为无论是出自政府，还是相关机构，甚至于个人，行为都只能在短期见效，而长期有效性的前提一定是有强大的市场需求和强烈的客户支付购买意愿。

8.3.1.2　约束监督性内涵

在消费侧内育发展模式中，国家一方面要正向引导激励，另一方面也必须对市场行为进行约束监督，以保障市场的健康发展。

我国新能源产业发展已经上升到国家战略层面和法律层面（《可再生能源法》，2005 年 2 月通过，2009 年 12 月修订），并配套了相关的资源调查与发展规划、价格管理与费用补偿、产业指导与技术支持、推广与应用，以及经济激励与监督等一系列措施，但这仍然不能完全达到新能源市场的供需平衡，无法保障新能源产业的健康发展。在新能源产品和服务市场化过程中，各个利益相关者，如政府、企业、消费者、中介机构以及所有的市场行为参与者，对行为异化问题还是没有实现有效控制，对市场培育措施落实不到位，产业培育效果有限。为了新能源产业的长期可持续发展，国家必须建立市场化的运作机制，要在法律法规及市场机制的框架下进行消费侧培育行为。消费侧培育还需要建立行业标准，行业标准须结合新能源产业的具体情况，针对不同的地理分区，对新能源设计规范提出不同的要求。同时，国家要促进新能源服务技术发展，加大《可再生能源法》和新能源产业战略实施力度，使新能源产业在"源网荷储"一体化的技术、服务、产品等方面的研发和服务协同发展，取得显著成效。

结合中国新能源产业发展的现实，我们发现新能源产业发展规划是新能源产业消费侧内育的基础，也是内育发展模式的起点。作为具有公共品性质的新能源产业，其组织结构、未来发展前景、战略发展目标等都需要由国家进行长远规划，为消费侧内育发展模式提供顶层设计，并且设计要具有导向激励性。规划设计的基础是对新能源产业消费侧参与者行为的精准把控。但由于参与者的能力结构、消费偏好、知识水平等方面不尽相同，这就需要消费侧培育设计和行为调整的实时动态化，以及实施效果的准确测度和最优化配置。新能源企业是新能源产品和服务的供给侧，也是新能源产业的实践者，新能源参与企业的生存与发展会直接影响新能源产业的消费侧发展。无论是政府部门，还是金融机构、技术研发或者中介服务等，针对企业的行为都是工作的重中之重，尤其是加强对产品质量、服务水平、逆向选择、资金使用、技术研发、产权保护和项目运作等各个方面的监督，可以提高企业竞争力，打造细分市场的冠军，促成企业间的资源整合，形成产业聚集，重新设计新能源产业的整体布局。

8.3.1.3 文化建设性内涵

在产业发展中，经济刺激、道德说服和公众跟随等都是短期的、被动的行为，没有形成消费侧的自觉自愿和主动意识，而消费侧的长期培育一定是各个参与者都能够积极自发地使用新能源，投入新能源服务。这需要的就是意识培育、文化建设。国家要增强全民节能减排、生态保护的意识，充分认识发展新能源产业的重大意义，如通过"全国节能宣传周""六五环境日""生态环境文化周"等活动，引导社会公众积极践行绿色生活方式，传播绿色文化，引领绿色风尚，倡导尊重自然、顺应自然和爱护自然的绿色价值观，构建全社会共同参与的环境治理体系，让生态文明思维、新能源消费成为社会主流文化，推动形成绿色人文情怀。通过信息传播—了解接受—决策参与—主动传播—群体文化全链条过程，生态绿色基因得以承继，生态绿色文化得以形成。

消费侧内育的过程是一个从需求转化（从无到有的过程）到需求强化（从有到常的过程），最后到需求固化（从常到恒的过程）和需求优化（从恒到优的过程）的培育和传递的过程。从无到有和从有到常的过程是经济激励、便利使用、跟随模仿、从众消费等发挥作用的过程，但从常到恒和从恒到优的过程就是一个从被动接受、偶尔消费到主动参与、积极贡献的过程，在此过程中形成了文化的认同和社会的公序良俗、道德标准，这才是消费侧内育的成功，使可持续发展一直在路上。

8.3.2 产业消费侧内育发展模式的特征

新能源产业的消费侧具有四个显著的特征。首先是消费时限性强，因为新能源一般是自然界提供的，是不以人的意志安排和需求变化而发生的，如间歇性的风能、太阳能和生物质能等，如果在提供的时限内没有消费，就会自动流失，无法储存，因此，新能源产品和服务是极具消费时限性的。其次是产品标准化难，新能源在各个区域、不同时间和不同场景下，表现出不同的资源特性、时间特性，很难有一个统一的设计标准、统一的使用时间、统一的设备状况，以及统一的设备标准等。这使得新能源产品和服务的设计要因地制宜，难以整齐划一地推行和建设。再次是服务质量预期难，新能源产业受资源禀赋限制严格，时效性强，服务质量的准确预期是建立在对风能、太阳能和生物质能资源的准确预报上，这就不是新能源产业本身所能够做到的，必须是经过气候部门、大数据分析部门和统计信息技术部门之间协调准确发布后，企业才能获得产品质量预期所需要的基本完整信息，但这一信息协同的成本是高昂的。最后是消费效用滞后性强，新能源产品和服务一方面可以降低用户的费用，另一方面是对环境的保护，但这两个方面的效用都不是能够在消费投入时立即显现的，而是需要一定的时间，尤其是后者，本身效用的计算是很难显性表达的。同时，用户对新能源产品和服务偏好的培养也是一个投入大、见效慢的时间过程。因此，新能源产业消费侧内育发展模式具有比较丰富的特征，具体见图 8 - 8。

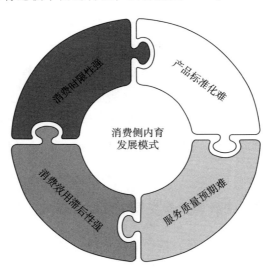

图 8 - 8 新能源产业消费侧内育发展模式的特征

8.3.2.1　消费侧内育发展模式的行为特质

（1）行为的经济理性和政治理性

在经典的经济学理论中，作为基石的假设，消费侧各利益相关者首先是受到知识存量、过往经历和意识模式等因素影响的有限理性个人。在新能源产业市场中，消费侧各利益相关者在进行参与、仿效或是规避决策时，一般是采取经济损益模式，会将所知的大多数人行为、收益高的或者权威者行动作为信息基础，结合自身的决策偏好来权衡，具有标准的行为经济性，尤其是在马斯洛需求层次理论中的相对底层需求，更是用经济性评价权衡。因此，消费需求偏好的转移，首先需要考虑的就是消费侧的成本、效益等经济性问题，关注对消费者更加质优价廉、更加便捷舒适等，对生产者更加低成本、高利润和品牌形成及社会声誉等的积累。

政治理性和经济理性是一个政府具有的双重属性。从广义范围看，政府的政治理性是要将社会可持续发展和社会公益等非经济因素加入其中，作为考量目标，而且还经常是作为首要目标，政治理性与经济理性既相互制约又相互成就。经济理性会导致各个区域的地方保护主义、市场分割和治理行为异化等问题的出现。因此，新能源产业的消费侧内育发展模式首先是政府政治理性的选择，而且政治理性的选择必须伴随经济理性，这是消费侧内育发展模式成功的关键，也是新能源产业发展战略顺利实施的基石。

（2）行为的有限理性和网络性

有限理性（Bounded Rationality）认为人的理性意识是有限的，信息是复杂环境下精准决策的前提，信息量越大，不确定因素越多，能做出理性判断的概率就越低；同时，人的认识能力和掌握信息的能力与实际信息量差异很大，人不能掌握所有信息。因此，由于新能源产业服务具有很强的知识性和技术性，用户受到知识积累和学习能力的限制，自主选择新能源服务是有一定困难的。

新能源服务具有标准的网络性特征，供给侧的新能源产品和服务的成本是相对固定的，产品和服务是批量生产和提供的，消费侧的消费者增多，会降低单位使用成本，并产生环境保护、节能减排等社会效益，因此，在新能源产业发展的初期，交易成本偏高，国家必须进行消费侧培育，避免投机主义倾向和公地悲剧的发生。

（3）行为的公益性和文化性

新能源产业发展不仅是一个产业发展性的问题，更是一个关系国家和社会可持续发展的全局性问题。新能源产业发展既能保护生态环境，又符合自然发展的规律；既是经济社会系统发展规划的要求，又是国家地缘政治和国际战略地位的保障。

绿色和可持续发展的生态意识文化可以对新能源产业消费侧发挥凝聚、约束、导向和激励的作用。新能源产品和服务具有公共物品和社会责任的性质，消费侧内育发展模式要在政府激励、社会广泛参与、利益相关者广泛监督的基础上，增强文化功能，使绿色行为内化于心，外化于行。

8.3.2.2 消费侧内育发展模式的目标特质

（1）优质公共服务的供需均衡

自"十一五"以来的 20 年（2001～2021 年）内，我国新能源产业取得了快速发展。为缓解能源环境供需矛盾，保持社会经济的平稳快速发展，实现经济结构优化调整和产业技术创新进步，改善生态环境质量，首先，政府要将能源作为国家产业发展、经济活动的必须投入要素和人民生活的必需品，从战略的、长远的角度进行规划，运用价格机制、财政补贴、税收减免、金融支持等经济政策和行政命令等行政控制手段，推行节能减排，推动新能源产业发展。其次，对新能源类公共物品，政府要联合企业支持节能技术研发，推广合同能源管理，以及信息化、产业化和数字化的监管能力和支持能力建设，保证节能减排目标的顺利实现。最后，政府要加强可再生能源产业的发展，提高非化石能源消费占一次能源的比重，降低能源强度（单位国内生产总值的能源消耗）和二氧化碳、二氧化硫、化学需氧量和氨氮、氮氧化物等污染物的排放（总量和强度），并对这些指标设定精确的年度和期间目标值。

（2）可持续发展的社会责任

中共中央、国务院于1995年将可持续发展确定为国家的基本战略，而新能源产业发展是我国可持续发展战略其中的一环，可再生能源消费侧的培育又是新能源产业发展成功实施过程的关键，因此，新能源产业的消费侧培育对我国的可持续发展发挥决定性作用。新能源产业发展涉及多个行业、多个门类的知识和理论，消费侧的各个参与者和利益相关者都受限于自身知识基础、学习能力和信息获取等方面的条件。为促进消费侧培育，政府和各个利益相关者有责任进行信息收集、信息发布，倡导公众积极参与，监督企业市场行为，发挥价格机制作用，促进市场形成和发展壮大。

（3）最大化公众的福利目标

在新能源产业发展过程中，各利益相关者都有追求自身收益最大化的意愿和行为。但在市场培育的初期，社会效益大于经济收益，为促使各个参与者有持续培育的动力和愿望，就必须有政府或公益性机构或部门进行远期的投资和收益的调节，保证前期的进入者投入不成为沉默成本。同时，新能源消费侧的培育行为，对于政府而言，具有明显的委托－代理和信息不对称的特征，上一级政府委托下一级政府进行消费侧培育的具体实施，委托新能源企业提供新能源产品和服务。信息不对称条件下，社会公众明显处于信息劣势，这就要求相关机构提前预防，遏制企业和社会公众的异化行为，使用户选择优质的新能源产品和服务，维护消费侧市场的社会公信力，构建良好的新能源产业发展生态。

8.3.2.3　消费侧内育发展模式的时间特质

根据产业生命周期理论，新能源产业发展一般会经历初创期、成长期、成熟期和衰退期四个阶段。每个阶段在消费侧内育方面都有各自的不同特点，政府、企业、消费者和中介机构等都会根据每个阶段的不同特征而调整各自的行为，下面主要针对政府在产业生命周期中的培育行为进行具体的描述（见表8-1）。

表 8 - 1　新能源产业消费侧内育中的政府行为

产业阶段	阶段特征	政府培育行为
初创期	产业规模较小，形成了小量的市场需求供给量；从业人员和生产技术装备专业化水平较低；社会影响力较小	规划市场结构，采用积极政策，刺激和培育消费侧和供给侧两端
成长期	具有一定的产业规模，企业开始大量进入新能源产业，投资增加；市场进一步完善，出现产业选择过程	完善市场结构，制定市场准入机制和竞争机制
成熟期	产业的规模空前，市场基本达到饱和，供需相对平衡，开始出现买方市场；发展成为地区性的支柱产业	提高服务质量，形成文化建设，保持市场可持续发展
衰退期	产品服务需求急剧下降，产量规模下降，产品和服务供给企业利润降低，开始有企业逐步将资金设备撤出并转入其他产业	引导资金退出流向，培育新产品和服务或替代品市场

根据上文对新能源产业消费侧培育和产业生命周期的分析与描述，我国的新能源产业整体处于初创期的后期和成长期的初期，因此，我国政府对新能源产业消费侧的培育行为应是以规划市场结构、采用积极政策刺激消费、协同供需两端、完善市场结构、扩大市场需求为主。

综上所述，首先，本章对新能源产业发展的政府拉动、市场驱动、创新发展和资源禀赋四种具体的产业发展模式进行分析，提出了市场驱动模式是不可或缺的，创新发展模式是持续快速发展的前提；其次，对中国新能源产业基础建设高调行进、生产端产能过剩和消费端弃能严重等背景进行介绍和分析，提出推广产业消费侧内育发展模式，但是消费侧与供给侧的发展不均衡；最后，从消费侧角度提出导向激励性、约束监督性和文化建设性三个方面的产业消费侧内育发展模式内涵，并从行为特质、目标特质和时间特质分析了新能源产业消费侧内育发展模式的特征。

9 中国新能源产业消费侧内育发展模式及实施建议

国家大力促进新能源产业发展，必然会促进新能源使用比例增加，并最终促进能源结构优化，但是这种优化需要在传统能源和新能源相互协调的条件下实现，新能源对传统能源的逐步替代是一个长期的推进过程，不是新能源产业单方面发展能够促成的。所以，本章在分析新能源与传统能源同时存在的基础上，以能源结构优化为代表进行深入讨论。新能源发展的目标是节能减排、经济发展，前文在效应研究部分只考量了新能源产业发展的直接促进效应，因此，本章将新能源产业发展置于现实的场景，把节能减排、经济发展作为最直接的目标，通过，对最常用的能源结构调整、经济结构优化和能源效率提高的路径进行分析，预测调整要求和发展布局等。同时，本章依据新能源产业消费侧内育发展模式的前述研究，借鉴各个新能源产业发展典型国家的经验，结合我国的实际情况，在对新能源产业消费侧培育政策进行回顾的基础上，为我国新能源产业发展提出相关的建议。

9.1 模式实施的理论基础

作为世界上最大的发展中国家和最大的能源消费国和碳排放国，中国为减缓气候变化，对国际社会做出了一系列庄严承诺，特别是环境治理方面，在 2015 年 11 月举行的巴黎气候变化大会（第 21 届联合国气候变化大会）上，中国宣布将在 2030 年左右达到碳排放峰值，并力争尽早完成。改革开放以来，我国经济飞速发展，人民生活水平显著提高，但生态环境受到了一定程度的破坏。产业结构已摆脱了以第一产业为本的旧框架，主导产业逐渐向第二、第三产业转移；以传统化石能源为主的能源消费结构在发展进程中扮演着重要角色（闫胜军等，2016）。国际能源署的数据显示，2019 年中国一次能源消费量已达到48.6 亿吨标准煤，10 年间消费量增长约 50%，石油对外依存度升至70%。巨大的能源消费总量不仅会带来能源供应安全风险，与之伴随的污染也会严重危害公民的生活水平和健康状况（Green and Stern，2015；王班班、齐绍洲，2016）。

近年来，我国节能减排的政策制定和实现路径都引起了学者们的广泛关注，近期有两篇论文分别在 *Nature* 的子刊 *Energy*（Tang et al.，2019）和 *Cell* 的子刊 *One Earth* 上发表（Zheng et al.，2019b），相关研究基本达成共识，即为解决节能减排问题，实现政策目标，在产业和能源层面优化产业结构和清洁化能源结构是至关重要的。同时，中国经济发展进入新常态，需要改变纯粹的粗放型要素投入驱动发展方式（Liu et al.，2016；Wang and Zhang，2018；Wang et al.，2015；Zhang et al.，2016b），否则，既得不到"金山银山"，也换不回"绿水青山"，这也是由高速增长向高质量发展转变的应有之义（Chen and Groenewold，2015；邵帅等，2019）。国家在"十二五"规划中明确提出将"单位GDP 能耗降低"纳入各地经济社会发展综合评价和绩效考核，希望通过设置节能减排指标和"环保一票否决"等制度设计，发挥环境规制的"倒逼机制"作用，推动产业结构的高级化和能源去污染化（孙威等，2016）。所以，综合考量环境和经济因素，研究如何在节能减排约束下发展新能源产业，调整产业结构和能源结构，具有重要的现实意义。

在节能减排的驱动研究中，已有成果表明，产业结构优化同时有利于降低能源消费总量和能源强度，促进能源效率的提升（史丹，2015；Green and Stern，2017）。邹艳芬（2010）和张雷等（2011）认为我国产业结构演进规律决定了能源消费量增长的基本走向，并验证了产业结构的变迁升级对能源强度下降的显著结构效应。在节能减排的诸多政策措施的评估中，一般认为节能是非常有效的中间途径（Duan et al.，2018；邵帅等，2019）。国家层面能源消费变化的驱动力包括人口、经济发展、科学技术、就业结构、能源结构、产业结构、城市化、工业化和开放程度等多种因素，尤其是产业结构变化、能源结构低碳化和清洁化被确定为主要驱动力（Guo et al.，2012；Guan et al.，2018），这也是产业政策和新能源发展屡次成为争论焦点的关键所在（Mi et al.，2017a）。从协同控制效果和成本效益、节能技术和结构调整等方面测量是最受欢迎的选择（Fuji et al.，2013；Yu et al.，2018）。因此，已有的历史实践和研究表明，中国节能减排的最佳推动要素就是结构（产业结构和能源结构）合理和效率提高（Dietzenbacher et al.，2012；Zhang，et al.，2016a）。

在以节能减排为约束目标的研究中，现有成果多采用多目标规划法，将节能减排指标作为限制性条件，研究产业结构或能源结构的变动（Mi et al.，2017b）。严婷婷和贾绍凤（2009）以投入产出结构为基础，水资源为约束条件，结合线性规划和 AHP 法，为产业结构调整提出四套解决方案。朱永彬和王铮（2014）从消费需求拉动的角度构建了一个反映部门生产结构的新型动态优化模型，并假设中国消费者偏好向发达国家趋近的条件下，对中国未来产业结构和能源结构优化调整趋势进行了模拟。张捷和赵秀娟（2015）通过构建投入产出模型，测算了广东省 28 个产业的经济关联与碳排放关联，进一步利用多目标规划模型设置不同情景对 2012 年产业结构进行模拟分析，结果表明，在综合权衡碳排放关联和经济关联的基础上采取差异化产业结构调整政策，可以在总收入不变的前提下实现降低碳排放和保持经济增长的双重目标。孙威等（2016）采取多区域投入产出模型，结合线性规划，构建了节能和就业导向下产业结构整体优化模型，计算了中部各省份在不同导向下的产业结构优化度状况。宋涛等（2017）通过控制京津冀地区煤炭消费总量，发现能源消费对产业结构变化存在一个由负到正的单门槛效应。Yu 等（2018）和付雪等（2018）利用投入产出法，构建多目标规划模型对 2013～2020 年产业结构优化进行模拟分析。基于已有研究，他们发现节能减排约束下的产业结构和能源结构优化能够发挥重要作用（Zhang and Tang，2015）。以往的研究基于时间序列模型从不同角度分析影响因素，但大多关注经济结构或能源结构变化对我国国家层面能源消费的影响（Ma and Stern，2008；Yang et al.，2016），忽略了两者共同作用对能源消费变化的影响差异（Mi et al.，2017a）。到目前为止，研究主要集中在区域间的单结构优化分析，未能分析新常态阶段双结构的协调变化的影响及其未达标原因的分析（Jiang et al.，2018a）。基于历史数据，也有部分学者提出调整未来高耗能、高污染部门的经济产出（Dhakal et al.，2003）。然而，仅仅减少这些部门的产出将影响整个经济体系，可能导致由部门之间的相互关系引起的总产出减少。很明显，减少经济发展总量，实现节能减排，并不适合任何国家，尤其是占全球人口 1/5 的发展中大国——中国（Fu et al.，2017；Ding et al.，2017）。我们有必要考虑经济增长与投入产出平衡的制约因素生产能力和结构过程中的能源供应调整（Jin，2018）。这种考虑显然是一种有约束的多目标决策优化问题（Cortés-Borda et al.，2015；De Carvalho et al.，2016）。先前的研究已经估计了中国单结构的优化调整（Yu et al.，2016；Yu et al.，2018），并讨论了能源结构调整的责任（Zhang，2015）。除此之外，还必须考虑产业结构与能源结构之间的关系和相互作用及其优化目标和差距分析（Hering and Poncet，2014；Mi et al.，2017b）。本书通过对2016～2020 年中国能源消费的分析，填补了这一研究空白，这主要归因于产业层面的结构变化和能源消费变化。

综上所述，在内容上，现有研究成果基本没有指出如何调整未来经济部门的产出或仅仅提出减少高耗能部门的产出；在方法选择上，大多采用线性规划方式直观刻画产业结构变动大小；在研究对象上，主要集中在区域间的单结构优化调整，未能分析双结构协调变化的优化方案，与我国同时推进产业结构调整和能源结构清洁化的现实不符；在研究样本上，主要基于历史数据，分析各个驱动要素的贡献，未能厘清在未来的节能减排中，各要素工具的责任贡献。因此，为实现"十三五"规划节能减排指标，本章从产业层面，设置包括能源消费总量最小化和国内生产总值最大化的多目标模型，通过帕累托最优解算法，探索不同偏好下，经济结构和能源结构动态优化调整决策方案；并进而通过对数平均迪氏指数法（LMDI）分解分析优化方案，测度经济增长和双结构等对能源消费总量控制的贡献。

9.2　模式实施的空间布局研究

20 世纪 80 年代，面对国内环境污染问题、国际气候变化压力突出、清洁化石能源资源相对紧缺等困境，国家出台了一系列激励可再生能源产业发展的经济政策，如政府直接拨款的财政补贴政策。1990年后，政府又相继制定了可再生能源的发展规划，并通过市场开发激励、技术补贴、贴息贷款和财政拨款等方式，建设可再生能源研发项目。但新能源产业需求侧与供给侧未能协同均衡发展，因此，本书建议我国按照消费侧内育发展模式对新能源产业发展进行布局。依据前文的计算，本章以行政划分的三区域（西部地区、中部地区、东部地区）为样本区，对我国新能源产业的发展模式的空间布局进行分析，具体见表 9 - 1。

表 9 - 1　中国新能源产业发展模式布局分析

区域	内育模式特征			
	政府拉动	市场驱动	创新发展	资源禀赋
西部地区	√	√		√
中部地区	√	√	√	√
东部地区	√	√	√	

由表 9 - 1 可知，三个地区的发展模式具有一定的差异，对于西部地区来说，主要是采取政府拉动、市场驱动和资源禀赋模式；对于中部地区来说，主要是采取政府拉动、市场驱动、创新发展和资源禀赋模式；对于东部地区来说，主要是采取政府拉动、市场驱动和创新发展模式。

我国西部地区新能源资源优势得天独厚。如内蒙古风能、太阳能、生物质能的可开发量分别达到 8.9 亿千瓦、20 亿千瓦和 0.6 亿千瓦，并且电力综合成本低，送出距离短。[①] 但目前，西部地区大量弃电，经济损失巨大，因此，新能源的消费侧培育是最大的产业发展需求。首先，要让"天赐能源"有用武之地，采用资源禀赋模式，主要是开发新能源的多种利用方式，最好能够方便就地消纳，使西部地区用最低的成本获得最洁净的绿色能源。其次，西部地区目前迫在眉睫的是新能源发电的输送问题，解决"弃电"问题，一方面是促进本地市场的培育，另一方面是建议国家加快建设输出通道，使新能源富集区的电力顺利送向全国缺电区，实现火电深度调峰下，新能源发电全部接入国家电网，新能源全国共享。最后，西部地区新能源产业发展较快，形成了新能源全产业链（从设备生产到运行维护），但质量不是很高，处于价值链的低端，同时，经济实力和技术水平也有待提升。为更好地发挥西部地区的资源优势，还需要政府拉动，补齐短板，解决价格问题、消纳和成本问题、技术问题、人才问题，让西部地区新能源产业实现向价值链、产业链的中高端延伸。

我国中部和东部地区在经济发达程度、技术水平上都强于西部地区，中部地区的太阳能光伏和水能也相对比较丰富，可以继续采用资源禀赋模式，同时，两个地区人口众多，收入水平相对较高，环境保护和生态文明意识较好，有消费侧内育的基础。首先，通过市场驱动打造新能源开发利用一体化格局。其次，争取政府的大力支持，发挥政府拉动

---

① 高平采：《进一步推动西部地区新能源发展》，《光明日报》2010 年 3 月 11 日，第 7 版。

模式的作用。最后，重点是从创新角度尽力做好创新发展模式，充分利用已有的技术基础，按照"产业链""价值链"的理念推进新能源产业建设，重点培育新能源主导技术，注意上游供应产业和下游应用产业，以及研发配套产业等，形成完整产业体系，努力打造新能源核心产业集群。建设一批新能源示范项目，形成核心龙头企业，培育一批"亿元级"新能源企业，打造隐形冠军，形成细分技术市场的"10亿级"产业；建造人才流转中心、技术创新中心、项目集聚中心、要素配置中心和产业孵化中心，成为"千亿级"特色产业集群。

9.3 模式实施的路径及方式选择

9.3.1 实施路径及方式选择的定性分析

为达成节能减排目标，新能源产业发展促进能源结构低碳化；同时，政府政策通过环境规制作用于重污染行业，无论是溢出效应，还是污染转移效应、技术创新等，最终都体现在产业结构的优化上；而且，由于节能减排和"双碳"目标的达成十分强调能源利用效率的提升，这被认为是投入最小的节能减排路径。因此，本书提出，新能源产业发展的直接效应达成是通过政府拉动、市场驱动、创新发展和资源禀赋四个特征要素驱动的，但新能源产业发展目标最直接、最简单的就是节能减排，通过的路径或方式就是产业结构优化、能源结构低碳化和能源效率提升。

产业结构在此主要核算不同产业的污染程度，是重污染产业和轻污染产业的相对比例，按照生产过程的污染程度进行划分（李小平、卢现祥，2010；屈小娥，2014；Wang et al.，2021）。在划分指标选取方面，学者们主要利用单位产值污染物排放量对产业进行细分。其中，赵细康等（2014）以1991~1999年我国各产业单位产值的污染物排放量的加权均值为尺度将20个产业划分为高污染产业（7个）、中度污染产业（7个）和低污染产业（6个）。李小平和卢现祥（2010）通过计算各行

业单位产出的 CO_2 系数将 20 个行业划分为高排放系数行业和低排放系数行业两大类。张艳磊等（2015）利用"行业内被征收排污费企业比例"、"企业被征收排污费的平均数额"以及"排污费占企业营业收入的平均比值"三项指标，将 34 个行业划分为高污染行业（12 个）及低污染行业（22 个）。由于研究视角和研究目的的不同，学者们对污染产业的界定各有不同的侧重点。舒利敏（2014）将环保部界定的重污染行业合并为采掘业、食品饮料业、造纸印刷业、纺织服装皮毛业、石化塑胶业、金属非金属业、医药生物制品业和水电煤气业八大类；有学者根据不同行业污染物排放总量的比较进行高、中、低污染行业的排序，主要排放物的指标包括废气、废水和固体废物三类（李玉楠、李廷，2012；傅京燕、赵春梅，2014）；还有学者利用污染处理成本指标进行划分（Tobey，1990）。计算方式较复杂的，有学者利用 TOPSIS 综合评价法测度工业行业的环境污染综合指数，结果显示重度污染的产业以污染密集型产业为主，如煤炭采选、造纸及纸制品、纺织、电力热力的生产和供应、化学原料及化学制品、石油加工炼焦及核燃料加工、黑色金属冶炼及压延等重污染产业和部分高耗能重化工业（屈小娥，2014）。刘巧玲和王奇（2012）从污染强度和污染规模两方面进行整体考察，并将两个指标归一化处理后构建污染密集指数。

为突出研究的政策导向性和针对性，本书借鉴李小平和卢现祥（2010）、刘友金等（2015）的方法，对《2015 年全国投入产出表》中所有的 42 个行业归类为 12 个行业进行处理，首先，将第一产业单独列示为 S1。其次，借鉴《中华人民共和国 2010 年国民经济和社会发展统计公报》对六大高耗能行业的界定，将第二产业的工业行业划分如下：将六大高耗能行业（采矿业、石油加工业、化学工业、非金属矿物制品业、金属产品制造业、电力热力的生产和供应业）分别设定为 S2 至 S7；将其他 17 个工业行业子部门归类为其他工业行业，设定为 S8；将建筑业单独列示，设定为 S9。最后，由于第三产业的环境污染程度相对较低，一般在分析能源和环境约束时，对第三产业只进行简单划分。

在此，将批发和零售业、住宿和餐饮业归类为 1 个行业，设定为 S10；将交通运输、仓储和邮政业归类为 1 个行业，设定为 S11；除此之外的 12 个服务业行业归类为其他服务业，设定为 S12。本节对归类后的 12 个大类行业进行后续研究。

本章的数据主要来源于《2015 年全国投入产出表》、2016～2019 年的《中国统计年鉴》，各行业能源消费量等能源类数据来源于 2016 年的《中国能源统计年鉴》。

9.3.2 模型构建

为充分体现在能源环境约束下产业结构和能源结构的调整情况，本书在此采用多目标规划模型，将节能减排指标和动态投入产出均衡作为约束条件，将经济增长和能源消费作为优化目标，具体模型设置如下。

9.3.2.1 目标函数

党的十八大以来，我国经济发展进入新常态，要改变过去粗放型经济发展方式，以创新驱动经济和环境的和谐发展（Moore, et al., 2016）。基于此，本书采用多目标规划法（Deb et al., 2016；Nazarpour et al., 2017），设定经济增长和能源消费两个优化目标，利用动态投入产出法进行计算。

（1）经济增长目标

我国经济虽然已由高速增长阶段转向高质量发展阶段，但其增长仍然是社会发展的重要标志，发展是党执政兴国的第一要务。考虑到经济总产出数据不能很好地反映效益且具有重复计算等缺点，本书在此采用国内生产总值进行衡量（Yu et al., 2016；Toh, 1998；Oliveira and Antunes, 2011）。因此，设定目标函数如下：

$$\max Z_1 = \sum_{t=2016}^{k} \sum_{j=1}^{n} I(X^t - A^t X^t) \tag{9-1}$$

其中，决策变量 $X = [x_1, x_2, \cdots, x_n]^T$，为各部门的总产出，$n \times 1$ 的列向量，x_j 为 j 部门的总产出；I 为单位矩阵，A 为 $n \times n$ 的中间投入

直接消费系数矩阵，反映各行业之间的经济联系，矩阵中的各数值标记为 a_{ij}，表示部门 j 在生产过程中对部门 i 产品的消费量；$X - AX$ 代表各部门的产业增加值，t 为具体的考察年，如 2016 年等，$n = 12$，$k = 2020$。

（2）能源消费目标

可持续发展要求在发展经济的同时，控制自然资源消耗，以便整个经济能够持续发展，因此，节能是最好的流程控制方式（Weber et al.，2008；Yu et al.，2018），也是减排的主要路径，既是产业结构优化的新要求，也是最终目的之一，因此，构建以能源消费总量为最小值的目标函数如下：

$$\min Z_2 = \sum_{t=1}^{k} \sum_{i=1}^{m} \sum_{j=1}^{n} I \times ES^t \times EI^t \times (X^t - A^t X^t) \qquad (9-2)$$

ES 和 EI 分别为各部门的能源结构和能源强度矩阵，前者反映各行业能源消费的内部 m 种品类构成的能源结构，[①] 以百分比表示；后者是第 j 个行业能源消费总量与产业增加值的比值，为 1×12 的行向量，单位为吨标准煤/万元，是研究中需要优化确定的两个数据集，$m = 17$。

9.3.2.2 约束条件

约束条件主要是利用《2015 年全国投入产出表》，依据经济发展规律和国家政策规定，尤其是有关的节能减排等限定性政策指标，厘清的。

（1）投入产出均衡约束

根据列昂惕夫投入产出分析方法可得到两个均衡，即：中间产品投入 + 价值增值 = 总投入；中间产品消耗 + 最终产品消耗 − 进出口 = 总产出。据此，第一个约束条件就是以上两个平衡的综合反映：

$$A^t X^t + B^t (X^{t+1} - X^t) + F_1^t + F_2^t = X^t \qquad (9-3)$$

[①] 煤炭包括原煤、洗精煤、其他洗煤、焦炭、焦炉煤气、其他煤气、其他焦化产品共 7 个品类（$i = 1, 2, \cdots, 7$）；石油包括原油、汽油、煤油、柴油、燃料油、液化石油气、炼厂干气、其他石油制品共 8 个品类（$i = 8, 9, \cdots, 15$）；天然气（$i = 16$）和电力（$i = 17$）；共计 17 个品类。

其中，B 为最终消费系数矩阵，矩阵中的各数值标记为 b_{ij}，表示部门 j 在生产过程中对部门 i 产品的最终消费量；F_1、F_2 均为 12×1 的列向量，分别表示投资和固定资本形成。

（2）节能约束条件

党的十八届五中全会提出实行能源消耗总量和强度"双控"行动，国家能源局印发的《能源发展"十三五"规划》明确要求，到 2020 年单位 GDP 能耗比 2015 年降低 15%，能源消费总量控制在 50 亿吨标准煤以内，煤炭消费占比在 58% 以下，天然气消费和电能等其他能源消费占比分别在 10% 和 15% 以上，[①] 同时，为了确保能源消费的有效节约，特设定能源强度是逐年递减的，由此获得节能约束条件：

$$E^{2020} \leqslant 50 \qquad (9-4)$$

$$EI^{2020} \leqslant 0.85EI^{2015} \qquad (9-5)$$

$$\sum_{i=1}^{7} \sum_{j=1}^{12} \alpha_i E_{ij}^{2020} \leqslant 0.58E^{2020} \qquad (9-6)$$

$$\sum_{j=1}^{12} \alpha_{16} E_{16j}^{2020} \geqslant 0.10E^{2020} \qquad (9-7)$$

$$\sum_{j=1}^{12} \alpha_{17} E_{17j}^{2020} \geqslant 0.15E^{2020} \qquad (9-8)$$

$$EI^{t+1} \leqslant EI^t \qquad (9-9)$$

其中，E 为能源消费总量矩阵；E_{ij}（$i = 1, 2, \cdots, 7$；$j = 1, 2, \cdots, 7$）、E_{16j}、E_{17j} 分别代表煤炭、天然气和电力等其他可再生能源三个大类下的不同具体能源品类，单位均为实物量；α_i 为各品类能源转换为标准煤的系数。

（3）污染物排放控制约束

根据《"十三五"控制温室气体排放工作方案》，到 2020 年，单位 GDP 二氧化碳排放比 2015 年下降 18%，碳排放总量得到有效控制。由

---

① 《发展改革委就能耗总量和强度"双控"目标完成情况有关问题答问》，中华人民共和国中央人民政府网，2017 年 12 月 18 日，http://www.gov.cn/zhengce/2017-12/18/content_5248190.htm。

此设定碳排放约束条件：

$$CI^t = \sum_{i-1}^{m} \sum_{j=1}^{n} CE \times ES^t \times EI^t \qquad (9-10)$$

$$CI^{2020} \leqslant 0.82 CI^{2015} \qquad (9-11)$$

其中，CI 为碳排放强度，以单位产业增加值的碳排放量表示；CE 为单位能源的碳排放系数，在此采用 IPCC 的排放系数进行转换计算，为常数值。同样，为确保规划期内污染物得到有效削减，应限制污染物排放强度是逐年递减的：

$$CI^{t+1} \leqslant CI^t \qquad (9-12)$$

（4）产出约束

作为发展中国家，我国的经济发展需要有一定程度的增长和调整，依据经济发展规律，各个行业都必须在一定范围内进行优化，推动整体经济的有序发展，因此，本书将各个产业的增长率限定为正负 15% 的区间（孙威等，2016），并分别以 β_1 和 β_2 为增长上、下限的符号。因此，产出值约束为：

$$\sum_{j=1}^{n} I(X^{t+1} - A^{t+1}X^{t+1}) \geqslant (1 + r^{t+1}) \sum_{j=1}^{n} I(X^t - A^t X^t) \qquad (9-13)$$

$$\beta_1 x_j^t \leqslant x_j^{t+1} \leqslant \beta_2 x_j^t \qquad (9-14)$$

其中，$\beta_1 = 0.85$ 和 $\beta_2 = 1.15$，为各个行业产出增长率的上、下限值。

（5）非负约束

本书所采用的决策变量为部门产出值和能源消费量，考虑到变量的实际意义，所有部门的产出和能源消费都应该是非负的。也就是说，

$$E, X \geqslant 0 \qquad (9-15)$$

其中，矩阵 $\mathbf{E} = \begin{bmatrix} e_{11}, & e_{12}, & \cdots & e_{1n} \\ e_{21}, & e_{22}, & \cdots & e_{2n} \\ \vdots & \vdots & & \vdots \\ e_{n1}, & e_{n2}, & \cdots & e_{nn} \end{bmatrix}^{\mathrm{T}}$ 是由 e_{ij} 构成的能源消耗的

17×12 矩阵，e_{ij} 为第 j 个行业的第 i 品类能源消耗。

9.4　模式实施效果的动态模拟

为更好地有针对性地对产业结构和能源结构进行优化，本书在此设定经济增长最大化、能源消费总量最小化两个目标。为考察不同目标偏好下产业结构和能源结构的优化结果，本书设计了三套方案：

①最优经济增长方案，即经济型（A）偏好方案；

②最优能源消费方案，即节能型（B）偏好方案；

③经济增长与能源消费折中考虑的方案，即折中型（C）偏好方案。

上述三个方案的目的在于考察不同目标偏好下，对产业结构和能源结构进行优化的极值情况。本书在此借鉴 Yu 等（2019）的多目标优化之帕累托最优方法进行计算。

9.4.1　能源消费与经济增长优化目标

从优化方案的结果可知，通过产业结构和能源结构的优化，我国可以获得大量的节能减排潜力，完全有能力实现"十三五"目标。根据预测模型的结果，2020 年，在经济型（A）、节能型（B）、折中型（C）三种偏好方案下，国内生产总值分别达到 98.79 万亿元、84.75 万亿元和 92.25 万亿元；能源消费总量分别为 49.99 亿吨标准煤、44.93 亿吨标准煤和 47.93 亿吨标准煤；碳排放总量分别为 106.44 亿吨、94.73 亿吨和 100.77 亿吨（见表 9 - 2）。

表 9 - 2　三项偏好方案的权重和目标值

偏好方案	准则	权重	国内生产总值（万亿元）	能源消费总量（亿吨标准煤）	碳排放总量（亿吨）
经济型（A）	$Z_3 \approx Z_1 > Z_2$	(0.48, 0.04, 0.48)	98.79	49.99	106.44
节能型（B）	$Z_3 \approx Z_2 > Z_1$	(0.04, 0.48, 0.48)	84.75	44.93	94.73

续表

偏好方案	准则	权重	国内生产总值 （万亿元）	能源消费总量 （亿吨标准煤）	碳排放总量 （亿吨）
折中型（C）	$Z_3 \approx Z_1 \approx Z_2$	（0.33，0.33，0.33）	92.25	47.93	100.77

注：$Z_1 > Z_2$ 表明 Z_1 比 Z_2 重要得多；$Z_1 \approx Z_2$ 代表 Z_1 与 Z_2 同等重要，以此类推。

2020 年，三种偏好方案下，能源强度分别为 0.51 吨标准煤/万元、0.53 吨标准煤/万元和 0.52 吨标准煤/万元，比 2015 年（0.62 吨标准煤/万元）分别低 17.74%、14.52% 和 16.13%，有效达到能源消费总量不高于 50 亿吨标准煤、能源强度降低 15% 的目标。同时，碳排放强度分别为 10.78 吨/万元、11.18 吨/万元和 10.92 吨/万元，比 2015 年（13.87 吨/万元）分别低 22.28%、19.39% 和 21.27%，有效达到碳排放强度降低 18% 的目标（见图 9－1）。

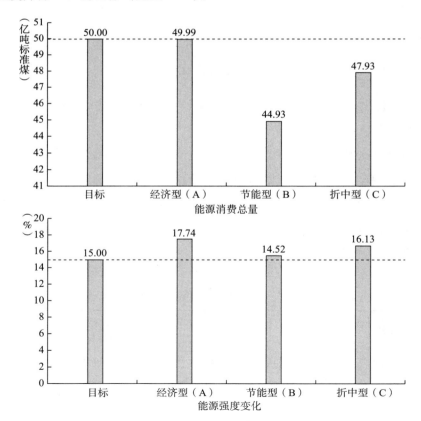

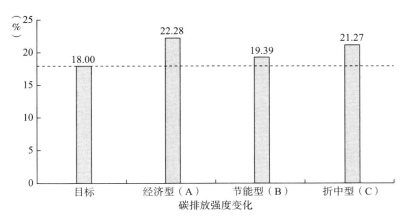

图 9 - 1 能源"双控"指标优化值

（1）能源消费总量和碳排放总量指标

产业结构和能源结构调整后，能源消费总量和碳排放总量明显得到控制。如图 9 - 2 所示，能源消费总量图中的折线代表的是能源消费总量的实际值和 2020 年 50 亿吨标准煤的上限值，其中，由于目前实际能源消费的官方发布数据的截止时间为 2018 年，2015～2018 年的能源消费总量实际值分别为 42.99 亿吨标准煤、43.58 亿吨标准煤、44.90 亿吨标准煤和 46.4 亿吨标准煤，2019 年数据采用 2018 年和 2020 年数值的平均差值。由图 9 - 2 可知，与 2015 年相比，2016～2020 年能源消费总量在三种偏好方案中都呈现相对均匀的缓慢上升趋势，年均增长率分别为 3.06%、0.73% 和 2.20%，经济型（A）偏好方案上升速度最快，节能型（B）偏好方案上升速度最慢，折中型（C）偏好方案处于两个方案的中间速度；2016～2020 年，三种偏好方案的能源消费总量分别为 235.73 亿吨标准煤、219.88 亿吨标准煤和 227.95 亿吨标准煤；而根据实际数值预测的为 232.98 亿吨标准煤；除经济型（A）偏好方案能源消费总量比实际预测数值高 2.75 亿吨标准煤外，节能型（B）偏好方案和折中型（C）偏好方案节能潜力分别为 13.10 亿吨标准煤和 5.03 亿吨标准煤。

碳排放总量的动态变化情况与能源消费总量的较为相似，如图 9 - 2 的碳排放总量图所示，折线代表的是研究机构 Carbon Brief 对中国碳

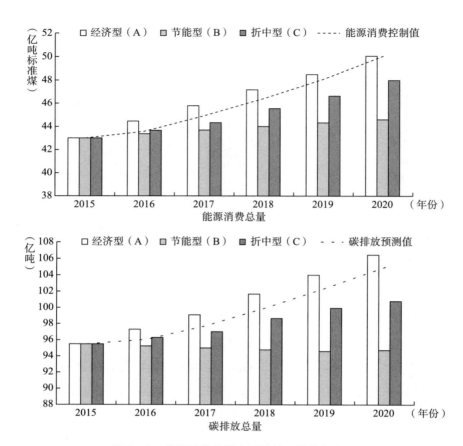

图 9 - 2　能源消费总量和碳排放总量优化结果

排放总量的预测值[①]，从 2016 年的 96.12 亿吨到 2020 年的 105.00 亿吨。但是，在节能型（B）偏好方案中，碳排放总量是以 2015 年的 95.57 亿吨为峰值，其后的 2016 年至 2020 年的"十三五"期间一直处于下降的态势，年均下降 0.17%；经济型（A）偏好方案和折中型（C）偏好方案则从 2015 年以来一直缓慢上升，年均分别上升 2.18% 和 1.07%；2016～2020 年，三种偏好方案的碳排放总量分别为 508.47 亿吨、474.50 亿吨和 492.82 亿吨，而根据实际数值预测的为 501.34 亿

---

① 国际能源小数据：《中国 2018 年碳排放到底增加了多少？》，搜狐网，2019 年 3 月 6 日，http://www.sohu.com/a/299483626_778776。

吨；除经济型（A）偏好方案碳排放总量比实际预测数值高 7.13 亿吨，节能型（B）偏好方案和折中型（C）偏好方案的碳减排潜力分别为 26.84 亿吨和 8.52 亿吨。

在三种偏好方案中，节能型（B）偏好方案和折中型（C）偏好方案的能源消费总量和碳排放总量均低于研究机构的预测值，而经济型（A）偏好方案所带来的能源消费总量和碳排放总量都是超过实际预期的，折中型（C）偏好方案与实际数值较为接近。可见，快速的经济增长模式会带来能源消费总量和碳排放总量的增加，反之，节能减排的实行也会付出一定的经济代价，这就需要能源相关决策者做好平衡。

（2）经济增长变化

产业结构和能源结构双调整后，2016~2020 年，在经济型（A）、节能型（B）、折中型（C）三种偏好方案下，GDP 合计分别为 427.76 万亿元、389.43 万亿元、410.76 万亿元，年均增长率分别为 8.67%、4.58% 和 6.78%；到 2020 年，分别达到 98.79 万亿元、84.71 万亿元和 92.25 万亿元。并且，经济型（A）和折中型（C）两个偏好方案的 GDP 年均增长率大于政府计划的年均增长率 6.5%（见表 9－3）。这主要归因于在产业结构优化过程中，能源相关决策者不仅要考虑经济增长的最大化，还要考虑能源消耗的最小化和节能减排的约束。最终的方案是相互冲突的目标之间权衡的结果。结果表明，我国可以通过调整产业结构和能源结构，以较快的经济增长速度实现"十三五"节能减排目标。这一结果同时也表明，在节能减排和经济增长目标之间，我国可以获得一个三角"双赢"的未来选择。

表 9－3　2020 年三种偏好方案的指标值变化

指标	2015 年	政府目标	2020 年		
			经济型（A）	节能型（B）	折中型（C）
GDP 年均增长率（%）	6.91	6.50	8.67	4.58	6.78
GDP（万亿元）	68.91	91.90	98.79	84.71	92.25

指标	2015 年	政府目标	2020 年		
			经济型（A）	节能型（B）	折中型（C）
第一产业占比（％）	9.13		8.93	8.56	7.96
第二产业占比（％）	41.09		33.03	34.27	35.39
第三产业占比（％）	49.78		58.04	57.17	56.65
能源消费总量（亿吨标准煤）	42.99	50.00	49.99	44.93	47.93
能源强度（吨标准煤/万元）	0.62	0.53	0.51	0.53	0.52
煤炭消费占比（％）	63.70	58.00	57.99	57.67	56.21
石油消费占比（％）	18.30		16.99	16.91	17.55
天然气消费占比（％）	5.90	10.00	10.01	10.31	10.11
电及新能源消费占比（％）	12.10	15.00	15.01	15.91	16.13
碳排放总量（亿吨）	95.57	适度	106.45	94.74	100.78
碳强度（吨/万元）	1.39	1.14	1.08	1.12	1.09

9.4.2 双结构优化

在三种偏好优化情景方案中，"十三五"期间能源消费总量均得到有效控制的主要原因有以下两点。一方面，产业结构转向能源密集度较低的部门活动。2020 年与 2015 年对比，能源强度大的产业增加值占比是下降的，而能源强度小的产业增加值占比是上升的，产业结构的变化随着能源强度上升表现为明显的下降趋势。另一方面，能源"双控"指标的完成带来了碳排放总量的下降，而且，对能源结构的清洁化使高碳能源如煤炭和石油的占比呈下降态势，而更加清洁的能源如天然气和电力等其他新能源则以上升态势为主（见图 9 - 3）。

为实现节能减排目标，2020 年预期的国内生产总值中，第一产业增加值占比略有下降，下降 0.20 个 ~ 1.17 个百分点，第二产业增加值占比下降到 33.03% ~ 35.39%，第三产业增加值占比上升到 56.65% ~ 58.04%（见表 9 - 3）。与 2015 年相比，三个偏好方案中 12 个行业有近一半的产出比例发生了显著变化，第二产业中，除 S3（石油加工业）

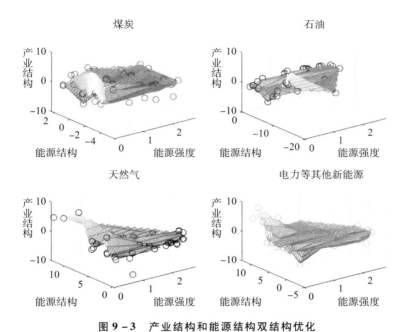

图 9 - 3　产业结构和能源结构双结构优化

和 S7（电力热水的生产和供应业）有较小幅度（0.08% ~ 0.67%）的
增长外，S2（采矿业）、S4（化学工业）和 S8（其他工业行业）下降
幅度（1.94% ~ 3.38%）较大；S5（非金属矿物制品业）和 S6（金属
产品制造业）的下降幅度（0.57% ~ 1.59%）一般；同时，S9（建筑
业）的产出比重也有一定幅度（0.65% ~ 1.79%）的下降；而第三产
业都有不同程度的上升，S10（运输邮电业）上升幅度（0.19% ~
0.61%）最小，S11（批发零售贸易、住宿和餐饮业）上升幅度
（2.33% ~ 2.70%）次之，S12（其他服务业）增长明显（6.01% ~
9.92%）。可见，在节能减排指标的约束下，第二产业中的某些高耗能、
高污染行业得到了一定程度的限制，大部分服务业的产出快速增长。但
也有例外，如能源污染密集型行业 S3 和 S7 的比例有一定增长。这一结
果表明，中国目前以化石能源为基础的消费结构短期内不会改变，为了
促进经济增长和确保能源供应，矿业部门必须保持一定的增长。具体见
图 9 - 4。

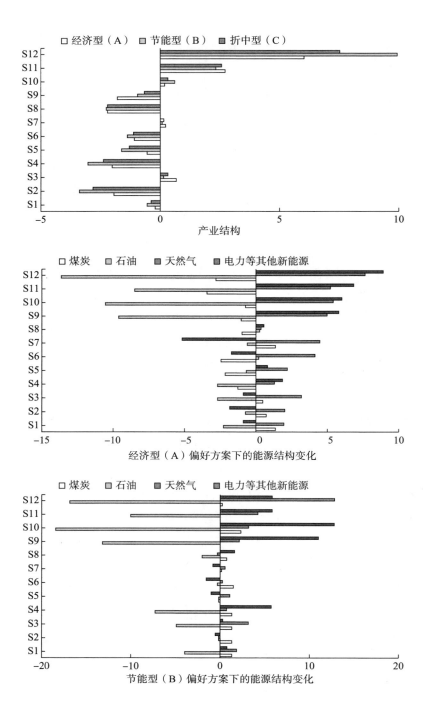

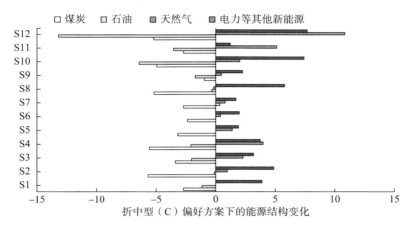

图 9 - 4 产业结构和能源结构的三种偏好优化情景方案

由图 9 - 4 可知，在三种偏好优化情景方案中，能源结构的变化表现出一定的共性特征，如高碳的化石能源煤炭和石油的消费比例基本是下降的，而相对清洁的能源天然气和电力等其他新能源的消费比例是上升的，由此带来的是整体能源消费结构的清洁化和绿色化。在经济型（A）偏好方案下，煤炭的占比下降幅度是最小的，这可能是为保障经济的快速增长，政府对相对成本更低的煤炭的需求量更大，同时，折中型（C）偏好方案是最接近实际的一种优化方案，而且煤炭的下降比例最大，这说明在适度约束下顺应经济社会发展规律的方案是最好的节能减排方案。同时，在节能减排要求十分严格的条件下［节能型（B）偏好方案］和没有国家强大的经济支撑时，为了完成国家"十三五"的规划目标，能源结构优化幅度要求相应较小。在经济型（A）偏好方案下，煤炭和石油的平均下降比例分别为 1.77% 和 4.07%，而天然气和电力等其他新能源的上升比例分别为 3.91% 和 1.93%；在节能型（B）偏好方案下，煤炭和石油的平均下降比例分别为 0.71% 和 5.58%，而天然气和电力等其他新能源的上升比例分别为 2.87% 和 2.91%；在折中型（C）偏好方案下，煤炭和石油的平均下降比例分别为 3.93% 和 2.61%，而天然气和电力等其他新能源的上升比例分别为 2.74% 和 3.64%。

具体而言，第三产业，即服务业（包括 S10、S11 和 S12）的总体增长幅度较大，从 2015 年的 49.78% 到 2020 年在三个偏好方案下分别为 58.04%、57.17%、56.65%，上升幅度均高于 6.87%；第三产业的上升分别来自第一产业和第二产业的转移，第一产业 S1 从 2015 年的 9.13% 到 2020 年在三种偏好方案下分别为 8.93%、8.56% 和 7.96%，下降幅度处于 0.20%～1.17%；第二产业从 2015 年的 41.09% 到 2020 年在三种偏好方案下的 33.03%、34.27% 和 35.39%，下降幅度为 5.70%～8.06%（见表 9-3）。第一、第二产业的下降幅度不是很大，一是因为我国人口众多，在节能减排的约束下，相对高耗能的工业行业必然受到最大的冲击，但为保障一定的经济增长，又不能有太大幅度的下降；二是因为农业在我国经济中所占份额已经低于 10%，在假设农业技术并未出现重大突破或农业发展过程中没有出现重大自然灾害等意外的情况下，农业发展相对较为稳定，变化幅度较小是符合经济发展规律的；三是因为产业结构优化对经济发展的促进作用早已毋庸置疑，第三产业在我国的占比呈现逐年上升的趋势，2018 年已经达到 52.16%。对比经济型（A）偏好方案和节能型（B）偏好方案下的产业结构调整，后者降幅要求更大，可见如果要达到最好的节能效果，经济增长必然会付出代价.

9.4.3　进一步讨论

为了给决策者制定方案提供更精准的依据，本章进一步分解分析双结构优化对能源消费总量目标变化的驱动因素贡献度。

（1）LMDI 分解分析法

分析能源消费总量目标变化驱动因素贡献度的方法可分为分解分析（DA）和经济计量方法两大类（Grubb et al.，2015）。相比较而言，前者被更广泛地用于量化社会经济驱动因素对能源环境变化的贡献（Liu et al.，2015a），尤其是其中的对数平均迪氏指数法，即 LMDI 分解分析法，具有路径独立性、聚集一致性和处理零值的能力（Ang，2005；Zhang et al.，2016a）。本书据此选择 LMDI 分解分析法，并对能源消费总量（E^t）进行分解如下：

$$E^t = \sum_i \sum_j \frac{\alpha_i E_{ij}}{E_j} \times \frac{E_j}{G_j} \times \frac{G_j}{G} \times G$$

$$= \sum_i \sum_j es_{ij} \times ei_j \times is_j \times G \qquad (9-16)$$

式（9-16）中，E_{ij} 为 j 部门的第 i 类能源消费量；α_i 为第 i 种能源由实物量转换为标准煤的转换系数，共 17 种能源品类，以《中国统计年鉴》中的系数为准；E_j 为 j 部门的能源消费总量；G_j 为第 j 部门的国内生产总值；G 为国家层面的国内生产总值。因此，根据式（9-16），E^t 由以下四个因素表示：

1）$es_{ij} = \alpha_i E_{ij} / E_j$ 是指在 j 部门中，第 i 类能源所占的比重，反映了各行业能源消费的内部品类构成，即能源结构；

2）$ei_j = E_j / G_j$ 是部门 j 的能源强度，用单位 GDP 的能源消耗进行衡量；

3）$is_j = G_j / G$ 是部门 j 的产业增加值在国内生产总值中所占的份额，即产业结构；

4）G 是国内生产总值（GDP），代表经济发展水平。

那么，第 t 年相比于第 $t-1$ 年能源消费总量的变化（ΔE^t）可以表示为：

$$\Delta E^t = \sum_i \sum_j L(\omega_{ij}^t - \omega_{ij}^{t-1}) \ln \frac{G_j^t}{G_j^{t-1}}$$

$$+ \sum_i \sum_j L(\omega_{ij}^t - \omega_{ij}^{t-1}) \ln \frac{is_j^t}{is_j^{t-1}}$$

$$+ \sum_i \sum_j L(\omega_{ij}^t - \omega_{ij}^{t-1}) \ln \frac{ei_j^t}{ei_j^{t-1}}$$

$$+ \sum_i \sum_j L(\omega_{ij}^t - \omega_{ij}^{t-1}) \ln \frac{es_j^t}{es_j^{t-1}}$$

$$= \Delta E_G + \Delta E_{is} + \Delta E_{ei} + \Delta E_{es} \qquad (9-17)$$

其中，

$$L(\omega_{ij}^{t} - \omega_{ij}^{t-1}) = (E_{ij}^{t} - E_{ij}^{t-1})/(\ln E_{ij}^{t} - \ln E_{ij}^{t-1}) \qquad (9-18)$$

$L(\omega_{ij}^{t} - \omega_{ij}^{t-1})$ 为权重因子，即所谓的对数平均权重，ΔE_{G}，ΔE_{is}，ΔE_{ei} 和 ΔE_{es} 分别是由于经济增长、产业结构变化、能源效率提高（能源强度下降）和能源结构优化引起的能源消费总量的变化。

（2）四种驱动因素贡献差异分析

本书使用两组数据，即 2015 年能源消费的实际数据和 2016～2020 年相应的预测数据。能源消费和社会经济的相关实际数据来源同上，预测数据来源于课题组的计算结果。根据优化结果，2016～2020 年，中国的能源消费总量显著增长，从 2015 年的 42.99 吨标准煤增长到 2020 年的 44.93～49.99 吨标准煤。增长率比较平稳。利用 LMDI 分解分析法，分析经济增长、能源结构、产业结构、能源强度 4 种因素对中国 2016～2020 年能源消费总量优化的贡献。为了便于陈述和讨论，三个方案对比情况见图 9-5。

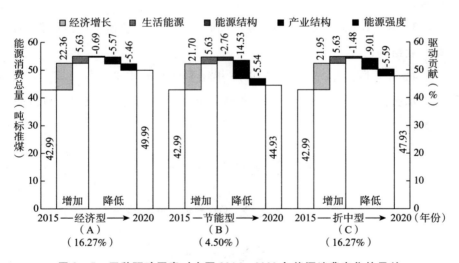

图 9-5　四种驱动因素对中国 2016～2020 年能源消费变化的贡献

图 9-5 中，6 条最高的柱状体代表了能源消费总量，柱状体上方条形图的长度反映了每种因素的贡献度。在三种偏好方案下，生活能源的提高贡献度统一预测为 5.63%，这是人民生活水平提高和城镇化进

程较快的必然结果。经济增长对能源消费总量有明显且最大幅度的促进作用，分别提高了能源消费总量的 22.36%、21.70% 和 21.95%；产业结构调整贡献了最大的节能量，分别为 -5.57%、-14.53%、-9.01%；能源强度的节能贡献次之，分别为 -5.46%、-5.54% 和 -5.59%；能源结构的节能贡献最小，分别为 -0.69%、-2.76% 和 -1.48%。

通过以上三种方案对比可见，经济增长一定会导致能源消费总量增加，中国经济正从高速增长的高数量型向全面可持续发展的高质量型转变，能源消费总量已经稳定下来，原因就在于三个行业层面的驱动因素，即能源强度、产业结构和能源结构。推动能源消费、碳减排和能源强度目标实现的重要因素之一是中国的产业结构调整和能源效率提高促成了能源消费总量的最大减少比例，在每个偏好方案下，合计约在10% 以上。由此可见，在适度的经济增长下，我国积极推广先进的节能环保技术，提高效率，淘汰落后产能，积极优化产业生产结构，将会达成明显的节能效果，这种效果也得到了各国实践的证明。

但新能源产业变化引起的能源结构优化只贡献了 0.21% ~ 2.21% 能源消费总量的减少。40 年来，随着经济的快速发展，高耗能、高污染产品的生产和消费对生态环境造成了严重破坏。因此，优化能源消费结构得到重视，新能源产业发展势在必行，中央政府提出了大力推进非化石能源，积极发展水电，安全利用核能、风能和太阳能，扎实推进地热能和生物质能等绿色低碳战略（付雪等，2018；Mi et al.，2017b）。但清洁能源还没有成为能源结构调整乃至整个经济结构调整的重要一环。我国必须进一步提高节能环保型清洁能源消费比重，在不断优化能源消费结构的同时，优化产业结构，提高能源效率，促进技术创新，转变经济发展方式。

综上所述，本章在文献综述的基础上，首先，以行政划分的三区域（西部地区、中部地区、东部地区）为样本区，对我国新能源产业发展模式的空间布局进行分析；其次，通过定性分析，提出我国新能源产业目标达成的路径或方式是产业结构优化、能源结构低碳化和能源效率提升；再次，结合实际，设定经济增长和能源消费两个目标，利用多目标规划法和动态投入产出法进行计算，并利用对数平均迪氏指数法（LM-DI）估计能源消费总量优化方案，结果表明，在均可实现节能减排的条件下，经济型（A）、节能型（B）和折中型（C）三类偏好目标方案的能源消费总量预期分别为 49.99 亿吨标准煤、44.93 亿吨标准煤和 47.93 亿吨标准煤，差异明显；但能源强度的差异较小，预期范围为 0.51～0.53 吨标准煤/万元。产业结构和能源结构的双重优化显著促进了节能减排指标的达成，主要是通过高耗能行业增长速度的下降和高碳能源的清洁化替代；在能源消费总量目标变化驱动因素中，经济增长的提升比例为 21.70%～22.36%，产业结构和能源强度的抑制作用均在 5%以上，能源结构优化促降比例为 0.69%～2.76%。因此，从新能源产业发展的角度来说，我国必须协同经济—能源—环境政策，严格限制部分工业部门增长，着力促进清洁能源消费，加速提高能源效率。

10　结论与展望

本书以我国新能源产业的发展模式构建为思维主线，首先，利用文献研究法，建立新能源产业发展模式的理论体系，并构建效应测度（评价及诊断）指标体系、方法和模型；其次，借鉴国际经验，根据所建立的理论体系和模型，利用空间统计分析等统计分析方法界定并测度（评价及诊断）消费侧内育发展模式的调整效应、发展趋势和演化规律；最后，研究我国新能源产业消费侧内育发展模式调整的策略选择和目标动态模拟。

10.1　研究结论

（1）新能源产业发展的驱动因素

在对新能源产业发展的外部推动力（自然资源禀赋约束、能源政策支持、制度供给体系因素）和内部驱动力（经济社会发展、生态环境需求）进行分析总结的基础上，依据经典的 EKC 理论，证实三个主要的促发因素（收入水平、失业率、环境规制）对新能源产业发展具有明显的影响效应，单就长期效应而言，收入水平、失业率呈现明显的正"U"形曲线特征，而无论长短期效应，环境规制都有统计显著的促发效应；新能源法规的促发效应明显；最后，按东部地区、中部地区和西部地区三个区域对省域进行划分，按全要素生产率对新能源企业进行划分，并分别进行实证分析和估测，结果证实两类异质性效应明显。

（2）新能源产业发展模式的维度界定

在产业发展模式界定的战略利基基础上，提出新能源产业与利基战略起点相符、要求相符、思维相符。基于文献计量对新能源产业发展模式进行维度构建，对时间维度来说，可以从产业发展周期四个阶段（初创期、成长期、成熟期、衰退期）进行界定；对特征维度来说，可以从四个方面，即四种具体的发展模式（政府拉动模式、市场驱动模式、创新发展模式和资源禀赋模式）进行界定。

（3）新能源产业发展模式效应的统计测度研究

首先，从《能源发展"十三五"规划》入手，分析新能源产业的重要作用；其次，从能源总量、能源安全、能源结构、能源环保和能源体制五个方面构建新能源产业发展效应的测度指标体系，体系包括16个指标；再次，运用熵权法进行指标赋权，并提出统计测度模型，能源结构的权重（0.31）最高，其后依次是能源环保（0.23）、能源安全（0.19）和能源总量（0.15），权重最低的是能源体制（0.12）；最后，对中国新能源产业发展模式效应进行统计测度，从时间维度来看，中国新能源产业的发展效应提升明显，从空间角度来看，各个省域之间差异较大。对中国（三区域、八区域）和国际上22个国家和地区（17个国家和5个地区），根据汇率法和购买力平价法进行典型国家新能源产业发展效应测度，并通过短面板计量分析法，证实了四项特征维度的驱动要素对新能源产业发展的显著效应。

（4）中国新能源产业消费侧内育发展模式实施建议

通过定性分析，提出我国新能源产业目标达成的路径或方式是产业结构优化、能源结构低碳化和能源效率提升；结合实际，设定经济增长和能源消费两个目标，利用多目标规划法和动态投入产出法进行计算，并利用对数平均迪氏指数法估计能源消费总量优化方案，结果表明，在均可实现节能减排的条件下，经济型（A）、节能型（B）和折中型（C）三类偏好目标方案的能源消费总量预期分别为49.99亿吨标准煤、44.93亿吨标准煤和47.93亿吨标准煤，差异明显；但能源强度的差异较小，预期范围为 0.51~0.53 吨标准煤/万元。产业结构和能源结构的双重优化显著促进了节能减排指标的达成，主要是通过高耗能行业增长速度的下降和高碳能源的清洁化替代；在能源消费总量目标变化驱动因素中，经济增长的提升比例为 21.70%~22.36%，产业结构和能源强度的抑制作用均在 5% 以上，能源结构优化促降比例为 0.69%~2.76%。因此，从新能源产业发展的角度来看，我国必须协同经济—能源—环境政策，严格限制部分工业部门增长，着力促进清洁能源消费，加速提高能源效率。

10.2   研究展望

本书对新能源产业发展消费侧内育发展模式进行研究，主要是基于国际和国内及产业的相关数据进行计算，只在驱动因素的异质性效应分析部分采用了工业企业数据并进行较深入的分析。新能源产业发展的一系列政策措施需要引起企业的共鸣、投入、运营和创新，但本书也只是对新能源上市公司进行了简单描述，主要从国际、宏观经济和新能源产业的角度进行研究，限于课题的预先设计等原因，并没有对微观机制进行深入探索。因此，在下一步研究中，笔者拟对新能源产业发展的微观促发机理和微观企业行为进行探索。

参考文献

[1] Adedoyin F F, Bekun F V, Alola A. 2020. Growth impact of transition from non-renewable to renewable energy in the EU: The role of research and development expenditure [J]. Renewable Energy, 159: 1139 – 1145.

[2] Al-Badi A H, Yousef H, Alaamri O, et al. 2014. Performance of a stand-alone renewable energy system based on hydrogen energy storage [J]. International Symposium on Communications, Control and Signal Processing (ISCCSP), 356 – 359.

[3] Andersson B, Jacobsson S. 1997. The dynamics of technical change and the limits to the diffusion of solar cells [D]. Chalmers University of Technology, Gothenburg, Sweden.

[4] Andreea Zamfir, Sofia Elena Colesca, Razvan-Andrei Corbos. 2016. Public policies to support the development of renewable energy in Romania: A review [J]. Renewable and Sustainable Energy Reviews, 58: 87 – 106.

[5] Ang B W. 2005. The LMDI approach to decomposition analysis: A practical guide [J]. Energy Policy, 33: 867 – 871.

[6] Apergis N, Payne J. 2009. Energy consumption and economic growth in Central America: Evidence from a panel cointegration and error correction model [J]. Energy Econ, 31: 211 – 6.

[7] Apergis N, Payne J E. 2010. Renewable energy consumption and economic growth: Evidence from a panel of OECD countries [J]. Energy

Policy，38（1）：656 – 660.

［8］ Apriliyanti Indri Dwi，Alon Ilan. 2017. Bibliometric analysis of absorptive capacity ［J］. International Business Review，26（5）：896 – 907.

［9］ Arbex M，Perobelli F S. 2010. Solow meets Leontief：Economic growth and energy consumption ［J］. Energy Econ，32：43 – 53.

［10］ Ariane M，Nadia M. 2021. From open-loop energy revolutions to closed-loop transition：What drives carbon neutrality？ ［J］. Technological Forecasting & Social Change，172.

［11］ Aristeides Tsiligiannis，Christos Tsiliyannis. 2020. Oil refinery sludge and renewable fuel blends as energy sources for the cement industry ［J］. Renewable Energy，157：55 – 70.

［12］ Arthur D Stewart，Matthew Gardiner，Jonathan MacDonald，Hector Williams. 2021. The effect of harness suspension on a simulated maintenance task efficacy in the renewable energy industry ［J］. Applied Ergonomics，90.

［13］ Auffhammer M，Carson R T. 2008. Forecasting the path of China's CO_2 emissions using province-level information ［J］. Journal of Environmental Economics & Management，55：229 – 247.

［14］ Awaworyi C S，John I，Kris I. 2021. R&D Expenditure and Energy Consumption in OECD Nations ［J］. Energy Economics，100.

［15］ Baas L. 2008. Cleaner production and industrial ecology：A dire need for 21st century manufacturing ［J］. Springer London，139 – 156.

［16］ Bahadir Ezici，Gökhan Eǵilmez，Ridvan Gedik. 2020. Assessing the eco-efficiency of U. S. manufacturing industries with a focus on renewable vs. non-renewable energy use：An integrated time series MRIO and DEA approach ［J］. Journal of Cleaner Production，253.

［17］ Bădău A B. 2015. Renewable energy：Alternative for the mining industry on the American continent ［J］. Progress in Industrial Ecology，9

(1): 109 – 123.

[18] Bechberger M, Reiche D. 2006. Good environmental governance for re-
newable energies: The example of Germany-lessons for China? [J].
Discussion Papers, Presidential Department, 13 (1): 49 – 56.

[19] Bekhet H A. 2013. Assessing structural changes in the Malaysian eco-
nomy: I-O approach [J]. Economic Modeling, 30: 126 – 35.

[20] Bergmann A, Colombo S, Hanley N. 2008. Rural versus urban pre
ferences for renewable energy developments [J]. Ecol Econ, 65
(3): 616 – 25.

[21] Bird L, Lokey E. 2007. Interaction of compliance and voluntary renew-
able energy markets. Technical Report. NREL/TP – 670 – 42096.

[22] Black M. 2012. The government's role positioning of the wind power in-
dustry [J]. Energy Policy, 35 (10): 35 – 37.

[23] Bongsuk Sung. 2019. Do government subsidies promote firm-level inno-
vation? Evidence from the Korean renewable energy technology industry
[J]. Energy Policy, 132: 1333 – 1344.

[24] Brouwer A S, Broek M V D, Özge Özdemir, et al. 2016. Business
case uncertainty of power plants in future energy systems with wind
power [J]. Energy Policy, 89: 237 – 256.

[25] Brunnermeier S B, Cohen M A. 2003. Determinants of Environmental
Innovation in US Manufacturing Industries [J]. Journal of Environmen-
tal Economics and Management, 45 (2): 278 – 293.

[26] Carley S. 2011. The era of state energy policy Innovation: A review of poli-
cy instruments [J]. Review of Policy Research, 28 (3): 265 – 294.

[27] Cassiani, Stephen M. 2007. Meeting the new energy challenges [J].
Talent & Technology, 1 (3): 2 – 4.

[28] Chakrabarti A K. 1991. Competition in high technology: Analysis of pa-
tents of US, Japan, UK, France, West Germany, and Canada [J].

IEEE Transactions on Engineering Management, 38 (1): 78 – 84.

[29] Chang I S, Zhao J, Yin X F, et al. 2011. Comprehensive utilizations of biogas in Inner Mongolia, China [J]. Renewable & Sustainable Energy Reviews, 15 (3): 1442 – 1453.

[30] Chang K, Wan Q, Lou Q C, Chen Y L, Wang W H. 2020. Green fiscal policy and firms' investment efficiency: New insights into firm-level panel data from the renewable energy industry in China [J]. Renewable Energy, 151: 589 – 597.

[31] Chang K, Xue C, Zhang H, et al. 2022. The effects of green fiscal policies and R&D investment on a firm's market value: New evidence from the renewable energy industry in China [J]. Energy, 251 (7).

[32] Chang K, Zeng Y H, Wang W H, Wu X. 2019. The effects of credit policy and financial constraints on tangible and research & development investment: Firm-level evidence from China's renewable energy industry [J]. Energy Policy, 130: 438 – 447.

[33] Charoenrat T, Harvie C, Amornkitvikai Y. 2013. Thai manufacturing small and medium sized enterprise technical efficiency: Evidence from firm-level industrial census data [J]. Journal of Asian Economics, 27: 42 – 56.

[34] Chen A, Groenewold N. 2015. Emission reduction policy: A regional economic analysis for China [J]. Economic Model, 51: 136 – 152.

[35] Chen L, Xie B H, Fang R X. 2011. Industrial innovation for structural optimization of industry: Case of Fujian province [J]. Energy Procedia, 5: 638 – 342.

[36] Chien T, Hu J L. 2007. Renewable energy and macroeconomic efficiency of OECD and non-OECD economies [J]. Energy Policy, 35: 3606 – 3615.

[37] Chien T, Hu J L. 2008. Renewable energy: An efficient mechanism to

improve GDP [J]. Energy Policy, 36: 3045 – 3052.

[38] Choi G B, Huh S Y, Heo E, Lee C Y. 2018. Prices versus quanti-ties: Comparing economic efficiency of feed-in tariff and renewable portfolio standard in promoting renewable electricity generation [J]. En-ergy Policy, 113 (7): 239 – 248.

[39] Chonnawee Likkasit, Azadeh Maroufmashat, Ali Elkamel, Hong-ming Ku, Michael Fowler. 2018. Solar-aided hydrogen production methods for the integration of renewable energies into oil & gas industries [J]. Energy Conversion and Management, 168: 395 – 406.

[40] Corrado C, Haltiwanger J, Sichel D. 2005. Introduction to "Measuring capital in the new economy" [J]. Nber Chapters, 65 (17): 147 – 162.

[41] Cortés-Borda D, Ruiz-Hernandez A, Guilleìn-Gosalbez G, Llopc M, Guimera R, SalesPardo M. 2015. Identifying strategies for mitigating the global warming impact of the EU – 25 economy using a multi-objec-tive input-output approach [J]. Energy Policy, 77: 21 – 30.

[42] Daniela Gomel, Karoline S Rogge. 2020. Mere deployment of renew-ables or industry formation, too? Exploring the role of advocacy co mmunities for the Argentinean energy policy mix [J] . Environmental Innovation and Societal Transitions, 36: 345 – 371.

[43] Deb K, Sindhya K, Hakanen J. 2016. Multi-objective optimization [M]. Decision Sciences: Theory and Practice. CRC Press, Boca Raton, Flori-da, USA, 145 – 184.

[44] Debone D, Leite V P, Miraglia S. 2021. Modelling approach for car-bon emissions, energy consumptin and economic growth: A systematic review-ScienceDirect [J]. Urban Climate, 37 (5) .

[45] De Carvalho A L, Antunes C H, Freire F, Henriques C O. 2016. A multi-objective interactive approach to assess economic-energy-en vironment trade-offs in Brazil [J]. Renew Sustain Energy Rev, 54:

1429 – 1442.

[46] Dhakal S, Kaneko S, Imura H. 2003. CO_2 emissions from energy use in east Asian mega-cities: Driving factors and their contributions [J]. Environ Syst Res, 31: 209 – 216.

[47] Dietzenbacher E, Pei J, Yang C. 2012. Trade, production fragmentation, and China's carbon dioxide emissions [J]. Environ Econ Manag, 64: 88 – 101.

[48] Ding L, Liu C, Chen K, Huang Y, Diao B. 2017. Atmo-spheric pollution reduction effect and regional predicament: An empirical analysis based on the Chinese pro-vincial NOx emissions [J]. Envi-ron Manag, 196: 178 – 187.

[49] Dmitrii Bogdanov, Ashish Gulagi, Mahdi Fasihi, Christian Breyer. 2021. Full energy sector transition towards 100% renewable energy supply: Integrating power, heat, transport and industry sectors includ ing desalination [J]. Applied Energy, 283.

[50] Duan H, Mo J, Fan Y, et al. 2018. Achieving China's energy and climate policy targets in 2030 under multiple uncertainties [J]. Energy Economics, 70: 45 – 60.

[51] Du W, Wang F, Li M. 2020. Effects of environmental regulation on capacity utilization: Evidence from energy enterprises in China [J]. Ecological Indicators, 113.

[52] Engels A. 2018. Understanding how China is championing climate change mitigation [J]. Palgrave Communications, 4 (1).

[53] Fang Y. 2011. Economic welfare impacts from renewable energy consumption: The China experience [J]. Renew able and Sustain able Energy Reviews, 15 (9): 5120 – 5128.

[54] Fuentes S, Villafafila-robles R, Olivella-rosell P, et al. 2020. Transition to a greener power sector: Four different scopes on energy security

[J]. Renewable Energy Focus, 33.

[55] Fuji, H, Managi S, Kaneko S. 2013. Decomposition analysis of air pollution abatement in China: Empirical study for ten industrial sectors from 1998 to 2009 [J]. Clean. Prod, 59: 22 – 31.

[56] Fu Z, Xie Y, Li W, Lu W, Guo H. 2017. An inexact multi-objective programming model for an economy-energy-environment system under uncertainty: A case study of Urumqi, China [J]. Energy, 126: 165 – 178.

[57] Ghaffour N, Lattemann S, Missimer T, et al. 2014. Renewable energy-driven innovative energy-efficient desalination technologies [J]. Applied Energy, 136: 1155 – 1165.

[58] Gireesh Shrimali, Sandhya Srinivasan, Shobhit Goel, David Nelson. 2017. The effectiveness of federal renewable policies in India [J]. Renewable and Sustainable Energy Reviews, 70 (4): 538 – 550.

[59] Gordon Reikard, Bryson Robertson, Jean-Raymond Bidlot. 2017. Wave energy worldwide: Simulating wave farms, forecasting, and calculating reserves [J]. International Journal of Marine Energy, 17: 156 – 185.

[60] Gort M, Kleppex S. 1982. Time Paths in the Diffusion of Product Innovations [J]. Economic Journal, 92: 630 – 653.

[61] Green F, Stern N. 2017. China's changing economy: Implications for its carbon dioxide emissions [J]. Climate Policy, 17: 423 – 442.

[62] Green F, Stern N. 2015. China's "New normal": Structural change, better growth, and peak emissions. Policy Report, Centre for Climate Change Economics and Policy (CCCEP), University Of Leeds.

[63] Görg H, Strobl E. 2002. Multinational companies and indigenous development: An empirical analysis [J]. European Economic Review, 46 (7): 1305 – 1322.

[64] Grubb M, Sha F, Spencer T, et al. 2015. A review of Chinese CO_2 emission projections to 2030: The role of economic structure and policy

［J］. Climate Policy，15：7 – 39.

［65］ Guan D，Meng J，Reiner D M，et al. 2018. Structural decline in China's CO_2 emissions through transitions in industry and energy systems ［J］. Nature Geosci，11：540 – 551.

［66］ Guo Je，Zhang Z，Meng L. 2012. China's provincial CO_2 emissions embodied in international and interprovincial trade ［J］. Energy Policy，42：486 – 497.

［67］ Hayashi K，Hondo H，Moriizumi Y. 2016. Preference construction processes for renewable energies：Assessing the influence of sustainability information and decision support methods ［J］. Sustainability，8（11）.

［68］ Heracles P，Dias A. 2007. Renewable energy systems：A societal and technological platform. Renewable Energy，32（1）：329 – 341.

［69］ He R F，Zhong M R，Huang J B. 2021. The dynamic effects of renewable-energy and fossil-fuel technological progress on metal consumption in the electric power industry ［J］. Resources Policy，71.

［70］ Hering L，Poncet S. 2014. Environmental policy and exports：Evidence from Chinese cities ［J］. Environ. Econ. Manag，68：296 – 318.

［71］ Hidayatno A，Destyanto A R，Handoyo B A. 2019. A conceptualization of renewable energy-powered industrial cluster development in Indonesia ［J］. Energy Procedia，156：7 – 12.

［72］ Hill L，Hadley S. 1995. Federal tax effects on the financial attractiveness of renewable versus conventional power plants ［J］. Energy Policy，23（7）：593 – 597.

［73］ Hillring B G. 2012. Government to promote enterprise technology research and development and application for a patent ［J］. Research Policy，38（25）：56 – 67.

［74］ Huang Y，Porter A L，Cunningham S W，Robinson D K R，Liu J，

Zhu D. 2018. A technology delivery system for characterizing the supply side of technology emergence: Illustrated for Big Data & Analytics [J]. Technological Forecasting and Social Change, 130: 165 – 176.

[75] Inglesi-Lotz R. 2016. The impact of renewable energy consumption to economic growth: A panel data application [J]. Energy Econ, 53: 58 – 63.

[76] Jacobsson S, Johnson A. 2000. The diffusion of renewable energy technology: An analytical framework and key issues for research [J]. Energy Policy, 28 (2): 625 – 640.

[77] Jalil A, Mahmud S F. 2009. Environment Kuznets curve for CO_2 emissions: A cointegration analysis for China [J]. Energy Policy, 37 (12): 5167 – 5172.

[78] Jalloh M. 2013. Natural resources endowment and economic growth: The West African Experience [J]. Journal of Natural Resources and Development, 3.

[79] Jebli M B, Youssef S B. 2015. The environmental Kuznets curve, economic growth, renewable and non-renewable energy, and trade in Tunisia [J]. Renew Sustain Energy Rev, 47: 173 – 185.

[80] Jebli M B, Youssef S B, Ozturk I. 2016. Testing environmental Kuznets curve hypothesis: The role of renewable and non-renewable energy consumption and trade in OECD countries [J]. Ecological Indicators, 60: 824 – 831.

[81] Jiang H, Zhao S, Zhang S, Xu X. 2018a. The adaptive mechanism between technology standardization and technology development: An empirical study [J]. Technological Forecasting and Social Change, 135: 241 – 248.

[82] Jiang X, Guan D, Lopez L A. 2018b. The global CO_2 emission cost of geographic shifts in international sourcing [J]. Energy Econ, 73: 122 – 134.

［83］ Jin B. 2018. Study on the "High-quality development" economics ［J］. China Industry Economics, 4: 1 – 18.

［84］ John Londregan. 1990. entry and exit over the industry life cycle ［J］. RAND Journal of Economics, 21 (3): 446 – 458.

［85］ Johnstone N, Hascic I, Popp D. 2010. Renewable energy policies and technological innovation: Evidence based on patent counts ［J］. Environ Resour Econ, 45 (1): 133 – 155.

［86］ Juergen Fluch, Christoph Brunner, Anna Grubbauer. 2017. Potential for energy efficiency measures and integration of renewable energy in the European food and beverage industry based on the results of implemented projects ［J］. Energy Procedia, 123: 148 – 155.

［87］ Kammen D M, Kapadia K, Fripp M. 2004. Putting renewables to work: How many jobs can the energy industry generate? ［N］. RAEL Report, University of California, Berkeley, 4 – 13.

［88］ Keii G, Fuminori S, Keigo A, et al. 2020. Potential contribution of fusion power generation to low-carbon development under the Paris Agreement and associated uncertainties ［J］. Energy Strategy Reviews, 27 (C).

［89］ Key, Francis Scott, Chang Chi-Jen, Arnold, Kenneth E. 2007. Utilizing what we know to develop a new source of energy ［J］. SPE Projects, Facilities & Construction, 2 (4): 1 – 7.

［90］ Kowarsch M, Jabbour J, Flachsland C, et al. 2017. A road map for global environmental assessments ［J］. Nature Climate Change, 7 (6): 379 – 382.

［91］ Lach S. 2002. Do R&D subsidies stimulate or displace private R&D? Evidence from Israel ［J］. Journal of Industrial Economics, 50 (4): 369 – 390.

［92］ Liang Y Y, Yu B Y, Wang L. 2019. Costs and benefits of renewable energy development in China's power industry [J]. Renewable Energy, 131: 700 – 712.

[93] Liao Q, Wu Z, Xu J. 2010. A new production function with techno-logical innovation factor and its application to the analysis of energy-saving effect in LSD [J]. World J Model Simul, 6 (4): 257 – 266.

[94] Lin B, Moubarak M. 2014. Renewable energy consumption-economic growth nexus for China [J]. Renew Sustain Energy Rev, 40: 111 – 117.

[95] Lin B, Xu B. 2018. How to promote the growth of new energy industry at different stages? [J]. Energy Policy, 118: 390 – 403.

[96] Li N, Chen W, Zhang Q. 2020. Development of China TIMES-30P model and its application to model China's provincial low carbon trans-formation [J]. Energy Economics, 92.

[97] Liu H, Yan X, Cheng J, et al. 2021. Driving factors for the spatio-temporal heterogeneity in technical efficiency of China's new energy in-dustry [J]. Energies, 14 (4): 41 – 51.

[98] Liu Z, Davis S J, Feng K, Hubacek K, Liang S, Anadon L D, Chen B, Liu J, Yan J, Guan D. 2016. Targeted opportunities to address the climate-trade dilemma in China [J]. Nat. Clim. Chang, 6: 201 – 209.

[99] Liu Z, Guan D, Moore S, et al. 2015a. Climate policy: Steps to China's carbon peak [J]. Nature, 522: 279 – 281.

[100] Liu Z, Guan D, Wei W, Davis S J, Ciais P, Bai J, Peng S, Zhang Q, Hubacek K, Marland G. 2015b. Reduced carbon emission estimates from fossil fuel combustion and cement production in China [J]. Nature, 5: 324 – 335.

[101] Ma C, Stern D I. 2008. China's changing energy intensity trend: A decomposition analysis [J]. Energy Econ, 30: 1037 – 1053.

[102] Ma R F, Cai H, Ji Q, Zhai P X. 2021. The impact of feed-in tariff degression on R&D investment in renewable energy: The case of the

solar PV industry [J]. Energy Policy, 151.

[103] Maria Lorena Tuballa, Michael Lochinvar Abundo. 2016. A review of the development of Smart Grid technologies [J]. Renewable and Sustainable Energy Reviews, 59 (6): 710 – 725.

[104] Markillie P. 2011. The third industrial revolution [M]. Palgrave Macmillan, 37 – 39.

[105] Mark W, Michael K. 2020. Transitions, disruptions and revolutions: Expert views on prospects for a smart and local energy revolution in the Uk [J]. Energy Policy, 147.

[106] Mazur C, Hall S, Hardy J, et al. 2019. Technology Is not a barrier: A survey of energy system technologies required for innovative electricity business models driving the low carbon energy revolution [J]. Energies, 12 (3): 428.

[107] Minelgaite A, Liobikiene G. 2019. The problem of not waste sorting behaviour, comparison of waste sorters and non-sorters in European union: Cross-cultural analysis [J]. Science of The Total Environment, 672 (7): 174 – 182.

[108] Mi Z, Meng J, Guan D, Shan Y, Liu Z, Wang Y, Feng K, Wei Y M. 2017a. Pattern changes in determinants of Chinese emissions [J]. Environ Res Lett, 12: 74 – 83.

[109] Mi Z, Meng J, Guan D, Shan Y, Song M, Wei Y M, Liu Z, Hubacek K. 2017b. Chinese CO_2 emission flows have reversed since the global financial crisis [J]. Nat Commun, 8: 17 – 32.

[110] Mi Z, Wei Y M, Wang B, Meng J, Liu Z, Shan Y, Liu J, Guan D. 2017c. Socioeconomic impact assessment of China's CO_2 emissions peak prior to 2030 [J]. Clean. Prod, 142: 2227 – 2236.

[111] Moore J C, Chen Y, Cui X, Yuan W, Dong W, Gao Y, Shi P. 2016. Will China be the first to initiate climate engineering? [J]. Earth's

Future, 4: 588 – 595.

[112] Moore S B, Manring S L. 2009. Strategy development in small and medium sized enterprises for sustainability and increased value creation [J]. Journal of Cleaner Production, 17 (2): 276 – 282.

[113] Nazarpour D, Rashidi M, Safari A, Sabri M. 2017. Multi-objective optimal placement of renewable energy generation in deregulated power system [J]. Int. J. Energy Stat, 5: 175 – 201.

[114] Nurcan Kilinc-Ata. 2016. The evaluation of renewable energy policies across EU countries and US states: An econometric approach [J]. Energy for Sustainable Development, 31: 83 – 90.

[115] Ohler A M. 2015. Factors affecting the rise of renewable energy in the U. S.: Concern over environmental quality or rising unemployment? [J]. Energy J, 36 (2): 97 – 115.

[116] Oliveira C., Antunes C H. 2011. A multi-objective multi-sectoral economy-energy-environment model: Application to Portugal [J]. Energy, 36: 2856 – 2866.

[117] Olley G S, Pakes A. 1996. The dynamics of productivity in the telecommunications equipment industry [J]. Econometrica, 64 (6): 1263 – 1297.

[118] Onno Kuik, Frédéric Branger, Philippe Quirion. 2019. Competitive advantage in the renewable energy industry: Evidence from a gravity model [J]. Renewable Energy, 131: 472 – 481.

[119] Ozturk I, Acaravci A. 2010. CO_2 emissions, energy consumption and economic growth in Turkey [J]. Renew Sustain Energy Rev, 14: 3220 – 3225.

[120] Padmore T, Gibson H, Bell M, et al. 1998. Modelling systems of innovation: II. A framework for industrial cluster analysis in regions [J]. Research Policy, 26 (6): 625 – 641.

［121］ Painuly J P. 2001. Barriers to renewable energy penetration：A frame-work for analysis ［J］. Renewable Energy, 24（5）：73 – 89.

［122］ Pao H T, Tsai C M. 2010. CO_2 emissions, energy consumption and economic growth in BRIC countries ［J］. Energy Policy, 38（12）：7850 – 7860.

［123］ Park S R, Pandey A K, Tyagi V V, et al. 2014. Energy and exergy analysis of typical renewable energy systems ［J］. Renewable & Sustainable Energy Reviews, 30（2）：105 – 123.

［124］ Peng H, Shen N, Ying H, Wang Q. 2021. Can environmental regulation directly promote green innovation behavior? —— Based on situation of industrial agglomeration ［J］. Journal of Cleaner Production, 314.

［125］ Pesaran M, Hashem S, Yongcheol S, Richard J. 2001. Bounds testing approaches to the analysis of level relationships ［J］. J Appl Econ, 16：289 – 326.

［126］ Peters G P, Andrew R M, Canadell J G, Fuss S, Jackson R B, Korsbakken J I, Le Quere C, Nakicenovic N. 2017. Key indicators to track current progress and future ambition of the Paris Agreement ［J］. Nat. Clim. Chang, 7：118 – 143.

［127］ Petruschke P, Gasparovic G, Voll P, et al. 2014. A hybrid approach for the efficient synthesis of renewable energy systems ［J］. Applied Energy, 135（1）：625 – 633.

［128］ Pi S, Li H. 2022. Vertical cooperation and competition of incumbents under the new energy substitute：Evidence from Chinese automobile industry ［J］. Journal of Cleaner Production, 359（7）.

［129］ Polzin F, Migendt M, Täube F A, et al. 2015. Public policy influence on renewable energy investments—A panel data study across OECD countries ［J］. Energy Policy, 80（6）：98 – 111.

［130］ Porter M E. 1980. Competitive strategy：Techniques for analyzing industries and competitors [M]. New York: Free Press.

[131] Porter M E, Van Der Linde C. 1995. Toward a new conception of the environment-competitiveness relationship [J]. The Journal of Economic Perspectives, 9 (4): 97 – 118.

[132] Qiao S, Chen H H, Zhang R R. 2021. Examining the impact of factor price distortions and social welfare on innovation efficiency from the microdata of Chinese renewable energy industry [J]. Renewable and Sustainable Energy Reviews, 143.

[133] Qi T, Zhang X, Karplus V J. 2014. The energy and CO_2 emissions impact of renewable energy development in China [J]. Energy Policy, 68: 60 – 9.

[134] Raza S S, Janajreh I, Ghenai C. 1994. Renewable energy development In Europe [J]. International Journal of Solar Energy, 15 (1 – 4): 1 – 23.

[135] Raza S S. 2014. Sustainability index approach as a selection criteria for energy storage system of an intermittent renewable energy source [J]. Applied Energy, 136 (5): 909 – 920.

[136] Reiche D, Bechberger M. 2004. Policy differences in the promotion of renewable energies in the EU Member States [J]. Energy Policy, 32 (5): 843 – 849.

[137] Renn O, Marshall J P. 2016. Coal, nuclear and renewable energy policies in Germany: From the 1950s to the "Energiewende" [J]. Energy Policy, 99 (5): 224 – 232.

[138] Richter M. 2013. Business model innovation for sustainable energy: German utilities and renewable energy [J]. Energy Policy, 62 (7): 1226 – 1237.

[139] Rifkin J. 2011. The third industrial revolution [M]. Palgrave Macmillan, 26 – 27.

[140] Rovigatti G, Mollisi V. 2018. Theory and practice of total-factor productivity estimation: The control function approach using Stata [J]. The Stata Journal, 18 (3): 618 – 662.

[141] Sadorsky P. 2009a. Renewable energy consumption, CO_2 emissions and oil prices in G7 countries [J]. Energy Econ, 31 (3): 456 – 462.

[142] Sadorsky P. 2009b. Renewable energy consumption and income in e-merging economies [J]. Energy Policy, 37 (10): 4021 – 4028.

[143] Salim R A, Hassan K, Shafiei S. 2014. Renewable and non-renewable energy consumption and economic activities: Further evidence from OECD countries [J]. Energy Economics, 44 (6): 350 – 360.

[144] Sari R, Ewing B T, Soytas U. 2008. The relationship between disaggregate energy consumption and industrial production in the United States: An ARDL approach [J]. Energy Econ, 30 (5): 2302 – 2313.

[145] Sebri M, Ben-Salha O. 2014. On the causal dynamics between economic growth, renew-able energy consumption, CO_2 emissions and trade openness: Fresh evidence from BRICS countries [J]. Renew Sustain Energy Rev, 39: 14 – 23.

[146] Shan Y, Guan D, Hubacek K, Zheng B, Davis S J, Jia L, Liu J, Liu Z, Fromer N, Mi Z. 2018. City-level climate change mitigation in China [J]. Sci. Adv, 4: 39 – 50.

[147] Sinn Hans-Werner. 2008. Public polices against global warming: A supply side approach [J]. International Tax and Public Finance, 15 (4): 360 – 394.

[148] Stojčić N, Aralica Z, Anić I-D. 2019. Spatio-temporal determinants of the structural and productive transformation of regions in Central and East European countries [J]. Economic Systems.

[149] Strazzabosco A, ConradS A, Lant P A, Kenway S J. 2020. Expert o-pinion on influential factors driving renewable energy adoption in the

water industry ［J］. Renewable Energy, 162: 754-765.

［150］ Strupeit L, Palm A. 2016. Overcoming barriers to renewable energy diffusion: Business models for customer-sited solar photovoltaics in Japan, Germany and the United States ［J］. Journal of Cleaner Production, 12 (3): 124 – 136.

［151］ Sun B, Yu Y, Qin C. 2017. Should China focus on the distributed development of wind and solar photovoltaic power generation? A comparative study ［J］. Applied Energy, 185: 421 – 39.

［152］ Tang L, Qu J B, Mi Z F, et al. 2019. Substantial emission reductions from Chinese power plants after the introduction of ultra-low emissions standards ［J］. Nature Energy, 4 (11): 929 – 938.

［153］ Tao L, Ang L, Guo X P. 2020. The sustainable development-oriented development and utilization of renewable energy industry——A comprehensive analysis of MCDM methods ［J］. Energy, 212.

［154］ Tian X, Bai F, Jia J, Liu Y, Shi F. 2019. Realizing low-carbon development in a developing and industrializing region: Impacts of industrial structure change on CO_2 emissions in southwest China ［J］. Journal of Environmental Management, 233: 728 – 738.

［155］ Tilleman S G, Russo M V. 2009. Aligning institutional logics to enhance regional cluster emergence: Evidence from the wind and solar energy industries ［J］. Dissertations & Theses-Gradworks.

［156］ Tobey J A. 1990. The Effects of domestic environmental policies on patterns of world trade: An empirical test ［J］. Kyklos, 43 (2): 191 – 209.

［157］ Toh M-H. 1998. The RAS approach in updating input-output matrices: An instrumental variable interpretation and analysis of structural change ［J］. Econ. Syst. Res, 10: 63 – 78.

［158］ Tracey Dodd, Marc Orlitzky, Tim Nelson. 2018. What stalls a renewable energy industry? Industry outlook of the aviation biofuels industry in Australia, Germany, and the USA [J]. Energy Policy, 123: 92 – 103.

[159] Utterback James M, Abernathy William J. 1975. A dynamics model process and product innovation [J]. Omega, 3 (6): 639 – 656.

[160] Chang Victor, Chen Yian, Zhang Zuopeng (Justin), Xu Qianwen Ariel, Baudier Patricia, Liu Ben S C. 2021. The market challenge of wind turbine industry-renewable energy in PR China and Germany [J]. Technological Forecasting and Social Change, 166.

[161] Victor D G, Yanosek K. 2017. The next energy revolution: The promise and peril of high-tech innovation [J]. Foreign Affairs, 96 (4): 124 – 131.

[162] Vázquez-Bustelo D, Avella L. 2006. Agile manufacturing: Industrial case studies in Spain [J]. Technovation, 26 (10): 1147 – 1161.

[163] Wang H, Wang M. 2020. Effects of technological innovation on energy efficiency in China: Evidence from dynamic panel of 284 cities [J]. Science of the Total Environment, 709.

[164] Wang J, Zhao T. 2017. Regional energy-environmental performance and investment strategy for China's non-ferrous metals industry: A non-radial DEA based analysis [J]. Journal of Cleaner Production, 163: 187 – 201.

[165] Wang K H, Su C W, Oana-Ramona Lobonţ, Nicoleta-Claudia Moldovan. 2020. Chinese renewable energy industries' boom and recession: Evidence from bubble detection procedure [J]. Energy Policy, 138.

[166] Wang K, Wang C, Chen J. 2009. Analysis of the economic impact of different Chinese climate policy options based on a CGE model incorporating endogenous technological change [J]. Energy Policy, 37: 2930 – 2940.

［167］ Wang K, Yu S, Li M J, et al. 2015. Multi-directional efficiency a-nalysis-based regional industrial environmental performance evaluation of China ［J］. Natural Hazards, 75 (2): 273 – 299.

［168］ Wang Q, Kan M P, Fan J, Zhou K, Wang Y F. 2019. A study on the spatial distribution of the renewable energy industries in China and their driving factors ［J］. Renewable Energy, 139: 161 – 175.

［169］ Wang Q, Wang X, Li R. 2022. Does urbanization redefine the en-vironmental Kuznets curve? An empirical analysis of 134 Countries ［J］. Sustainable Cities and Society, 76 (1).

［170］ Wang W, Zhang C. 2018. Evaluation of relative technological inno-vation capability: Model and case study for China's coal mine ［J］. Resources Policy.

［171］ Wang Y, Chen X. 2020. Natural resource endowment and ecological efficiency in China: Revisiting resource curse in the context of eco-logical efficiency ［J］. Resources Policy, 66.

［172］ Wang Z, Zhao X G, Zhou Y. 2021. Biased technological progress and total factor productivity growth: From the perspective of China's renewable energy industry ［J］. Renewable and Sustainable Energy Reviews, 146.

［173］ Watanabe C, Griffybrown C, Zhu B, et al. 2002. Inter-firm tech-nology spillover and a virtuous cycle between R&D, market growth, and price reduction: The case of photovoltaic power generation development in Japan ［J］. Technological Change & the Environment, 127 – 159.

［174］ Weber C L, Peters G P, Guan D, Hubacek K. 2008. The contribution of Chinese exports to climate change ［J］. Energy Policy, 36: 3572 – 3577.

［175］ Wei M, Patadia S, Kammen D. 2010. Putting renewables and energy efficiency to work: How many jobs can the clean energy industry gene-rate in the U. S. ? ［J］. Energy Policy, 38（2）: 919 – 931.

［176］ Williamson Olivers. 1997. Hierarchie, markets and power in the econo-my: An economic perspective, in Claude Menard, eds., Transaction cost economics: Recent developments ［M］. Cheltenham: Edward El-gar Publishing Limited.

［177］ Xu S Q. 2021. The paradox of the energy revolution in China: A so-cio-technical transition perspective ［J］. Renewable and Sustainable Energy Reviews, 137（3）.

［178］ Yah Nor F, Oumer Ahmed N, Idris Mat S. 2017. Small scale hydro-power as a source of renewable energy in Malaysia: A review ［J］. Renewable and Sustainable Energy Reviews, 2: 228 – 239.

［179］ Yang X, Wang S, Zhang W, Li J, Zou Y. 2016. Impacts of energy consumption, energy structure, and treatment technology on SO_2 emis-sions: A multi-scale LMDI decomposition analysis in China ［J］. Ap-pl. Energy, 184: 714 – 726.

［180］ Yan J, Zhao T, Lin T, Li Y. 2017. Investigating multi-regional cross-industrial linkage based on sustainability assessment and sensi-tivity analysis: A case of construction industry in China ［J］. Journal of Cleaner Production, 142: 2911 – 2924.

［181］ Yin J, Zheng M, Chen J. 2015. The effects of environmental regu-lation and technical progress on CO_2 Kuznets curve: An evidence from China ［J］. Energy Policy, 77: 97 – 108.

［182］ Yu S, Agbemabiese L, Zhang J. 2016. Estimating the carbon abate-ment potential of economic sectors in China ［J］. Applied Energy, 165: 107 – 118.

［183］ Yusak Tanoto, NavidHaghdadi, Anna Bruce, Iain Mac Gill. 2021. Reliability-cost trade-offs for electricity industry planning with high variable renewable energy penetrations in emerging economies: A case study of Indonesia's Java-Bali grid [J]. Energy, 227.

[184] Yu S, Lu T, Hu X, Liu L C, Wei Y M. 2021. Determinants of overcapacity in China's renewable energy industry: Evidence from wind, photovoltaic, and biomass energy enterprises [J]. Energy Economics, 97.

[185] Yu S, Zheng S, Li X, et al. 2018. China can peak its energy-related carbon emissions before 2025: Evidence from industry restructuring [J]. Energy Economics, 73: 91 - 107.

[186] Yu S, Zhou S, Zheng S, et al. 2019. Developing an optimal renewable electricity generation mix for China using a fuzzy multi-objective approach [J]. Renewable Energy, 139: 1086 - 1098.

[187] Zhang G, Zhang P, Zhang Z G, Li J. 2019. Impact of environmental regulations on industrial structure upgrading: An empirical study on Beijing-Tianjin-Hebei region in China [J]. Journal of Cleaner Production, 238.

[188] Zhang O, Yu S, Liu P. 2015. Development mode for renewable energy power in China: Electricity pool and distributed generation units [J]. Renewable and Sustainable Energy Reviews, 44: 657 - 668.

[189] Zhang W, Li K, Zhou D, et al. 2016a. Decomposition of intensity of energy-related CO_2 emission in Chinese provinces using the LMDI method [J]. Energy Policy, 92: 369 - 381.

[190] Zhang W, Zhu Q, Gao H. 2016b. Upgrading of industrial structure, optimizing of energy structure, and low carbon development of industrial system [J]. Economic Research, 12: 62 - 75.

[191] Zhang Y. 2015. Provincial responsibility for carbon emissions in China under different principles [J]. Energy Policy, 86: 142 - 153.

[192] Zhang Y, Tang Z. 2015. Driving factors of carbon embodied in China's provincial exports [J]. Energy Econ, 51: 445 - 454.

［193］Zhang Y Z, Zhao X G, Ren L Z, Zuo Y. 2017. The development of the renewable energy power industry under feed-in tariff and renewable portfolio standard：A case study of China's wind power industry ［J］. Journal of Cleaner Production, 168：1262 – 1276.

［194］Zheng J, Mi Z, Coffman D M, Milcheva S, Shan Y, Guan D, et al. 2019a. Regional development and carbon emissions in China ［J］. Energy Economics, 81：25 – 36.

［195］Zheng J L, Mi Z F, D'Maris Coffman, et al. 2019b. The slowdown in China's carbon emissions growth in the new phase of economic development ［J］. One Earth, 1：240 – 253.

［196］Zhu B, Zhang M, Zhou Y, Wang P, Sheng J, He K, et al. 2019. Exploring the effect of industrial structure adjustment on interprovincial green development efficiency in China：A novel integrated approach ［J］. Energy Policy, 134.

［197］安同良, 周绍东, 皮建才. 2009. R&D 补贴对中国企业自主创新的激励效应 ［J］. 经济研究, 44（10）：87 – 98 + 120.

［198］白俊红. 2011. 中国的政府 R&D 资助有效吗？来自大中型工业企业的经验证据 ［J］. 经济学（季刊）, 10（3）：1375 – 1400.

［199］蔡海霞, 程晓林. 2022. 可再生能源视角下中国区域能源效率评价——基于不可分混合 DEA 模型 ［J］. 软科学, 36（6）：56 – 62.

［200］蔡立亚, 郭剑锋, 姬强. 2013. 基于 G8 与 BRIC 的新能源及可再生能源发电绩效动态评价 ［J］. 资源科学, 35（2）：250 – 260.

［201］蔡跃洲, 李平. 2014. 技术 – 经济范式转换与可再生能源产业技术创新 ［J］. 财经研究, 40（8）：16 – 29.

［202］查建平, 王挺之, 冯宇. 2015. 低碳经济背景下中国旅游产业发展模式研究 ［J］. 资源科学, 37（3）：565 – 572.

［203］陈斌开, 金箫, 欧阳涤非. 2015. 住房价格、资源错配与中国工业企业生产率 ［J］. 世界经济, 38（4）：77 – 98.

［204］陈劲.2022.双循环新发展格局下的中国科技创新［M］.杭州：
浙江大学出版社.

［205］陈诗一.2010.中国的绿色工业革命：基于环境全要素生产率视角
的解释（1980—2008）［J］.经济研究，45（11）：21－34＋58.

［206］陈伟.2010.日本新能源产业发展及其与中国的比较［J］.中国
人口・资源与环境，20（6）：103－110.

［207］陈文俊，贺正楚，寻舸，周震虹.2013.湖南省新能源产业商业
模式创新研究［J］.经济地理，33（1）：126－130.

［208］陈艳，朱雅丽.2012.可再生能源产业发展路径：基于制度变迁
的视角［J］.资源科学，34（1）：50－57.

［209］成思危.2013.着力引导信息化的发展方向［N］.北京日报，3－
25（17）.

［210］程道俊，赵继伦.2017.国外新能源治理经验及对我国的启示
［J］.人民论坛・学术前沿，（13）：84－87.

［211］程郁，王胜光.2011.培育战略性新兴产业的政策选择——风
能产业国际政策经验的比较与借鉴［J］.中国科技论坛，（3）：
146－152.

［212］丛海彬，邹德玲，高博，邵金岭.2021."一带一路"沿线国家
新能源汽车贸易网络格局及其影响因素［J］.经济地理，41
（7）：109－118.

［213］崔守军，蔡宇，姜墨骞.2020.重大技术变革与能源地缘政治转
型［J］.自然资源学报，35（11）：2585－2595.

［214］邓永翔.2008.基于系统动力学的江西电子信息产业发展模式研
究［D］.南昌大学博士学位论文.

［215］狄乾斌，周乐萍.2011.中国战略性新兴产业培育与发展路径探
讨［J］.经济与管理，25（7）：92－96.

［216］董春诗.2021.偏向技术进步有利于可再生能源转型吗——基于
要素替代弹性的证据［J］.科技进步与对策，38（15）：28－36.

[217] 杜伟杰，陈钢，高宇 . 2011. 新能源产业补贴：作用机理，现状与改进思路 [J] . 经济论坛，(5)：183 – 185.

[218] 范英，衣博文 . 2021. 能源转型的规律、驱动机制与中国路径 [J] . 管理世界，37（8）：95 – 105.

[219] 付雪，Michael L. Lahr，张亚雄等 . 2018. 基于地区间能源 – 碳排放 – 经济投入占用产出模型的经济结构调整 [J] . 管理评论 . 30（5）：207 – 217.

[220] 傅京燕，赵春梅 . 2014. 环境规制会影响污染密集型行业出口贸易吗？——基于中国面板数据和贸易引力模型的分析 [J] . 经济学家，(2)：47 – 58.

[221] 辜胜阻，王晓杰 . 2006. 新能源产业的特征和发展思路 [J] . 经济管理，(11)：29 – 32.

[222] 桂黄宝 . 2012. 战略性新兴产业成长动力机制分析——以我国新能源汽车为例 [J] . 科学管理研究，30（3）：48 – 51.

[223] 郭立伟，沈满洪 . 2013. 基于区位商和 NESS 模型的新能源产业集群水平识别与评价——以浙江省为例 [J] . 科学学与科学技术管理，34（5）：70 – 79.

[224] 郭立伟 . 2014. 新能源产业集群发展机理与模式研究 [D] . 浙江大学博士学位论文 .

[225] 韩超 . 2013. 新能源产业发展态势、政府扶持逻辑与政策调整方向——基于国际比较的视角 [J] . 国际贸易，(9)：29 – 35.

[226] 韩城 . 2011. 辽宁省新能源产业现状及政策研究 [J]，技术经济与管理研究，(5)：109 – 112.

[227] 韩晶，戴玉才 . 2018. 多角度的全球可再生能源政策工具有效性评价研究 [J] . 可持续能源，(6) 65 – 75.

[228] 韩秀云 . 2012. 对我国新能源产能过剩问题的分析及政策建议——以风能和太阳能行业为例 [J] . 管理世界，(8)：171 – 172 + 175.

[229] 何继善，袁亮，刘炯天．2021．能源革命推动中部地区崛起
　　　　［M］．科学出版社．

[230] 何凌云，张丽虹，钟章奇，祝婧然．2018．环境不确定性、外部
　　　　融资与可再生能源投资——兼论政策有效性［J］．资源科学，40
　　　　（4）：748－758．

[231] 胡鞍钢．2021．中国实现2030年前碳达峰目标及主要途径［J］．
　　　　北京工业大学学报（社会科学版），21（3）：1－15．

[232] 胡建绩，张锦．2009．基于产业发展的主导产业选择研究［J］．
　　　　产业经济研究，（4）：38－43．

[233] 黄和平，易梦婷，曹俊文，邹艳芬，黄先明．2021．区域贸易隐
　　　　含碳排放时空变化及影响效应——以长江经济带为例［J］．经济
　　　　地理，41（3）：49－57．

[234] 黄蕾，张鹿，熊艳．2013．基于专利有效性的光伏产业创新差异
　　　　研究［J］．情报杂志，32（2）：67－71＋78．

[235] 黄涛珍，商波．2020．可再生能源配额考核监管与主体行为策略
　　　　选择［J］．资源科学，42（12）：2393－2405．

[236] 黄王麗，张博茹，张瀚月．2017．硅谷绿色能源经济发展及启示
　　　　［J］．科技进步与对策，34（3）：37－43．

[237] 贾根良．2013．迎接第三次工业革命的关键在于发展模式的革
　　　　命——我国光伏产业和机器人产业的案例研究与反思［J］．经济
　　　　理论与经济管理，（5）：13－22．

[238] 井志忠．2007．日本新能源产业的发展模式［J］．日本学论坛，
　　　　（1）：74－79．

[239] 赖力，张婧欣，孙煜等．2022．双碳背景下我国新能源产业竞争
　　　　力关键点和创新发展研究［J］．现代管理科学，（3）：51－57．

[240] 兰梓睿．2021．中国可再生能源政策效力、效果与协同度评
　　　　估——基于1995～2018年政策文本的量化分析［J］．大连理工
　　　　大学学报（社会科学版），42（5）：112－122．

[241] 李凡，许昕，刘姿含 . 2017. 丝绸之路经济带沿线发展中国家可再生能源政策制定的影响因素 [J]. 资源科学，39（4）：641－650.

[242] 李凡，朱缤绮，孙颖 . 2021. 环境政策、制度质量和可再生能源技术创新——基于 32 个国家的实证分析 [J]. 资源科学，43（12）：2514－2525.

[243] 李国栋，罗瑞琦，谷永芬 . 2019. 政府推广政策与新能源汽车需求：来自上海的证据 [J]. 中国工业经济，（4）：42－61.

[244] 李虹，董亮，段红霞 . 2011. 中国可再生能源发展综合评价与结构优化研究 [J]. 资源科学，33（3）：431－440.

[245] 李俊华 . 2015. 新常态下我国产业发展模式的转换路径与优化方向 [J]. 现代经济探讨，（2）：10－15.

[246] 李强，楚明钦 . 2013. 新能源和常规能源对经济增长贡献的比较分析——兼论战略性新兴产业的发展 [J]. 资源科学，35（4）：704－712.

[247] 李强 . 2022. 中国引领全球重铸应对气候变化雄心 [N]. 光明日报，1－8（8）.

[248] 李少林 . 2016. 2001－2012 年全球 23 国新能源发电效率测算与驱动因素分析 [J]. 资源科学，38（2）：321－332.

[249] 李文博，龙如银 . 2015. 时空耦合视角下中国新能源产业集聚的演变模式研究 [J]. 软科学，29（12）：27－31.

[250] 李小芬，冯海红，王胜光 . 2013. 基于多级视角模型的风能产业对比研究 [J]. 科研管理，34（7）：17－23.

[251] 李小平，卢现祥 . 2010. 国际贸易、污染产业转移和中国工业 CO_2 排放 [J]. 经济研究，45（1）：15－26.

[252] 李晓乐 . 2020. 日本新能源产业政策研究 [D]. 中国社会科学院研究生院博士学位论文 .

[253] 李昕蕾，张宁 . 2021. 全球可再生能源治理中的制度性领导：德国外交路径及其启示 [J]. 国际论坛，23（4）：3－26＋156.

[254] 李旭, 熊勇清.2021.新能源汽车"双积分"政策影响的阶段性特征——经营与环境双重绩效视角 [J].资源科学, 43 (1): 1–11.

[255] 李杨.2019.政府政策和市场竞争对欧盟国家可再生能源技术创新的影响 [J].资源科学, 41 (7): 1306–1316.

[256] 李泳慧.2017.低碳经济视角下中国旅游经济发展模式研究 [J].中国战略新兴产业, (32): 25.

[257] 李玉楠, 李廷.2012.环境规制、要素禀赋与出口贸易的动态关系——基于我国污染密集产业的动态面板数据 [J].国际经贸探索,28(1): 34–42.

[258] 林伯强.2019.电力普及100% 能源普遍服务是中国能源发展一大亮点 [N].新浪财经, 9–11.

[259] 林伯强, 何晓萍.2008.中国油气资源耗减成本及政策选择的宏观经济影响 [J].经济研究, (5): 94–104.

[260] 林伯强, 李江龙.2014.基于随机动态递归的中国可再生能源政策量化评价 [J].经济研究, 49 (4): 89–103.

[261] 林伯强.2018.能源革命促进中国清洁低碳发展的"攻关期"和"窗口期"[J].中国工业经济, (6): 15–23.

[262] 林伯强, 姚昕, 刘希颖.2010.节能和碳排放约束下的中国能源结构战略调整 [J].中国社会科学, (1): 58–71+222.

[263] 刘满凤, 刘熙, 徐野, 邓云霞.2019.资源错配、政府干预与新兴产业产能过剩 [J].经济地理, 39 (8): 126–136.

[264] 刘巧玲, 王奇.2012.基于区域差异的污染物削减总量分配研究——以 COD 削减总量的省际分配为例 [J].长江流域资源与环境, 21 (4): 512–517.

[265] 刘卫东, 唐志鹏, 夏炎, 韩梦瑶, 姜宛贝.2019.中国碳强度关键影响因子的机器学习识别及其演进 [J].地理学报, 74 (12): 2592–2603.

[266] 刘秀莲.2011.欧盟国家新能源产业重点领域选择、目标及政策

借鉴 [J].经济研究参考,(16):40-51.

[267] 刘颖琦.2011.新能源汽车产业联盟中企业—大学关系对技术创新的影响 [J].管理世界,(6):182-183.

[268] 刘友金,黄鲁成.2001.技术创新与产业的跨越式发展——A—U模型的改进及其应用 [J].中国软科学,(2):37-41.

[269] 刘友金,曾小明,刘京星.2015.污染产业转移、区域环境损害与管控政策设计 [J].经济地理,35(6):87-95.

[270] 柳卸林,高伟,吕萍等.2012.从光伏产业看中国战略性新兴产业的发展模式 [J].科学学与科学技术管理,33(1):116-125.

[271] 鲁晓东,连玉君.2012.中国工业企业全要素生产率估计:1999—2007 [J].经济学(季刊),11(2):541-558

[272] 陆宇海,邹艳芬.2021.面向碳中和的新能源供给侧发展模式研究 [J].中国发展,21(3):78-85.

[273] 鹿心社.2014.建设生态文明 增进民生福祉 [N].人民日报,10-28(7).

[274] 逯进,王恩泽.2019.新能源示范城市建设对区域环境污染治理的影响 [J].资源科学,41(11):2107-2118.

[275] 路正南,刘春奇,王国栋.2013.光伏产业链协同绩效评价指标体系研究 [J].科技与经济,26(1):106-110.

[276] 吕涛,王岩,潘俊菊.2021.波动性可再生能源消纳水平评价及空间溢出效应研究 [J].中国矿业大学学报(社会科学版),23(1):91-104.

[277] 罗思平,于永达.2012.技术转移、"海归"与企业技术创新——基于中国光伏产业的实证研究 [J].管理世界,(11):124-132.

[278] 马丽梅,王俊杰.2021.能源转型与可再生能源创新——基于跨国数据的实证研究 [J].浙江社会科学,(4):21-30+156.

[279] 蒙丹.2010.探析我国产业结构调整的两大制约因素 [J].发展研究,(5):31-34.

［280］ 孟浩，陈颖健.2010.基于层次分析法的新能源产业发展能力综合评价［J］.中国科技论坛，（6）：51－58.

［281］ 莫建雷，段宏波，范英，汪寿阳.2018.《巴黎协定》中我国能源和气候政策目标：综合评估与政策选择［J］.经济研究，53（9）：168－181.

［282］ 牟初夫，王礼茂，屈秋实，方叶兵，张宏.2017.主要新能源发电替代减排的研究综述［J］.资源科学，39（12）：2323－2334.

［283］ 牛学杰，李常洪.2014.中国新能源产业发展战略定位、政策框架与政府角色［J］.中国行政管理，（3）：100－103.

［284］ 欧阳胜.2017.贫困地区农村一二三产业融合发展模式研究——基于武陵山片区的案例分析［J］.贵州社会科学，（10）：156－161.

［285］ 彭影.2016.中国新能源产业发展趋势研究［D］.吉林大学硕士学位论文.

［286］ 齐绍洲，张倩，王班班.2017.新能源企业创新的市场化激励——基于风险投资和企业专利数据的研究［J］.中国工业经济，（12）：95－112.

［287］ 秦湘灵.2011.可再生能源发电政策与环境效益分析方法研究［D］.华北电力大学（北京）博士学位论文.

［288］ 邱立成，曹知修，王自锋.2012.欧盟新能源产业集聚的影响因素：1998～2009年面板数据模型的实证分析［J］.世界经济研究，（9）：18－22＋87.

［289］ 屈小娥.2014.中国工业行业环境技术效率研究［J］.经济学家，7（7）：55－65.

［290］ 邵琳.2014.中日韩新能源产业发展政策探析［J］.现代日本经济，（3）：88－94.

［291］ 邵帅，张可，豆建民.2019.经济集聚的节能减排效应：理论与中国经验［J］.管理世界，35（1）：36－60＋226.

［292］ 史丹.2015."十二五"节能减排的成效与"十三五"的任务

［J］．中国能源，37（9）：4－10＋42．

［293］史锦华．2010．西部民族地区可再生能源发展研究［M］．北京：新华出版社，70＋157＋160－163．

［294］史一凡，干洁琼．2018．德国可再生能源之路［J］．上海节能，（4）：204－210．

［295］舒利敏．2014．我国重污染行业环境信息披露现状研究——基于沪市重污染行业620份社会责任报告的分析［J］．证券市场导报，（9）：35－44．

［296］宋涛，董冠鹏，唐志鹏等．2017．能源—环境—就业三重约束下的京津冀产业结构优化［J］．地理研究，36（11）：2184－2196．

［297］苏东水，苏宗伟．2021．产业经济学（第五版）［M］．北京：高等教育出版社．

［298］苏竣，张汉威．2012．从R&D到R&3D：基于全生命周期视角的新能源技术创新分析框架及政策启示［J］．中国软科学，（3）：93－99．

［299］孙雷，郝雷．2012．新能源产业发展的影响因素——以河北省为范例［J］．河北大学学报（哲学社会科学版），37（3）：109－113．

［300］孙威，李文会，张文忠等．2016．节能和就业导向下中国中部地区产业结构优化［J］．地理学报，71（6）：984－997．

［301］汤长安，张丽家，殷强．2018．中国战略性新兴产业空间格局演变与优化［J］．经济地理，38（5）：101－107．

［302］唐志良，刘建江．2013．再工业化战略下的美国能源体系转型［J］．经济地理，33（11）：104－110．

［303］涂文明．2011．战略性新兴产业集聚区建设的理论视阈与现实构想［J］．科技与经济，24（6）：106－110．

［304］王班班，齐绍洲．2016．市场型和命令型政策工具的节能减排技术创新效应——基于中国工业行业专利数据的实证［J］．中国工业经济，6：91－108．

［305］王兵，吴英东，刘朋帅，陈思卿. 2022. 可再生能源发展影响因素区域异质性研究——基于生产—输送—消费全产业链视角［J］.北京理工大学学报（社会科学版），24（1）：39 – 50.

［306］王发明. 2010. 创意产业园区可持续发展研究：基于集群效应的视角［J］.经济问题探索，（3）：60 – 65.

［307］王洪生，张玉明. 2015. 云创新：新能源汽车产业发展新模式——以比亚迪新能源汽车为例［J］.科技管理研究，35（23）：195 – 199 + 222.

［308］王林秀，邹艳芬，魏晓平. 2009. 基于 CGE 和 EFA 的中国能源使用安全评估［J］.中国工业经济，（4）：85 – 93.

［309］王群伟，杭叶，于贝贝. 2013. 新能源企业技术创新的影响因素及其交互关系［J］.科研管理，34（S1）：161 – 166.

［310］王云珠. 2021. "十四五"时期山西可再生能源发展政策研究［J］.经济问题，（8）：18 – 24.

［311］王竺，丁振，沈小嘉等. 2015. 促进新能源产业发展的税收政策研究［J］.公共经济与政策研究，（2）：64 – 83.

［312］魏艳茹. 2022. 可再生能源的经济条约治理：冲突与协调——以碳中和目标为背景［J］.学习与探索，（4）：83 – 89.

［313］魏一鸣，刘兰翠，廖华. 2017. 中国碳排放与低碳发展［M］.北京：科学出版社.

［314］温茜茜. 2013. 中国产业发展模式研究［D］.复旦大学博士学位论文.

［315］温宗国，李会芳. 2018. 中国工业节能减碳潜力与路线图［J］.财经智库，3（6）：93 – 106 + 143 – 144.

［316］邬雁忠. 2008. 丹麦可再生能源应用综述［J］.华东电力，（8）：96 – 97.

［317］吴淑凤. 2013. 财政政策与新能源产业发展：政策效果被弱化的财政社会学分析［J］.中央民族大学学报（哲学社会科学版），

40（6）：101－108.

［318］吴曜圻.2010.新能源创新发展模式：能量范畴的产业规律研究与应用［M］.北京：科学出版社.

［319］吴悦旗.2020.德国可再生能源电价市场化补贴之立法实践研究［J］.环境资源法论丛，12（1）：154－175.

［320］肖兴志.2011.中国战略性新兴产业发展的财税政策建议［J］.财政研究，（12）：51－54.

［321］谢燕娜，朱连奇等.2013.河南省旅游产业集聚区发展模式创新研究［J］.经济地理，33（11）：175－181.

［322］辛欣.2005.英国可再生能源政策导向及其启示［J］.国际技术经济研究，（3）：13－17.

［323］熊勇清，李小龙，黄恬恬.2020.基于不同补贴主体的新能源汽车制造商定价决策研究［J］.中国管理科学，28（8）：139－147.

［324］徐承红.2010.低碳经济与中国经济发展之路［J］.管理世界，（7）：171－172.

［325］徐乐，赵领娣.2019.重点产业政策的新能源技术创新效应研究［J］.资源科学，41（1）：113－131.

［326］许罡，朱卫东，孙慧倩.2014.政府补助的政策效应研究——基于上市公司投资视角的检验［J］.经济学动态，（6）：87－95.

［327］闫晶，韩洁平，陈军明.2015.协同动力视角下新能源产业成长机制研究［J］.科技管理研究，35（1）：117－121.

［328］闫胜军，何霄嘉，王烜等.2016.城市气候承载力定量化评价方法初探［J］.气候变化研究进展，12（6）：476－483.

［329］闫世刚.2017.低碳经济视角下北京市新能源产业发展模式研究［J］.生态经济，33（6）：38－41.

［330］严婷婷，贾绍凤.2009.河北省国民经济用水投入产出分析［J］.资源科学，31（9）：1522－1528.

［331］杨瑞兰.2017.新常态下资源型城市产业转型与优化路径研究——

以榆林市为例 [D]. 宁夏大学硕士学位论文.

[332] 杨宇, 于宏源, 鲁刚, 王礼茂, 赵媛, 郝丽莎, 任东明, 方伟, 安海忠, 蔡国田. 2020. 世界能源百年变局与国家能源安全 [J]. 自然资源学报, 35 (11): 2803 – 2820.

[333] 姚诚, 徐枫. 2020. 政府补贴对新能源产业发展影响 [J]. 科技管理研究, 40 (21): 256 – 262.

[334] 姚昕, 蒋竺均, 刘江华. 2011. 改革化石能源补贴可以支持清洁能源发展 [J]. 金融研究, (3): 184 – 197.

[335] 冶红英. 2014. 基于 SWOT 分析的甘肃新能源产业集群创新模式研究 [J]. 商业经济, (24): 56 – 58 + 122.

[336] 尹润锋. 2012. 我国新能源产业影响因素实证研究 [J]. 科技进步与对策, 29 (20): 72 – 75.

[337] 于斌斌. 2019. 环境规制的经济效应: "减排" 还是 "增效" [J]. 统计研究, 36 (2): 88 – 100.

[338] 余东华, 吕逸楠. 2015. 政府不当干预与战略性新兴产业产能过剩——以中国光伏产业为例 [J]. 中国工业经济, (10): 53 – 68.

[339] 袁见, 安玉兴. 2019. 产业政策对中国新能源企业成长影响的实证研究 [J]. 学习与探索, (6): 151 – 155.

[340] 袁见, 安玉兴. 2020. 中国新能源产业何以实现可持续发展 [J]. 人民论坛, (15): 174 – 175.

[341] 原毅军, 耿殿贺. 2010. 环境政策传导机制与中国环保产业发展——基于政府、排污企业与环保企业的博弈研究 [J]. 中国工业经济, 10: 65 – 74.

[342] 张国有. 2009. 对中国新能源产业发展的战略思考 [J]. 经济与管理研究, (11): 5 – 9.

[343] 张华. 2016. 地区间环境规制的策略互动研究——对环境规制非完全执行普遍性的解释 [J]. 中国工业经济, (7): 74 – 90.

[344] 张华, 魏晓平. 2014. 绿色悖论抑或倒逼减排——环境规制对碳排放

影响的双重效应 [J].中国人口·资源与环境, 24 (9): 21 -29.

[345] 张捷, 赵秀娟 .2015. 碳减排目标下的广东省产业结构优化研究——基于投入产出模型和多目标规划模型的模拟分析 [J].中国工业经济, (6): 68 -80.

[346] 张雷, 李艳梅, 黄园淅, 吴映梅 .2011. 中国结构节能减排的潜力分析1 [J].中国软科学, (2): 42 -51.

[347] 张路阳, 石正方 .2013. 基于价值链理论的我国光伏产业动态演进分析 [J].福建论坛 (人文社会科学版), (2): 58 -64.

[348] 张晓娣, 刘学悦 .2015. 征收碳税和发展可再生能源研究——基于 OLG-CGE 模型的增长及福利效应分析 [J].中国工业经济, (3): 18 -30.

[349] 张艳磊, 秦芳, 吴昱 .2015. "可持续发展" 还是 "以污染换增长" ——基于中国工业企业销售增长模式的分析 [J].中国工业经济, (2): 89 -101.

[350] 张玉臣, 彭建平 .2011. 欧盟新能源产业政策的基本特征及启示 [J].科技进步与对策, 28 (12): 101 -105.

[351] 张征宇, 朱平芳 .2010. 地方环境支出的实证研究 [J].经济研究, 45 (5): 82 -94.

[352] 赵领娣, 郝亚如, 李荣杰 .2013. 技术溢出视角下新能源开发的就业效应分析——以中国海洋能为例 [J].资源科学, 35 (2): 412 -421.

[353] 赵细康, 吴大磊, 曾云敏 .2014. 工业适度重型化背景下的低碳路径选择: 基于广东工业的实证分析 [J].产经评论, 5 (5): 115 -126.

[354] 赵勇强, 钟财富 .2021. 碳达峰碳中和目标下的新能源产业发展与升级 [J].中国能源, 43 (9): 1 -7.

[355] 赵媛, 郝丽莎 .2005. 世界新能源政策框架及形成机制 [J].资源科学, (5): 62 -69.

［356］赵振宇，侯丽颖 . 2014. 北京风电产业链发展环境及柔性优化策略研究 ［J］. 风能，（10）：54 – 58.

［357］赵振宇，马旭 . 2022. 可再生能源电力对碳排放的作用路径及影响——基于省际数据的中介效应检验 ［J］. 华东经济管理，36（7）：65 – 72.

［358］周德群，丁浩，周鹏，王群伟 . 2022. 基于过程划分的可再生能源技术扩散模型 ［J］. 中国管理科学，30（2）：217 – 225.

［359］周亚虹，蒲余路，陈诗一，方芳 . 2015. 政府扶持与新型产业发展——以新能源为例 ［J］. 经济研究，50（6）：147 – 161.

［360］周燕，潘遥 . 2019. 财政补贴与税收减免——交易费用视角下的新能源汽车产业政策分析 ［J］. 管理世界，35（10）：133 – 149.

［361］朱向东，贺灿飞，毛熙彦，李伟 . 2018. 贸易保护背景下中国光伏产业空间格局及其影响因素 ［J］. 经济地理，38（3）：98 – 105.

［362］朱永彬，王铮 . 2014. 排放强度目标下中国最优研发及经济增长路径 ［J］. 地理研究，33（8）：1406 – 1416.

［363］邹艳芬，陆宇海 . 2013. 战略性新兴产业的同构隐患、内因探究及其政府规制行为 ［J］. 改革，（5）：42 – 50.

［364］邹艳芬 . 2014. 能源消费波动特征分析——基于门限分位点回归模型 ［J］. 北京理工大学学报（社会科学版），16（3）：38 – 42.

［365］邹艳芬 . 2014. 区域能源消费行为的时空差异及其驱动机制研究 ［M］. 北京：经济管理出版社 .

［366］邹艳芬 . 2015. "区域能源消费"研究框架的国内外比较——基于共词分析 ［J］. 北京理工大学学报（社会科学版），17（5）：36 – 45.

［367］邹艳芬 . 2013. 中国能源利用效率测度的国际对比研究 ［J］. 资源科学，35（11）：2131 – 2141.

［368］邹艳芬 . 2010. 中国能源生态足迹的技术进步影响实证分析 ［J］. 资源科学，32（7）：1280 – 1288.

图书在版编目(CIP)数据

中国新能源产业发展模式研究／陆宇海，邹艳芬，

万小影著. -- 北京：社会科学文献出版社，2022.12

ISBN 978 - 7 - 5228 - 0762 - 1

Ⅰ.①中…　Ⅱ.①陆…②邹…③万…　Ⅲ.①新能源

－产业发展－发展模式－研究－中国　Ⅳ.①F426.2

中国版本图书馆 CIP 数据核字（2022）第 171503 号

中国新能源产业发展模式研究

著　　者／陆宇海　邹艳芬　万小影

出 版 人／王利民
组稿编辑／陈凤玲
责任编辑／田　康　李真巧
文稿编辑／崔春艳
责任印制／王京美

出　　版／社会科学文献出版社·经济与管理分社（010）59367226
　　　　　　地址：北京市北三环中路甲 29 号院华龙大厦　邮编：100029
　　　　　　网址：www. ssap. com. cn
发　　行／社会科学文献出版社（010）59367028
印　　装／三河市尚艺印装有限公司

规　　格／开　本：787mm×1092mm　1/16
　　　　　　印　张：18.75　字　数：268 千字
版　　次／2022 年 12 月第 1 版　2022 年 12 月第 1 次印刷
书　　号／ISBN 978 - 7 - 5228 - 0762 - 1
定　　价／99.00 元

读者服务电话：4008918866